JN142345

中学校・高等学校数学科

授業力を育む教育実習

西村圭一・太田伸也　編著

GTP 東京学芸大学出版会

はしがき

教育実習は，何のために行うのだろうか。「教育現場」や「教師の仕事」を体験することではない。教師になって経験を積めば，自ずと身につくであろうスキルを，先んじて学ぶ機会でもない。すでに教師になった先輩から，こんな話を聞くこともあろう。

「教育実習では，緻密な指導案を書いたけど，現場ではそんな余裕はない。授業の流れを頭に入れるだけで授業ができるような力をつけたほうが現場では役立つ。」

私たちは，こんな話を聞くと残念でならない。と同時に，東京学芸大学附属小金井中学校で教鞭をとられていた大先輩，半田進氏の次のことばを思い出す。

> 授業の大切さに気づくと，自分の授業がいかに未熟であるかということを痛感するようになる。今まで，よい授業と思っていたのは，よい授業というものの本質を知らないため勝手に自分でそう思っていたに過ぎないのであった。（中略）数学教育についての理解を深めるほど，自分の授業の不十分さが見えてくるから，数学教育について勉強をすることは，自分を苦しめることになる。それなら，いっそ数学教育についての勉強を深めないで，自分の独断と偏見に満ちた授業で満足していれば楽しい教師生活が送れることになる。いや，このように思う教師は決していないはずである。子どもの尊厳を無視して自分だけのことしか考えられない者は教師であってはならない。自分がよい授業ができる，できないということが問題なのではない。不十分さを自覚しながらその克服に最善を尽くすところにこそ教育力があるのである。心ある数学科の教師というものは，自分が成長することなしに子どもは伸びないことを直感して，真摯に数学教育について日々研鑽を積む教師であろう。
> （半田進，2015，『新編 新しい数学 教師用指導書／研究編　よりよい授業をするために』，東京書籍，pp.4-5）

教育実習の目的は，教師になったときに，このように成長し続けるための方法を学ぶことにあると考えている。よい授業をするためには何を，どうすればよいのか，自分の授業をどう振り返ればよいのか，他の教師の授業はどう見ればよいのか，……といった，授業力をつけるための学び方を学び取ってほしいのである。

学習指導案，教材研究，授業観察，授業協議等々に真剣に対峙し，それらに対する様々な助言を振り返ることで，成長し続けるための方法を学ぶことができる。本書が，このような学びの支えとして，教育実習はもちろんのこと，教師として歩み始めた後も活用されることを願っている。

目次

第一部

教育実習

第１章　数学科の教育実習

１．教育実習の概要

1.1　教育実習とは

教員免許を取得するためには，「教育実習」の履修を欠かすことはできない。現行の教育職員免許法では「教職に関する科目」に位置づけられており，小・中学校教諭については５単位，高等学校教諭については３単位の修得が必要である。これらの単位には，大学における「教育実習に係る事前及び事後の指導」の１単位が含まれている。学校での実習は１週間あたり１単位とすることが多いので，教育実習期間を小・中学校については４週間，高等学校については２週間として実施している大学が一般的である。

教育実習に臨むには，教科内容や教科の指導法，児童・生徒の心身の発達などの基礎的な知識・技能を有していることが前提となるため，一般大学の教職課程においては４年次，教員養成系大学・学部においては３年次に（あるいは3，４年次に分散して）履修することになる。また，履修にあたって一定の条件（履修条件）を設けて，基礎的な知識・技能を有しているかを確認することも行われている。このように「教育実習」は，教員免許取得のプロセスの中核をなす科目である。

また，2～４週間という限られた期間で行われる教育実習をより充実したものにするために，「事前」に大学で学習・研究した教育の諸理論を実践的な観点から統合的に再構成し，実習校での実践的な学習・研究に向けての具体的課題を設定することをねらいとするのが，事前指導である。ここでは，教育実習における心構えやマナー，授業観察及び授業記録の方法，学習指導案の作成，教育実習日誌や出勤簿の扱いなどについて具体的な準備もあわせて学ぶ。

一方，教育実習終了後に成果や課題を整理し，その後の大学での学びと関連させて発展する方法を知ることをねらいとするのが，事後指導である。2010年度大学入学生から必修化された教職課程の総仕上げの科目「教職実践演習」へとつながっていくものである。

1.2　教育実習の目的・目標

教育実習では，学校現場において教育活動を経験することによって，大学で学んだ教育についての理論と児童・生徒の実際とを関連づけて学ぶことがねらいとなる。例えば，教育実習の目的は次のように示されている。

教育実習の目的
　教育実習は、学校教育の実際を教育現場で体験することによって、主体的な研究心を保持しつつ大学における教育についての理論的・技術的な学習成果の適用と検証を行い、その深化をはかることを目的とする。（東京学芸大学，2017，p.2）

より具体的には，児童・生徒を理解すること，授業をはじめとする教育活動について課題意識をもつこと，教職についての自覚と志向を確認することなどが目標となる。

教育実習の目標
①教育に対する心構えや、幼児・児童・生徒に対する理解と愛情を深める。
②統合的実践的な学習体験を通して、教育現場への課題意識と解決への洞察力を得て、今後の研究の方向を明確にする。
③教職と自己に対する認識を深め、教職志望者としての自覚と、教職者としての今後努力すべき資質能力形成のための計画を明確にする。（東京学芸大学，2017，p.2）

1.3　教育実習の流れ

1.3.1　実習プラン例

はじめに，３週間の教育実習の具体的なプラン例を示す。

（１）中学校（中等教育学校前期課程）

ある学年について，２～４クラスの４～８単位時間の授業（実習期間全体で，16時間程度の授業）を担当する場合

	第１週					第２週					第３週				
	月	火	水	木	金	月	火	水	木	金	月	火	水	木	金
朝の会	観察から始め，徐々に「朝の挨拶」「連絡事項伝達」など教員の仕事を補助する														
１校時	講話	観察教科		観察教科	観察教科		観察教科		授業実践	授業実践		観察教科		授業実践	授業実践
２校時	観察教科		観察教科	観察教科		授業実践					授業実践				
３校時	観察学級	観察教科	観察教科		観察教科		観察教科	授業実践		授業実践		観察教科	授業実践		授業実践
４校時		観察教科		観察教科	観察学級		観察教科		授業実践			観察教科		授業実践	
５校時	観察教科		観察教科	教員指導		授業実践		授業実践	教員指導		授業実践		授業実践	教員指導	
６校時		観察学級	教員指導		教員指導		観察学級	教員指導		教員指導		観察学級	教員指導		教員指導
帰りの会 清掃活動	観察から始め，徐々に「連絡事項伝達」など教員の仕事を補助し，「講話」なども担当する 清掃活動については早い段階から生徒と一緒に活動し，徐々に指導的な立場も担当する														
放課後	観察した授業について指導教員とともに振り返る。授業実践に向けて準備を行う。					第２週より授業実践を開始する。仲間の実習生の授業も観察し，指導教員とともに振り返り（反省会）を行う。					第３週にまとめとしての「研究授業」を実施する。仲間の実習生の授業も観察し，指導教員とともに振り返りを行う。				
	観察　→　参加					観察－参加　→　実践					観察－参加－実践				

「観察教科」……教科の授業を観察する

「観察学級」……学級指導を担当する学級の他教科の授業を観察する

「授業実践」……教科及び道徳等の授業を担当する

「教員指導」……教科指導担当の先生から指導を受ける

（2）高等学校（中等教育学校後期課程）

ある科目について，2～4クラスの3～6単位時間の授業（実習期間全体で，12時間程度の授業）を担当する場合

	第1週					第2週					第3週				
	月	火	水	木	金	月	火	水	木	金	月	火	水	木	金
SHR	観察から始め，徐々に「朝の挨拶」「連絡事項伝達」など教員の仕事を補助する														
1校時	講話	観察教科		観察教科	観察教科		観察教科		授業実践	観察教科		観察教科		授業実践	観察教科
2校時	観察教科		観察教科	観察教科		授業実践					授業実践				
3校時	観察学級	観察教科	観察教科		観察教科		観察教科	授業実践		授業実践		観察教科	授業実践		授業実践
4校時		観察教科		観察教科	観察学級		観察教科		観察教科			観察教科		観察教科	
5校時	観察教科		観察教科	教員指導		授業実践		授業実践	教員指導		授業実践		授業実践	教員指導	
6校時		観察学級	教員指導		教員指導		観察学級	教員指導		教員指導		観察学級	教員指導		教員指導
SHR 清掃活動	観察から始め，徐々に「連絡事項伝達」など教員の仕事を補助し，「講話」なども担当する 清掃活動については早い段階から生徒と一緒に活動し，徐々に指導的な立場も担当する														
放課後	観察した授業について指導教員とともに振り返る。授業実践に向けて準備を行う。					第2週より授業実践を開始する。仲間の実習生の授業も観察し，指導教員とともに振り返り（反省会）を行う。					第3週にまとめとしての「研究授業」を実施する。仲間の実習生の授業も観察し，指導教員とともに振り返りを行う。				
	観察　→　参加					観察－参加　→　実践					観察－参加－実践				

「観察教科」……教科の授業を観察する

「観察学級」……学級指導を担当する学級の他教科の授業を観察する

「授業実践」……教科及び道徳等の授業を担当する

「教員指導」……教科指導担当の先生から指導を受ける

このような教育実習期間中は，各教科の授業をはじめ，総合的な学習の時間や特別活動など教育課程に位置づけられたものと，広く校務全般に関するものを経験することになる。もちろん，その中でも教科の授業がメインの内容と言えるが，清掃の時間に生徒と一緒に活動したり，指導したりすることも重要な教育実習の内容である。そして，いずれの内容についても，およそ「観察－参加－実践」の段階を踏み，深めていくことが一般的である。

まず，観察の段階では，文字通り「授業をみる」「教師をみる」「生徒をみる」……のだが，自身が何日か後に授業実践をすることを意識し，観点を決めて臨むことがポイントである。特に授業については，教室の後から漫然と見ていると授業を受けている生徒と同じ視点になって

しまいがちである。授業者・指導者と学習者の両方の視点に立ち，授業を分析的に捉える必要がある。教師については，授業中の様子はもちろんのこと，授業以外の時間にどのような仕事をされているのか，生徒とどのように関わるのかなどを観察し，教職に関する理解を深めたい。生徒については，言動をつぶさに観察して実態を知ることが大切なのは言うまでもない。その際，一人一人に着目するだけでなく，学級全体やグループなどの人間関係にも着目すると良いだろう。

次に，参加の段階では，生徒と一緒に活動したり，教師の仕事を補助したりすることを通して，生徒との関係を築きながら，自身の授業実践に向けた具体的な準備を進めていく。

そして，実践の段階では，各教科の授業や特別活動などの場で，生徒に対して実際に指導を担当する。教育実習が始まってから1週間経った頃に，第1回の実践を行うのが一般的である（教科によっては週時数や時間割の関係でそのタイミングが前後することもある)。それまでの間に，観察－参加の経験を踏まえて学習指導案を充実させ，放課後の教室で模擬授業を行うなど，教育実習を指導してくださる担当の先生と相談しながら計画的に準備を進めていくことになる。

1.3.2　教育実習におけるPDCAサイクル

教育実習生は，数学科の授業について，教育実習期間を通して，いわゆるPDCAサイクル(Plan・計画－ Do・実践－ Check・評価－ Action・改善)を回していくことになる。具体的には，以下の通りである。

Pは，教材研究から学習指導案を作成するプロセスである。これは，事前指導から教育実習が始まるまでの期間も含む。例えば，中学校において数学の教育実習を行う場合，中学校3年間全ての内容について予め教材研究をしておくのは現実的ではない。教育実習において担当する内容・単元がどこになるかは，実習校での事前打ち合わせ（ガイダンスやオリエンテーション）の際に示されることが一般的である。それを受けて，教育実習が始まるまでに，その部分の教材研究をし，学習指導案の第1次案を作成しておくことが重要である。その上で，教育実習が始まってからの「観察」「参加」で学んだことをもとに，実際の生徒の状況を踏まえながら，学習指導案をブラッシュアップし，同時に授業で実際に使用する教材・教具を準備していく。

Dは，模擬授業や本番の授業実践を行うプロセスである。学習指導案をもとに実行するが，特に1回目の実践は相当緊張することだろう。次のCの段階で，具体的な事実に基づいて振り返ることができるよう，予め指導担当の先生の許可をとり，ビデオで撮影したり，板書を写真に撮っておいたり，生徒のワークシートを集めたりするなどしておくとよい。また，一緒に教育実習を行っている仲間がいるときは，お互いに授業記録を取り合うことも，授業を振り返る上で効果的である。

Cは，授業をした後の振り返りのプロセスである。教育実習においては，授業直後や放課後などに指導担当の先生から良かった点，改善すべき点についてアドバイスを受ける形が一般的である。しかし，そのアドバイスを伺うだけの受け身の姿勢ではなく，主体的に自身で（あるいは仲間の実習生と一緒に）振り返りすることが重要である。授業記録をもとに，その授業で実際に起こったことを整理し，計画したこととのズレや，授業者と学習者の意識のズレを見いだすことが，次のAの段階につながる。その際，指導内容と指導方法（技術）に分けて考えると，論点がはっきりすると思われる。そのようにして明らかになった成果と課題を，指導担当の先生に伝えることを通して，アドバイスをいただくようにするとよいだろう。

Aは，Cで得た知見をもとに，次の授業に向けて学習指導案を再構成していくプロセスである。同じ学級で次時の内容を指導する場合は，前時に気付いた生徒の実態を踏まえることがポイントになる。一方，他の学級で同じ内容を指導する場合はダイレクトに授業改善を図ることになるが，生徒の反応が異なることを考慮しておくことがポイントである。いずれにしても，指導担当の先生や仲間の実習生のアドバイスを受けながら，具体的な改善案を作成することを心がけなければならない。これが次のPにつながる。

教育実習期間中を通して，このようなサイクルを回しながら，螺旋状に高めていくことを目指すのである。

1.3.3 教育実習をより効果的なものにするために

（1）確かな観察－参加－実践

教育実習は現実の教育を実践的に知る貴重な機会であり意欲的に取り組んでほしい。生徒，先生方の活動をきめ細かに観察すること，そしていわゆる弟子になったつもりで，場合によってはもう一度生徒になったつもりで参加することが必要である。そうすることによって新たな発見が数多くでき，それが教育の現実を真に実感する契機ともなる。

教育実習に臨む前に自分なりの研究課題をつくっておくことが，実習を一層効果的なものにする。「教えに行く」，「授業の練習をする」，「教育職員免許法で決められているからする」といった考えで臨むのではなく，教育の実践研究をするという態度を忘れないことが重要である。実際の場面を通してこそ生徒をよく知ることができるし，あるいは生徒をよく知る手立てを身につけることができる。それが教育の実践研究の出発点となる。

実際の学校現場で教育活動に携わると，自分の不足しているところを改めて気付かされることであろう。足らないところはそれを自覚した時点から努力して補っていくようにする，その積み重ねが確かな自分をつくる。不足する資質・能力を身につけ，強化すべく実践していくことが大切な課題となる。

教職に向いているかどうかを，教育実習を通して判断しようとしている人もいるかもしれない。教育のほんの一部に触れただけで「自分は教職に向いていないようだからやめる」といった逃げ腰での判断や，「相手が子どもだから何とかなるだろう」といった甘い考えでの判断に対しては，十分に慎重であって欲しい。自分は本当に生徒とともに学び通したいのか，その楽しさ・面白さを自分なりに感じ取れそうか，あるいは教育の深遠さに魅力を感じるかで，自分を客観的に捉え直す必要がある。

教育実習を通して，生徒にとって望ましい授業がつくれるようになる必要がある。教職に就けばすぐにプロとして授業をすることが求められる。やるべきことは全てやったという気持ちが伴うまで教材研究をし，自分なりの創意工夫をした授業，そして生徒にとってよい授業をつくる努力を惜しんではならない。授業を終えて,「今日の授業はうまくいかなかった。失敗した。」という実習生がいるが，自分が行った授業を成功か失敗かで判断するのは軽率であろう。そのように授業を判断してはいけないと言った方がよいかもしれない。なぜなら，教育実習生が担当した授業であっても，子どもたちにとってはその授業が全てであり，失敗も成功もないものだからである。このことは，常に意識しておくべきである。

（2）「振り返る」ことから始まる次への確かな一歩

教育実習が始まるとあわただしい毎日となり，そして疲れも重なってなかなか「振り返る」余裕がなくなり,ついやりっぱなしになってしまうこともあるかと思う。ここでは「振り返る」ことについて考えてみよう。

• 一日を振り返る

何となく振り返ってもそこにはただ疲れがあるだけということが現実かもしれない。そこで，もし，一緒に教育実習を行う仲間がいれば，仲間同士で 10 分でも 15 分でもよいから時間をとって，今日一日経験したことを振り返り，話し合う機会をつくるとよい。他の人の話を聞くことにより，自分では気付かなかった視点や問題意識が持てるようになるからである。そのことが，明日へ向けての新たな指針を作る上で参考になる。困ったときにも支援が受けられる。もちろん自分自身でその日一日を振り返ることも忘れてはいけない。

教育実習で経験することは全てが新鮮なものである。新鮮な経験はその都度記録にとどめておかないと次から次へと経験する中で，せっかく素晴らしい経験をしても忘れてしまう。そのためには，教育実習日誌とは別にメモ帳を用意し，新しい経験を何でも記録しておき，一日が終わった後でそのメモ帳をもとに振り返り，自分が経験したことを確認することが重要な役割を果たす。また何日か後に再度そのときの記録に目を通すことによって現在の自分との比較もでき，さらに新しい発見ができることもある。

• 授業を振り返る

授業を実践すると誰でも自然とその授業を振り返るに違いないが，その振り返り方が問題である。自分の考えた授業と実際の授業では，どこにずれがあったのか，それはなぜかを具体的に分析する。そして自分が実践した授業は本当に子どもたちのための授業になっていただろうかと吟味してみることが大切である。このように授業を振り返ることを通して，授業の意味や子どもたちの立場で授業を実感できるであろう。

• 反省会を振り返る

実践した授業については，反省会が行われる。反省会では授業者に対しての建設的な指摘がなされる。反省会で全て終わりと考えずに，反省会を振り返り，そこで出たことを再確認し内面化しておくことが大切である。そうすることによって，それらを次の授業に生かすことができ，よりよい授業実践に結びつけることができるからである。また，反省会では，先生方の授業に対する信念や教師としてのいろいろな思いが述べられよう。反省会を振り返ることにより，それらを捉え，自分の今後の資質形成の糧に，あるいは指針の参考にしてほしい。

・教育実習を振り返る

緊張の連続だった教育実習が終了すると，やり遂げた達成感や充実感を味わいながら，誰しもフッと気が抜けるものであろう。また，日々の活動に紛れて，実習で得たものがどんどん薄れていく。記憶の鮮明なうちに，次への確かな一歩のために，しっかりと振り返っておくようにしたい。

ここでも分析的に反省点をまとめたい。教職に対する資質と照らし合わせて自分の足りないものを再認識し，それを身につけるべく具体化を図り，意識として持つ段階にとどめずにそれを是非実行してほしい。さらに教育することの難しさ，あるいは面白さ・楽しさをどんな場面で実感できたかを振り返ってほしい。この確かな振り返りがさらに実践的研究を深める契機にもなるし，教育することに対する自信を深めることにも通じるのである。

引用・参考文献

東京学芸大学 (2017).『教育実習の手引き』.

（矢嶋昭雄）

コラム　教育実習日誌の記入のポイント

記録をもとに成果や課題を明らかにするためには，以下の点を心がけて記入することが大切である。

①「具体的に書く」

観察したこと，実践したこと，話し合ったことなどの事実を具体的に書き，それについての考察を率直に述べる。

②「焦点化して書く」

一日の広範囲な内容はメモにとどめ，最も印象的な内容に焦点を当て，研究テーマに関連付けて分析的に書く。

③「毎日書く」

日誌は必ず毎日書く。日をあけてしまうと印象も薄れ，味気ないものになり研究資料にもならなくなってしまう。

④「丁寧に書く」

ペンを使って楷書で正しい文字を書く。誤字，脱字，当て字は禁物である。書いた文字や文章は，自分の姿や態度の一部として意識すると良い。文字や文章の上手下手ではなく，丁寧で誠意のある記述を心がける。

２．目指す数学の授業像

2.1　授業観・数学教育観

教育実習では，確たる授業像を持ち，そのような授業の実現を図る術を学ぶことが極めて重要である。ここでは，目指すべき数学の授業像について考えていこう。

「よい授業」とは，どのような授業かを考えてみよう。

「分かりやすい授業」を挙げる人が多いだろう。数学の授業は，教師が知っていることを教えることだという授業観をもっていると，「分かりやすさ」だけを追究したくなる。ポイントを押さえたきれいな板書，簡潔で明瞭な問いかけ，そして，理路整然とした説明。もちろん，板書はきれいであることに越したことはないし，教師の言っていることが生徒に伝わらないようでは授業にならない。しかし，問題なのは，「分かりやすい授業」を追究したいという考えの背後にある授業観である。

数学の教師を志す人は，度合いに差はあれ，数学が得意な人である。教師の分かりやすい説明を聞いて少し練習をしただけで，その本質や概念間のつながりを自ずと理解できたのかもしれない。しかし，授業の対象の生徒は，そのような生徒ばかりではない。

教師は，生徒の理解の深さに目を向けなくてはならない。例えば，中学校の２次方程式の学習を考えてみよう。２次方程式の解を求めることができればいいと考えるのであれば，解の公式を覚え，使いこなせればいいことになる。しかし，数学の理解の深さは，その状況に至るプロセスの質によって決まる。問題に対峙し，深く考え見いだしたことと，はじめから教師に説明されたことでは，理解の深さが異なる。

中学校第３学年「２次方程式」では，解の公式の学習より前に，$x^2+6x-1=0$ のような方程式の解を，平方根の考え方を用いて求めさせる。あなたなら，どのような授業をするだろうか。また，その授業の意義を考えてみよう。

「問題を解けるようになる授業」を挙げる人も少なくないだろう。数学の授業の最終目標が数学の問題を自分の力で解けるようになることだという授業観をもっていると，問題をパターン化したり，分類したりして，その問題の解き方の特徴や考え方を「テクニック」として指導することだけを追究したくなる。このような授業は，生徒のニーズにも合うので，よい授業だと考えがちである。

このような数学の授業観のもとで学んでいる生徒の特徴をいくつか挙げよう。

- 解決できそうにないと，「先生，ヒントをください」と言う。

- 解決できないと，「こんな問題，やったことがない」と言う。
- 解決の糸口が見つからないと，教科書や参考書で似た問題を探す。
- 解決できると，「先生，合っていますか」と尋ねる。

すなわち，数学的に考える態度が身についていないのである。

数学的に考える態度とは，数学的に考える姿勢と数学的に考えることのできる力の両者が相まった状態である。学校数学で，生徒に身につけさせたい「数学的に考える態度」とは，どのようなものかを考えてみよう。

数学的に考える態度を育成・伸長する上で，教師の働きかけは重要である。例えば，

四角形 ABCD の面積 S は，対角線 AC，BD のなす角を θ とすると，

$$S = \frac{1}{2} \times AC \times BD \times \sin\theta$$

である。

この事実とその証明を説明するだけの教師と，ひし形 ABCD の面積の公式「$S = \frac{1}{2} \times AC \times BD$」を一般化してみようと投げかけられる教師では，生徒に育まれる数学的に考える態度に大きな違いがでることは容易に想像できよう。「問題を解決してから数学が始まる」，「問題を統合的・発展的に考える」などは，いずれも，数学的に考える態度を物語っているものと言えよう。

また，数学を自立的に解決できる生徒は，得られた解が正しいかどうか不安であれば，別の方法で解決してみて，同じになるかどうかを確かめるに違いない。もちろん，日頃の授業で，教師が，多様な考えをさせたり，取り上げたりしていなければ，そのようなことはできるようにならない。

2.2　問題解決の授業

上で見てきたように，数学の理解の深さはその状況に至るプロセスの質によって決まる。また，数学科の授業では，問題の解を求める力ではなく，数学的に考える態度の育成・伸長を図ることを目指したい。では，どのような授業を目指せばよいのだろうか。

問題解決の授業では，問題の解決過程で新たな知識や技能，数学的な見方や考え方などを身につけさせていく。日本の算数・数学科における問題解決の授業は，国際的にも評価が高く，Problem Solving Approach, Teaching through Problem Solving として知られている。様々な段階の設け方があるが，おおむね，次のような段階からなる。

問題の提示
個人解決
比較・検討（練り上げ）

まとめ

ここでいう「問題」は，「ある目標を達成しようとしているときに，すぐには達成するための手段が見つからない状態」である。既習事項とのギャップに気付き，「あれ？」「おや？」という思いにさせることが重要である。言うまでもなく，教科書にある問題が，常に，この意味での「問題」になるとは限らない。目の前にいる子どもの実態によって異なるからである。

「個人解決」では解決に取り組む。この前に，何ができないために困っているか，何が分かればよいかなどを明確にしたり，結果を予想させたり，解決の構想を立てさせたりすることもある。

「比較・検討」では，まず，多様な考えを発表させる。そして，それらを教室全体で比較・検討することを通して，考えや解決をより洗練されたものや一般性のあるものなどへと高めていく。これを「練り上げ」といい，この質が，生徒の理解の深さに大きく影響する。

「まとめ」では，生徒とともにつくり上げた概念や手法をまとめる。その後，さらに考えたいことはないかと問うたり，途中で，「もし，こうなったらどうなるのだろう」といった生徒の声を紹介したりすることも大切である。

なお，昨今の「対話的な学び」に対する注目とともに，問題解決型の授業の中に，ペアや小グループでの活動を取り入れた授業が多く見られるようになった。十分な個人解決の時間を設けずに，グループで相談をさせることにより，解決できていない生徒ができた生徒から「やり方」を教えてもらうだけになっているケースや，グループで一つの考えにまとめさせることにより，練り上げを行う上でカギとなるであろう重要な考えが消えてしまうケースを散見する。

数学的に考える態度を伸長する上で，自分の考えを記述し，後で振り返ることができるようにすることや，なぜそう考えたかを共有することは極めて重要である。それには自分の考えの言語化が必要であり，対話もその一つの形態として位置づけたい。何も記述せずに，また，自己の考えとの比較や振り返りもなく，ただ話し合ったり，教え合ったりすることは，本来の対話の目的と異なることを忘れないようにしたい。

個人解決の前に，どのように解決しようと思うか，どのようにすれば解決できそうかといった解決の構想について，ペアやグループで話し合うことの長所と短所について考えてみよう。

2.3　数学の多様性

数学は，自らで，自らの考えが正しいかどうかを確かめることができるし，概念をつくっていくこともできる。権威に頼らずに，論理的に正しいことのみが真となる。それが数学のよさや面白さ，ひいては美しさにもつながる。下記のような言説には，多くの人がうなずくことであろう。

解析すべき現象から本質を抽出したいくつかの公理や定義に基づき，そこから演繹的推論によって有用な定理を導くという数学の手法は，数学の結果を非常に確実なものにしており，その確実性は哲学にも影響を与えている。（日本学術会議，2013）

このような数学の側面は，図 1-1 でいうと，主として，右側の A2 － B － C － D2 のサイクルに当たる。

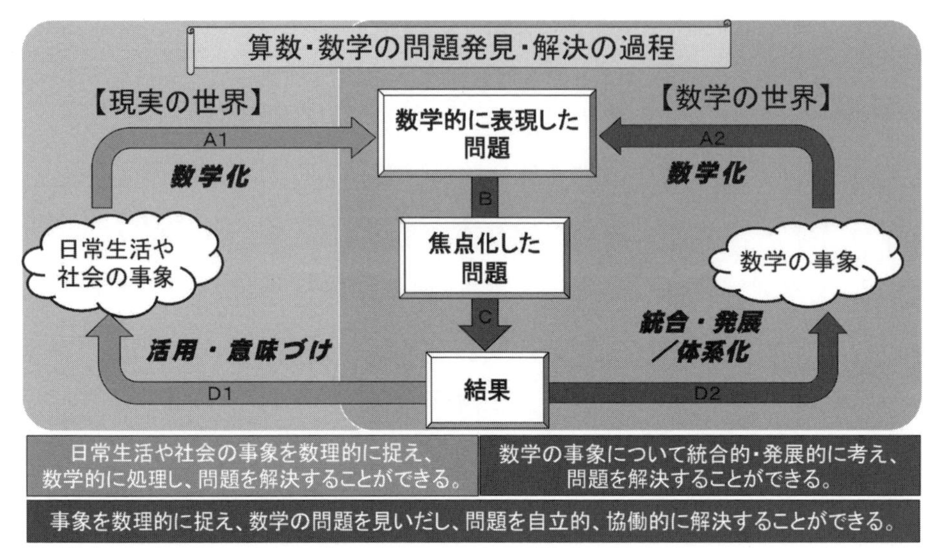

※各場面で、言語的活動を充実
※これらの過程は、自立的に、時に協働的に行い、それぞれに主体的に取り組めるようにする。
※それぞれの過程を振り返り、評価・改善することができるようにする。

図 1-1　算数・数学の問題発見・解決の過程（中央教育審議会，2016，p.18）

では，図 1-1 の左側の A1 － B － C － D2 のサイクルは何を意図しているのだろうか。このサイクルは，次のような側面を捉えている。

具体的な問題の解決に数学を使うためには、データの特徴をとらえ、具体的な問題を扱うのに適したモデルを構成し、現実世界の問題を数学の問題に翻訳して解決し、もとの問題に戻すことになる。したがって、現実世界の問題に数理科学を応用するためには、演繹的な数学とは異なった帰納的な能力も必要となる。（日本学術会議，2013，p.4）

ここでいう数理科学とは，「数学を中心とし，数学から生まれた統計学や応用数理などの分野と，数学教育や数学史など数学と他の学問分野との境界分野を合わせた学問分野」である。

数学が万国共通なのだから，その教育も万国共通だと思いがちだが，そのようなことはない。日本の数学教育は，欧米に比べると，「具体的な問題の解決に数学を使う」，すなわち，応用面の扱いが極めて少ないと言われている。そのような背景もあって，近年，現実事象の考察や，統計の扱いが重視され始めたのである。

数学的に考えることには，このような二つの側面がある。したがって，数学的に考える態度を育成・伸長する授業は，この両側面から考えていく必要がある。忘れてはならないことは，生徒によって趣向は異なるということである。数学の世界での考察が好きな生徒もいれば，現実世界の事象の考察に数学を活用することが好きな生徒もいる。一面しか体験させずに数学嫌い，数学離れをつくっている実態があるとすれば改めなければならない。

以下に挙げる文献に当たり，自分がこれまでにもっていた数学観や数学教育観について振り返ろう。

○科学技術の智プロジェクト (2008),『数理科学専門部会報告書』, http://www.jst.go.jp/csc/science4All/minutes/index5.html

○日本学術会議 数理科学委員会 数理科学分野の参照基準検討分科会 (2013),『報告 大学教育の分野別質保証のための教育課程編成上の参照基準 数理科学分野』, http://www.scj.go.jp/ja/info/kohyo/pdf/kohyo-22-h130918.pdf

2.4　授業力の多面性

「あの先生は授業力がある。」と言うことがある。数学科の教師として，授業力があるとは，どのようなことなのだろうか。

「授業力」の構成要素を考えてみよう。

授業に多様な側面があるように，授業力にも多様な側面がある。ここでは，以下の 6 項目を挙げておく。

数学理解：　学習内容及びその背景の数学を理解している
目標設定：　学習指導要領，教材，子どもの実態等を踏まえ，適切な目標を設定できる
問題設定：　子どもを揺さぶる問題を設定し，適切な発問ができる
思考理解：　子どもの考えを予想したり，ノートへの記述から読み取ったりできる
授業運営：　何に取り組めばよいか等の指示を的確にしたり，適切な説明や板書をしたりすることができる
評　価　：　数学的に考える態度の育成・伸長につながる評価を行うことができる

これらは相互に関連しており，どれか一つが欠けていても，どれか一つだけが長けていても，よい授業はできない。また，これらの様相は，一人の教師でも，学習内容はもとより，1 回 1

回の授業によっても変わり得る。したがって，授業力がある教師は，これらの要素を安定的に満たしているということになろうか。例えば，項目ごとに，「およそ８割の授業で満たしている」「半分程度の授業で満たしている」「３割程度の授業で満たしている」「ほとんどできていないが，項目の内容は理解している」のような段階を設けて，自己評価してみることも考えられる。

自分の授業力について，このような項目をもとに，多面的な評価をし続けることを大切にしたい。

演習 1-1 で考えた「よい授業」について，上の六つの観点で振り返ってみよう。

引用・参考文献

中央教育審議会 (2016).「算数・数学ワーキンググループにおける審議の取りまとめ」，http://www.mext.go.jp/b_menu/shingi/chukyo/chukyo3/073/sonota/__icsFiles/afieldfile/2016/09/12/1376993.pdf（2018 年 1 月 31 日閲覧）

日本学術会議数理科学委員会 数理科学分野の参照基準検討分科会 (2013).『報告 大学教育の分野別質保証のための教育課程編成上の参照基準 数理科学分野』，http://www.scj.go.jp/ja/info/kohyo/pdf/kohyo-22-h130918.pdf

（西村圭一）

3．授業研究とは

3.1.　授業研究とは

授業研究は，これまで長いあいだ教育的課題を解決するために教員が自律的に学校現場で行ってきた日本の学校に固有の活動である。授業研究は，Stigler ら (1999) によって日本の構造化された問題解決の授業を実現している教員の研修機会として世界的に紹介された。現在では世界各国で授業研究が実施されるようになっている。

授業研究は，一方で時代とともに変化し，実施される地域においても異なる部分がある。他方で授業研究において変化すべきではない大切な部分がある。本節では，日本において伝統的に大切にしてきた，また今後も大切にするべき授業研究の様相をもとに，教育実習における授業研究について考える。

学校において通常行われている授業研究は，藤井 (2014) が述べるように，目標の設定，学習指導案の検討と作成，研究授業，研究協議会，そして振り返りの一連の活動からなっている (図 1-2)。これらが 2 年程度のサイクルでなされるのが一般的である。授業研究の構成要素と過程では，授業研究と研究授業を明確に区別している。授業研究は五つの構成要素を経る事柄であり，研究授業は授業研究を構成する一つの要素である。授業の実施とその参観のことを指している。

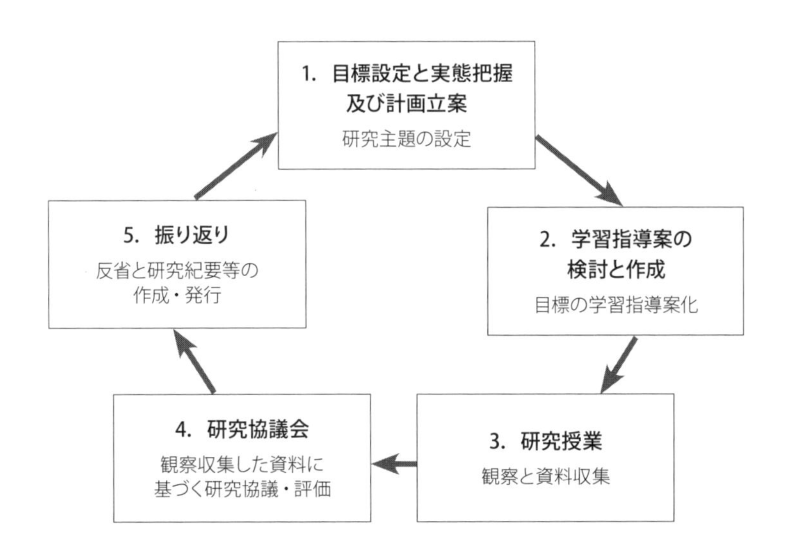

図 1-2　授業研究の構成要素と過程（藤井，2014，p.3）

目標の設定では，授業研究を実施する学校の教員が，教育の目標とその学校の生徒，指導の実態を参照して解決するべき課題を明確にする。学習指導案の検討と作成では，最初に立てた目標を授業というかたちで実現するために，具体的な教材について検討し，指導案という形にする。研究授業では，指導案をもとに授業を実施する。実施する授業では学校にいる教員全員が授業の参観をする。参観においては生徒の学習活動と教師の教授活動を詳細に記録する。それに続く研究協議会では，授業において観察した生徒の学習活動と教授活動の事実に関する記録をもとに，指導案を参照しながら，授業についての協議を行う。同時に最初に設定した課題の解決が授業における生徒や教師の姿においてなされたかどうかの議論がなされる。そして最後に，2年を振り返り，その反省を紀要などにまとめる。

授業研究には上記に示したいわゆる校内研修としての授業研究があるが，他にも，地域レベルの授業研究，そして全国レベルの授業研究がある。校内研修としての授業研究では学校目標の達成等が課題とされる。地域レベルの授業研究では，地域の教育課題の解決や学習指導要領の具体化が課題とされる。全国レベルの授業研究では，一般的な教育課題の解決や，学習指導要領の示す内容を具体化する一般的な方策または教育課程編成にあたっての提案が課題とされる（高橋，2006)。

授業研究の特徴は，教師が自ら課題を設定し，その課題の解決を授業で試みることにある。与えられた課題を解決するのではなく，教師自身が，教育の目標を参照し，自ら学校現場で実感し解決しようとする課題を自主的に設定する。そして課題の解決を学校教育の中核である授業で行おうとする。そのため指導案の作成は，最初に教師が設定した課題とその解決を授業へ具体化する大切な活動となる。授業を大切にする考え方が背景にある。

研究授業の後に実施される協議会においては，授業を実施した教師個人の指導法について協議することを目的としない。課題を解決するために，作成された指導案，授業でなされた教授や学習を客観的に考察することが目的である。教師が指導案作成において，課題の解決として示した部分がどのように授業で実現され，それによって課題が解決されたのかが議論される。実施した授業で生じた生徒の反応，特に誤答や予想外の考えなどを含めて，事実に基づいて授業のあり方について議論する。最終的に，最初に課題としたことが授業場面で解決されたのかが議論され，次への課題が生み出される。

3.2. 教育実習における授業研究

教育実習において実施する授業研究は，学校で行われている一般的な授業研究とは異なっている。教育実習においては，二つのタイプの研究授業がなされている。一つは実習のまとめとして行う研究授業の実施とそれにかかわる準備と反省である。他の一つは毎回の実習生の授業の実施とそれにかかわる準備と反省である。これらでは，授業研究の構成要素と過程の一部である，学習指導案の検討と作成，研究授業，研究協議会を実施している。

教育実習生にとっての授業研究は，授業とは何を行うべき場であるか，教えるとは何をすることか，学習するとはどういうことかなどを実際の場で学び，考える機会を提供する。同時に，授業研究がどのようなものかを部分的にではあるが体験する機会でもある。

教育実習における授業研究において大切な事柄を以下に個別に述べる。

（1）自ら課題を設定すること

教育実習生の場合には，数学的な問題解決の授業の実現が大切な課題であろう。数学的な問題解決の授業は，問題の解決を通して，数学的知識や技能とともに，数学的な考え方や態度の学習を目指すものであり，問題の提示，個人解決，比較・検討（練り上げ），そしてまとめという四つの活動の相がみられる授業である。問題解決の授業を実現しようとすると，提示する問題を工夫する，生徒の解決の予想をする，話し合いを適切に想定し，そのための発問を考えることがなされる。教育実習生にとっては，生徒の考えを理解する，教材研究を十分に行うなどの個々の課題が生ずる。1 回の授業が終わるごとに授業で生じた事実をもとに，自らの課題を明確に設定し，授業の準備と反省をすることが重要である。

（2）指導案の作成のために，また授業の反省において教材研究を行うこと

ある授業はそれ以前の授業とそれ以降の授業の間にある出来事として考える。すなわち，ある授業で，生徒はそれまでに学習してきたことを授業で生かし学習をし，次の授業ではその時間までに学習したことをもとに新しい学習へ進む。このため生徒がそれまでに学習してきた内容と本時に学習する内容，次時に学習する内容の関連を明確に捉える必要がある。その前提として，単元を通しての学習内容と目標を適切に捉えることが大切である。当然，学年間における授業の位置にも配慮すべきである。そのときに，生徒が考える過程を想定して問題を解決する。それによって授業で生徒に提示する問題を決定することができる。

（3）課題の設定

授業において最初に生徒に提示する問題場面の検討は重要である。中学校 2 年生の図形の証明の導入において，多角形の内角の和を求める問題を扱うことを考えてみよう。教科書では多角形の内角の和を求める問題で例示されている多角形は，三角形，四角形，そして五角形までである。一般の多角形の内角の和を求めることを考えるとき，生徒に六角形を提示したらどうであろうか。六角形であれば，図 1-3 のように正六角形の対角線を引くことでも内角の和が予想できる。この考えをもとに一般の六角形の内部に点をとって三角形に分ける解決も考えられる（図 1-5)。五角形では対角線を引いても同様のことは生じない。四角形では六角形と同じことが生ずるが，一般性を予想するような感覚は少ない。また，正六角形をかいた場合と一般的な六角形をかいた場合では内角の和の説明の仕方が異なる。六角形の場合には一般性をもった説明がなされるはずである。一般の六角形を想定し，三角形に分ける方法が他の多角形にも適用可能であることが説明に含まれる。これに対して正六角形では対角線をひいてできた正三角形を前提とした説明であり，一般化することはできない（図 1-4)。このように最初に提示する問題の詳細にわたって，生徒の考える可能性とその考えの数学的性質を検討することが重要である。そして実際の授業においては，六角形をもとに考える中で，生徒が正六角形と六角形をかいているかが机間巡視の重要な観点となる。また，話し合いの場面ではこれらの正六角形と六角形の違い，説明の数学的な違い等に焦点をあてた議論がなされるかが次の観察の観点となる。

誤答を想定した課題の設定についても考えてみよう。高等学校の数学 I で扱うグラフの平行

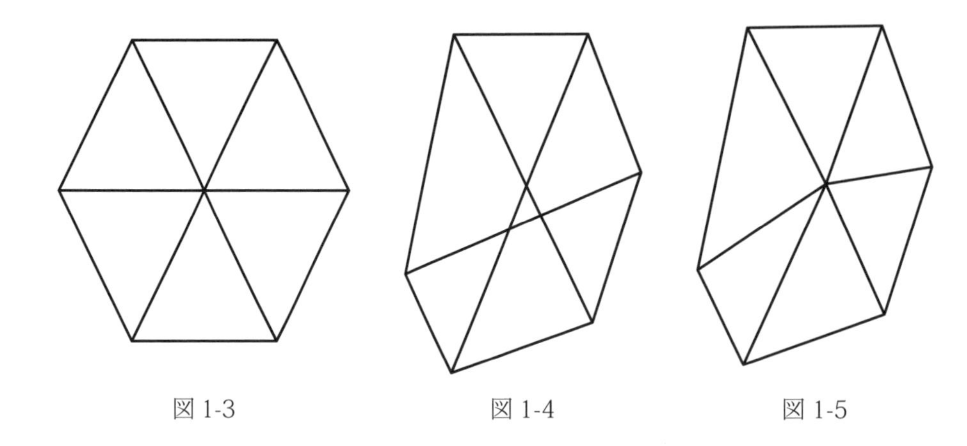

図 1-3　　図 1-4　　図 1-5

移動を例にとってみる。どの教科書も２次関数のグラフをかく文脈でグラフの平行移動を扱っている。具体的には，$y = 2x^2$ をもとに $y = 2x^2 + 4$，$y = 2(x - 3)^2$ のグラフをかいてみようという課題から，表をつくり，グラフをかき，どの方向にどれだけ平行移動しているかを振り返り，一般化するという流れである。グラフの平行移動で頻繁にみられる誤答は，$y = 2x^2$ のグラフを x 軸方向に３平行移動したグラフの式が $y = 2(x + 3)^2$ であるというように，符号を逆にしてしまうケースである。特に，x 軸方向の平行移動に多い。グラフの平行移動を授業で扱う際には，その誤答を積極的に取り上げ，クラス全体で検討することが大切である。そうすることによって，グラフの平行移動と式の関係をよく理解するとともに，同じ誤りを繰り返さないようにすることも期待できる。従って，本時の課題はあえて誤答がでるように設定したい。では，どのような課題がよいだろうか。x 軸方向の平行移動に焦点化して考えてみよう。

教科書通りに「2 次関数 $y = 2(x - 3)^2$ のグラフをかいてみよう」という課題では，誤答は出にくい。与えられた式からグラフをかくという思考の順序では，平行移動の方向と符号の関係を気にすることなくかけてしまうからである。そこで，「x 軸方向へ＋３平行移動したグラフの式はどうなるだろうか」という課題にするとどうだろうか。前時には，関数 $y = f(x)$ のグラフを y 軸方向へ q 平行移動したグラフの式は $y = f(x) + q$ であることを学習している。従って，x 軸方向へ「＋３」平行移動したグラフの式の中には「＋３」が入ることを予想する生徒がいるであろう。では，「2 次関数 $y = 2x^2$ のグラフを x 軸方向へ＋３平行移動したグラフの式はどうなるだろうか」という課題にすればよいだろうか。これも不適切である。$y = 2(x + 3)^2$ という誤答を期待しているわけであるが，x^2 を $(x + 3)^2$ にするという文字式の変形は難しい。しかも，前時及び中学校第２学年の１次関数において，y 軸方向の平行移動しか学習していないため，この式変形を行おうとする発想の源が，既習事項にはないのである。従って，この誤答は出にくいということが考えられる。では，どのような関数がよいだろうか。

これまで学習した関数は２次関数を除けば，比例，反比例，１次関数である。比例と１次関数は，式の形から x 軸方向の平行移動を考える関数としては不適切である。反比例では，漸近線も同時に移動することになる。現行の学習指導要領上では数学Ⅲの内容でもある。そこで，

$y = |x|$ としてみてはどうだろうか。すなわち，「$y = |x|$ のグラフを x 軸方向へ＋ 3 平行移動したグラフの式はどうなるだろうか」という課題にするのである。もちろんこれに伴い，$y = |x|$ のグラフは事前に学習しておき，前時の y 軸方向の平行移動も $y = |x|$ のグラフで扱うということになる。この課題であれば，点 (3，0) に着目して，$y = |x + 3|$ とする誤答が予想できる。また，式変形をする際に，y 軸方向への平行移動では $y = |x| + q$ であったため，他に式を変形する箇所として絶対値の中という発想をする生徒がいることも予想できる。x^2 を $(x + 3)^2$ と変形するよりも，$|x|$ を $|x + 3|$ と変形する方がはるかに抵抗は少ないだろう。

このように，既習事項における学習経験と本時の課題との関係から，生徒の反応を予想し，課題を設定するということが大切である。グラフの平行移動に関する誤答の取り扱いについては，2 章でも詳細に述べられているので，そちらも参照されたい。

（4）協議会では授業中の生徒の姿を通してその考える過程を想定し議論すること

授業者として授業をした後に，授業に関する協議をするときも，参観者として授業に関する協議をするときも，授業でみられた具体的な事実をもとに議論することが不可欠である。

授業において生徒が何をどのように考え，理解したのか。そこへどのような指導がなされたのかを評価することが重要である。このため生徒が正しくできていたか，できていなかったかという記録では役に立たない。

例えば，$y = 2x + 3$ のグラフをかくという課題に対する生徒の反応として次のような表が作成された。このような個別活動での生徒の書いたものを記録するときに，生徒の書いた表の記録を正確に残すことが大切である。正確な記録があることで，生徒が何をどのように考えたかを予想することが可能となる。そして生徒の考えの予想のもとに，その生徒に対する対応をどのようにすべきであるかを議論することが可能となる。「間違った表をかいていた」という記録では役に立たない。例えば，図 1-6 の生徒は $y = 2x + 3$ の対応表を作成するときに，x の正の値を代入して計算し，後は $y = 2x$ の表を書いたときのことを思い出して，x が負の数

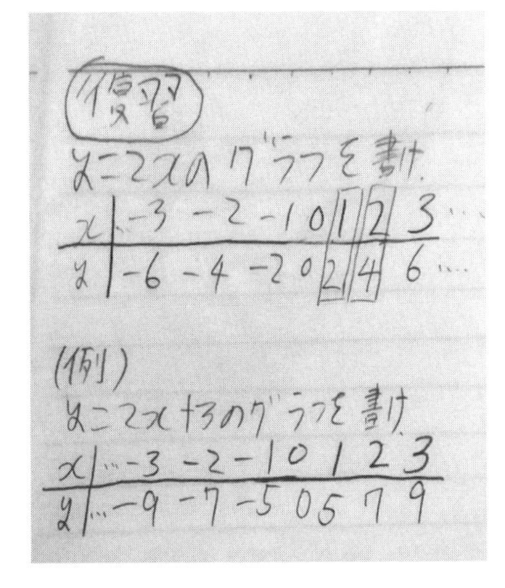

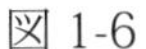
図 1-6

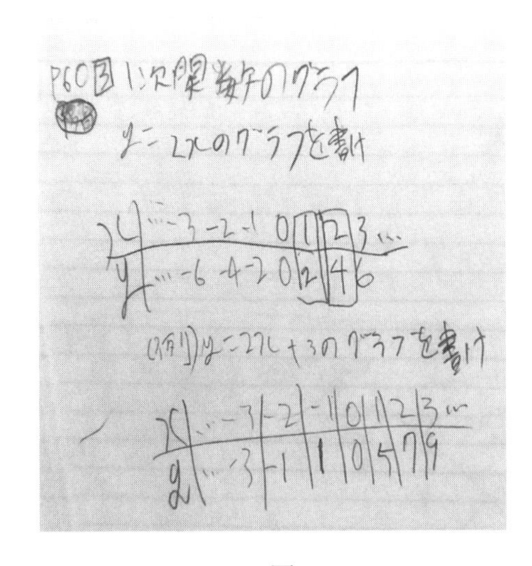

図 1-7

の部分の y の値を正の数の場合をもとに対称に書いたのだろう。また，図 1-7 の生徒は図 1-6 の生徒と共通することとして，x の値が 0 のとき y の値が 0 になるという共通の間違いをしている。この原因として，比例のグラフの学習による影響があると考えられる。

生徒自身に間違っていることを意識させるためにこの表をもとにグラフをかくという指導が考えられる。また，間違いを意識した後，グラフをかくための基本的な手続きとして代入することを行う。これは一部できているために，間違っている部分について代入して計算することで正しい値を用いた表ができる。また，比例のグラフを意識した誤答であるために，その意識を明確にさせることで，一次関数のグラフと比例のグラフの関係を明確に捉える可能性がある。それはグラフを見ても捉えられるし，同時に，代入して計算した式を比較することでも捉えられる。これらの誤答の記録をもとに，生徒の考えを想定することで，上述のように生徒が学習する機会を提供する可能性について議論することが可能となる。

（5）実習生個人ではなく，教授，教材について議論すること

実習生の授業では，実習生個人の目標を実現することが課題となることが多いだろう。しかし，観察している実習生にとっては，他者の授業を参観し，それについて議論するときは，一般的な事柄として考えることで，自分自身の授業を考えるときに役立つ。また，同時に課題の設定も他者ともかかわる課題を設定することで，教授，教材について議論することが可能である。実習生の場合には，一般に指導法に議論が偏りがちであるが，本来は教材についての議論，子どもの思考がどのように進んだのかについての議論をすることが大切である。特に，授業研究を行う立場からは，授業について語ることが本義であることを忘れてはならない。参観した人，授業を実施した人全てが授業とそれについての議論から学ぶ機会を得るためである。

一般の研究授業では，協議会の最後に講師がまとめを話す機会がみられる。この講師によるまとめの質が授業研究を進める上で重要な役割を果たすことが明らかになってきている。教育実習における授業研究では，指導にあたっている教員がこの役割を果たすこととなる。指導教員のコメントの意味を深く考え，意識することが大切である。

3.3 おわりに

授業研究は，自律的で自主的な活動であり，教員同士，そして生徒との協働的な活動として成立してきたものである。教材研究，授業の記録，そして反省会のいずれの機会にも自律的，自主的な努力がなされることが大切である。また，同時に他者と協働して成り立っている活動であるため，授業で生じた事実を大切にし，他者を尊重し，自分自身が考えたことを正直に話す態度が大切である。授業研究に参加している生徒は，一生に一度の貴重な学習の機会を，授業研究を実施する教育実習生とともにしている。生徒の教育の機会に授業研究を実施している意味を十分に理解しておくべきである。

引用・参考文献

藤井斉亮 (2014).「授業研究における学習指導案の検討過程に関する一考察」. 日本数学教育学会誌. 96(10). pp.2-13.

西村圭一, 松田菜穂子, 太田伸也, 高橋昭彦, 中村光一, 藤井斉亮 (2013).「日本における算数・数学研究授業の実施状況に関する調査研究」. 日本数学教育学会誌. 95(6). pp.2-11.

高橋昭彦 (2006).「算数科における授業研究の類型とそれぞれの実態に関する考察――ある民間研究団体における授業研究会参加者に関する調査を通して――」. 日本数学教育学会誌. 88(8). pp.2-14.

Stigler, J. W., Hiebert, J. (1999). *The Teaching Gap. Best Ideas from the World's Teacher for Improving Education in the Classroom.* The Free Press.

スティグラー, J. W., ヒーバート, J. (2002).『日本の算数・数学教育に学べ：米国が注目する jugyou kenkyuu』. 教育出版.

（中村光一, 清野辰彦, 成田慎之介）

第 2 章　教育実習における授業の構想・実施・省察

1．単元の指導計画を立てる

1.1 単元の指導計画

1.1.1 実習生と単元の指導計画

単元の指導計画（以下，単元指導計画）とは，教科書の言葉を借りれば，「章の指導計画」のことと考えてよい。単元は，学年及びその単元のねらいに基づいて学習する内容を定め，類似する内容をひとまとめにしたり，順序性を配慮する必要のあるものとそうでないものを分けたりして，より小さなまとまりの「節」を構成し，節が更に小さな「項目」に整理されている。そのそれぞれには，様々な観点に基づいて，年間指導時数から割り出された単元の指導時数が割り振られている。この作業は，学校や学年，教室の実態に基づいて，学校及び教師が行う。

そんなとき，同時に教師はある程度の授業内容のイメージをつくって持っているものである。授業内容や授業運びによって，指導に必要な時数は変わってくるし，定められた時間数の中で学習内容をもれなく扱おうとすれば，授業設計の際の様々な要素について十分に検討する必要がある。だから，単元の指導計画立案と個々の授業設計は，不可分の関係にある。実習生は，この認識を持つことが不可欠である。

しかしながら実習生は，自分が担当する内容を含む章の指導計画の立案について，自分とは無縁のものであると捉えがちである。単元の指導計画は既に作られていて，自分はその計画に基づいて担当する部分の授業を設計し実践し，指導教員の指導助言を交えながら更に次の授業を計画し……，というのが大方の教育実習のイメージである。実際に実習が始まると，実習生と指導教員とのやりとりは，実習生が考える授業設計に基づく指導案の検討と修正，終了した授業実践についての省察がその中心となる。しかし，その最初の段階である授業設計と指導案作成には，既に単元の指導計画が十分そこに反映されていなければならない。すなわち，単元指導計画を参照し配慮しながら，授業を設計し指導案を作成することが求められる。

1.1.2　事前の打ち合わせで

実習生が事前打ち合わせのために予め実習校を訪問すると，まず実習校や所属学級に関する全般的な事柄についてレクチャーを受け，続いて教科指導教員と教科指導実習に関して必要な事柄を打ち合わせする。このとき，教科指導教員から実習生が担当する単元（章），節，項などが指示され，続いて実習生が担当する授業の直近の授業までで生徒が「何」を「どのように」学ぶかが説明される（実習の打ち合わせの時点では，予定された授業として説明される）。それまでの学習の流れ，実習開始時点の生徒の既習事項，指導教員が行った授業の様子やスタイル，生徒の教科学習上の実態を実習生に把握してもらうためである。なぜその必要があるのだろうか，すなわち，なぜ教科指導教員は実習生に実習開始までの状況を把握して欲しいのだろうか。一番の理由は，生徒にとってそれまでの学習からスムーズにつながっていく授業を実習生に期待しているからである。指導教員は，1単位時間の授業設計が，単元の指導計画と切っても切れない関係にあることを知っているからである。実習生が実習開始までの学習の流れを把握しておかなければ，それまでの授業と違和感なく連続する授業を設計することはできないのである。

1.1.3　単元の指導計画に対する実習生の現実

最初の授業について考えるよう予め指示された実習生が最初に提出する学習指導案は，自分の氏名，指導教員氏名に続いて，「1．指導日時」，「2．指導学級・人数・時間等」，「3．単元名」，「4．単元指導計画」などの項目が並ぶ。

東京学芸大学　○類　～
指導教諭　～
　1．日　時
　2．学　級
　3．単元名
　4．単元指導計画

そして，「4　単元指導計画」の中に，最初に担当する授業の項目部分に『本時はこの1時間目』などと記してあることが多い。

ここで，中学校第1学年の『比例・反比例』で「反比例」を担当する，ある実習生Aを例にとろう。この単元は，大きく「xに比例する関数」「xに反比例する関数」の二つの内容から構成されている。実習生Aは，実習校でまず「xに比例する関数」の教師の授業を観察し，続いて新しい単元「xに反比例する関数」の授業を担当する予定になっている。そこで，Aは，教科指導教員に提示する最初の授業の指導案に，実習校で使用している教科書の指導書を参照して，次のように記載してきた。

3．単元名　中学委1年　第4章『比例と反比例』　貫井北書房版
4．単元指導計画
　　　第4章　比例と反比例　〈計13時間〉

1節　xに比例する関数 ………………… 2時間
2節　xに比例する関数のグラフ ……… 4時間
3節　xに反比例する関数 ……………… 2時間←本時は 1/2 時間目
4節　xに反比例する関数のグラフ …… 3時間
練　習　問　題………………………… 2時間

この指導計画は教科書や指導書通りのものであるから，実習生Aはおそらく，単元の指導計画は既にできあがっているものであり，それは教科書に示された章と節，項目であると考えていることが分かる。また，指導時数の配分は，指導書に示されている通りであると捉えているのであろう。だから，使用教科書の指導書の記述を指導案にそのまま転記している。また，二つの項から成る『3節　xに反比例する関数』の項立てを，そのまま2単位時間分の授業のそれぞれのねらいに設定している。項立て項目をねらいと勘違いしていることも分かる。総じて，Aは指導計画も授業のねらいも自分のプランを持っていない，ということである。

1.1.4　単元の指導計画と授業設計

年間の指導内容と時数は学習指導要領で，単元の時数は学校の年間指導計画で定められている。教科書の章や節は，内容は教科書会社の編集方針に従って分割され，さらに教科書の指導書を参照すれば各節の単位に既に割り振られた時間数が例示されている。したがって，単元で扱うべき内容は，容易に把握できる。だから，実習生は，単元の指導計画は既にできあがっているものと考え，単元全体を通した学習の流れのイメージをつくろうとしない。ここでいう「単元全体を通した学習の流れのイメージ」とは，扱う内容，扱う順，それぞれの授業において扱う課題，授業の展開や扱い等，その単元全体の学習構成に対する大雑把なイメージのことである。このようなイメージは，本来教室や生徒の実態に応じたものであるべきだが，実習生は教室や生徒の実態を把握していないから，この点を教科指導教員から助言されながらイメージをつくっていくべきなのである。

ところが，実習生はそのような単元の指導計画のイメージを持たずして実習に臨むので，教科書の記述にそのまま則った指導案を書く。実習生にとっても教師や生徒同様，教科書は授業展開や学習の一つのよりどころであることに異論はない。しかし，授業は担当する教師の個々の特徴が出るものであり，また，そうあるべきである。教師の数学観，指導観や授業観を生かすことで，授業に創意工夫が生まれる。教師が自身の発想やこだわりを封じて全て教科書の通りに進めれば，授業は平坦なものとなろう。そのような授業は，生徒の興味・関心を呼び起こすにはほど遠い。（教科書の扱いについては，本書の第3章1を参照。）

一方で実習生は，授業設計の際，「生徒がつくる数学」，「生徒主体の授業」，「多様な考えを引き出す授業」，「相互に議論しながら生徒が数学をつくり上げる」，「苦手な生徒への対応」といった今日的な課題について配慮するべきであることを知っている。だから，どの授業も毎回，これらの全てに対応するべきだとして授業設計する。加えて自分なりの単元全体の指導観を持たないからなおのこと，授業の内容に内容ごとのメリハリが付けられない。このような場合，内容に関わらず，どの場面でも必要以上に時間をかけたり逆に軽く扱ったりする，という結果になる。

すなわち，単元内の個々の授業イメージを持たず，配慮事項だけに留意して授業を設計する。これが，生徒の興味･関心を呼び起こすことには無縁の抑揚のない単調な授業の原因であろう。生徒の抵抗無き容易な参加，親しみ易さと分かりやすさ，それでいて展開のメリハリ，授業相互のスムーズな接続性の確保，潤いのある豊かさ，そんな相反する幾つもの要素を少しでも多く満足させようとすれば，やはり授業者自ら単元の指導計画を立て，単元や節全体を一つのまとまりと捉え大局的なイメージを構成し，その上で指導目標に応じた山場を設定し，さらに，それを時数に応じて適切に分割・配置する，といった計画や手続きが必要不可欠なのである。逆に，よい意味で教師のこだわりを反映させた豊かな授業を実現させようと考えれば，単元の学習の流れを単元全体で大きく捉えて教師自ら単元の指導計画を立てなければできないのである。

本節の冒頭で触れた『単元の指導計画立案と個々の授業設計は，不可分の関係にある』とは，このことを意味している。実習生は，教科指導教員から担当する単元と節を示されたとき，その部分の指導計画を自ら再構成した上で授業設計するべきなのである。

演習 2-1　単元の指導計画立案と個々の授業設計が不可分の関係にあることについて，その理由を考えてみよう。

1.1.5　単元の指導計画を立てる際の留意事項と授業設計

単元の指導計画を立てる際，どのような事に留意するべきだろうか。前項でも述べたように指導計画と授業設計は不可分な関係にある。すなわち，実習生は，自分が担当する範囲の「よい授業」のイメージを持ち，よい授業展開の実現のために単元の指導計画を立てるようにしたい。

「よい授業」とは，どのような授業であろうか。相馬ら (2016) では，次の条件Ⅰ，Ⅱを満足する授業が「よい授業」であるとし，そのための要件として①～③を挙げている。（項目のみ引用，p.14，18）

Ⅰ．生徒が主体的に取り組み，考え続けている授業
Ⅱ．目標が適切に設定され，それが達成される授業

［要件①］　本時の目標を明確にする
［要件②］　問題と問題提示の仕方を工夫する
［要件③］　考えの取り上げ方を工夫する

さらにまた，学習指導要領解説には，「指導計画の作成と内容の取扱い」において，指導計画を立てる際の配慮事項が整理されているので読み込んでおきたい。以下に，必要事項を整理しておく。

まず，指導計画作成上の（直接の）配慮事項として，次の4点を挙げる。

ア　生徒の実態に応じて適切に作成する

イ　教師の創意工夫をより一層生かすためにも，弾力的な取扱いができるようにすることが重要

ウ　学び直しの機会を設定する（学び直しの機会を適切に位置づける）

エ　（数学科の特質に応じて）道徳について適切に指導する

内容の取り扱いについての配慮事項として次の2点を挙げる。

①　用語・記号（の示し方）

②　コンピュータや情報通信ネットワークなどの情報手段の活用

そして，必須の数学的活動の指導に当たっての配慮事項として次の3点を挙げる。

(1)　数学的活動を楽しみ，数学を学習することの意義や数学の必要性を実感すること

(2)　見通しをもって数学的活動に取り組み，振り返ること

(3)　数学的活動の成果を共有すること

さらに，課題学習とその位置づけについては，

(1)　各領域の内容を総合して課題の解決に取り組む学習を通して，生徒が数学の有用性をより深く実感し，同時に，問題解決能力を一層伸ばすことができるようにする

(2)　各学年で適切に位置づける

とする。

以上をまとめると，実習生は「生徒が主体的に取り組み，多様な考え方の共有や活発な議論によって，生徒どうしあるいは生徒－教師間の相互作用を重視することで，生徒が自ら数学をつくり上げていく，生徒主体の数学授業」の実現に向けて，担当する単元について，「目標が明確で適切に設定され達成される授業，問題と問題提示や考えの採り上げ方を工夫することで生徒が主体的に取り組み考え続ける授業」のような「よい授業」を設計し，それが可能な単元単位の指導計画を立案する必要がある。その際に，実習生の計画立案の観点から，道徳への考慮などを除くと，上記のような授業実現を念頭に置いて，ア）生徒の実態に応じ，イ）弾力的な取り扱いを視野に入れ，ウ）ICTの活用の適切な導入について考え，エ）見通しを持って数学的活動を楽しみ振り返り，成果を共有する事で数学学習に意義や必要性を感じ取れて，オ）課題学習を適切に採り入れて問題解決能力をより伸ばすことができる，といったポイントを押さえて計画する。

個々の授業は，これらの全てを常に満足するものである必要はない。なぜならば，内容，ねらい，生徒に取り組ませたい課題や活動，復習・主要課題・解決・振り返りでのそれぞれの授業展開の「味付け」は，授業ごとに違うはずだからである。また，生徒の発達段階によっても異なるだろう。そして，これらの相違は，自ら，単元の指導計画を立て，単元全体を見渡して授業展開に変化を付ける教師だけが，適切に生み出すことができる。その結果，個々の授業に個性と変化が生まれ，山と谷を持つメリハリのある豊かな授業が計画実施され，同時にその実現のための指導を計画する必要が生じるのである。また，時間的制約も決して無視してはいけないのである。

1.2　単元の指導計画を立てる

1.2.1　単元の指導計画例

単元の指導計画は，教科書や指導書を参考にするも，よい授業のポイントア）～カ）に留意しながら自分で立てるべきである。ここでは，中学校第２学年の「図形の性質と合同」の指導計画を立ててみよう。

この単元は，三角形や四角形について考察する単元の前に設けられ，命題と論証について最初に扱われる，極めて重要な内容である。単元のねらいは，「図形の性質についての見方・考え方や基本性質を理解する」ことと，「論証について理解する」ことである。学習指導要領を参照しながら，一つの標準的なスタイルで立ててみる。

1.2.2　単元の全体像を把握する

まず，単元の全体像を把握することが肝要である。生徒は何かあれば使用する教科書に戻るので，通常，教科書の配列をまったく無視することはない。そこで，使用教科書の指導書の該当する部分を確認してみる。すると，時間配分も含めて，次のようになっていた。

1　角と平行線
　§1　角と平行線の性質 ……………… 3時間
　§2　多角形の性質 …………………… 4時間
2　証明と合同
　§1　合同 ……………………………… 3時間
　§2　証明のしくみ …………………… 2時間
　§3　合同と証明 ……………………… 3時間
　章のたしかめと練習…………………… 2時間

この構成から，「角と平行線の性質を調べ，次に小学校算数の既習事項から三角形の合同条件を見いだした後，それらが正しいことを説明するために演繹的な推論について学習し，先に確認した角や平行線，三角形の合同条件を利用して図形のいろいろな性質を導き出す」という単元全体の流れを掴むことができる。

1.2.3　学習項目とねらい

ここでは，ある実習生Ｂが，中学校第２学年の第４章「図形の性質と合同」の単元を担当することになったと仮定して論ずる。

学習指導要領によれば，この学年の図形領域のねらいは，「基本的な平面図形の性質について，観察，操作や実験などの活動を通して理解を深めるとともに，図形の性質の考察における数学的な推論の必要性と意味及びその方法を理解し，論理的に考察し表現する能力を養う。」（文部科学省，2008，p.24）である。この教科書では，この部分が２単元構成になっていて，第４章はその前半部分である。この目標や項目立てに基づいて，生徒が学ぶべき事柄，すなわち学習事項を，その学習順も含めて整理し設定する。学習指導要領を参照すれば，ねらいや用語を含めた必須の学習事項は明らかである。教科書の記述や学習指導要領の解説書も参考にしながら設定・確認する。学習指導要領には「観察，操作や実験などの活動を通して……」（文部科学省，2008，p.24）などと書かれていることから，授業展開において配慮する。

例えば，１項 §１で取り上げる学習内容を，以下のように大変大雑把に設定してみる。

１　角と平行線

　§１　角と平行線の性質

- 角の性質
- 平行線の性質
- 平行線になるための条件

そうなると，それぞれのねらいは，次のようになるだろう。

１　角と平行線

　§１　角と平行線の性質 ……………… ３時間

- 角の性質について理解する
- 平行線の性質について理解する
- 平行線になるための条件について理解する

以下同様に，

　§２　多角形の性質 …………………… ４時間

- 多角形の性質について理解する

２　図形の合同と証明

　§１　合同 ……………………………… ３時間

- 図形の合同について理解する

- 三角形の合同条件について理解する

§2　証明のしくみ …………………… 2時間

- 命題の構造について理解する
- 逆の命題について理解する

§3　合同と証明 ……………………… 3時間

- 角や平行線の性質，三角形の合同を用いて図形の性質を論理的に考察し表現する

などとしてみる。このように，大目的と配当時間を併記してみると，そろそろ，計画立案者本人の頭の中には単元の全体像と共に具体的に授業運びのイメージが見えてこよう。そこで次に，より詳細な指導計画の立案に入る。

1.2.4　よい授業のために節全体のイメージをつくる

実習生Bの担当部分が教科書の第2節 §1であるとして，実際の授業運びも考えながら，より詳細に指導計画を煮詰めていくことについて例示する。

まず，配当部分だけでなく，少なくとも教科書第4章第2節全体について学習目標や授業運びのイメージをつくることが重要である。§1を限られた時間内で効果的な授業を計画するなら，教科指導教員とも相談しながら，まずは自分の担当する授業の前後も含めて以下の5項目のねらい全体を再度確認する必要がある。全ての授業は，これらのねらいを達成しながら一連の流れを保って進んでいくからである。

§1　• 図形の合同について理解する
　　• 三角形の合同条件について理解する
§2　• 命題の構造について理解する
　　• 逆の命題について理解する
§3　• 角や平行線の性質，三角形の合同を用いて図形の性質を論理的に
　　考察し表現する

なお，2節の §1の配当時間は3時間である。この配当時間は編集方針も含めた教科書会社の例示であるから拘束要件ではないが，年間時数とのバランスを考えた設定であるから一つの目安となる。

1.2.5　多様な活動の割り振りと授業像

いよいよ，「よい授業」実現のための指導計画立案要件を満たす指導計画を考える。学習指導要領の趣旨に基づいた展開や課題学習，数学的活動といった特徴的な活動の導入も合わせて考える段階である。だが，先に述べたように，立案に必要な要件の全てを，全ての授業で満た

すことは不可能である。そこで，単元のどの場面でどのような活動を盛り込むかが，重要なカギとなってくる。だから，単元の一部を担当する実習生でも，単元あるいは節の全体を俯瞰する必要があるのである。

では，どこに，どのような活動を埋め込めばよいだろうか。ここに，担当する実習生や教師の個性や授業観・数学学習観が現れる。例えば，次のように，第4章第2節の指導方針を立てたとしよう。

a)　三角形の合同条件を利用して様々な図形の性質に関する充実した論証活動を経験させたい。そのことで，今後の数学に必要な論理的な思考力を身につけさせたい。

b)　そのためには，小学校における既習事項からスムーズに繋げて，三角形の合同条件を導き，それを深く考察する授業を設ける。
加えて，単に条件の暗記に終わらないようにする。

c)　命題の構造を十分理解し，論証活動に必要不可欠な仮定と結論の意味とその明確化，その設定について十分理解させたい。

これらは教師のこだわりといえる。そこから，生徒の活動について次のような想いや希望が生じる。

1　「図形の合同について理解する」授業と「三角形の合同条件について理解する」授業では，探求的な扱いが可能な課題を設定し，教室内での議論を通じて発見し理解を深め，生徒が主体的に数学をつくる活動をさせたい。

2　「命題の構造について理解する」授業と「逆の命題について理解する」の授業では，いままでに学んだ図形の性質を改めて命題形式に書き直したり，それを再度証明し直したりする活動，もとの命題や逆の命題の真偽を，命題をつくり，その根拠となる図形の性質を利用して証明して判断するなどの活動などをさせたい。

そこで，これを実現するために，先に挙げたセクション毎のねらいと組み合わせて，思い付く授業像の項目を列挙しながら節の全体像をつくり上げていく。

§1　合同 ……………………………………… 3時間

ねらい
- 図形の合同について理解する
- 三角形の合同条件について理解する

授業像
- 小学校の「合同」と「三角形をかくこと」についての復習から入り，それらを生かしながら中学校の内容にスムーズにつながる授業
- 三角形の決定条件から合同条件へと進む授業
- 教え込みではなく，生徒自身が広く調べながら，最終的に3条件に絞ってい

く授業

§2　証明のしくみ ……………………… 2時間

ねらい　• 命題の構造について理解する

• 逆の命題について理解する

授業像　• 命題の構造・逆命題を理解し，仮定と結論を明確にする授業

• 既習の図形の性質を命題の形式に記述し直す活動

• 真偽を，証明によって明らかにする活動のある授業

§3　合同と証明 ………………………… 3時間

ねらい　• 角や平行線の性質，三角形の合同を用いて図形の性質を論理的に考察し表現する

授業像　• 既習の図形の性質について命題形式に再記述し，仮定と結論を明らかにして証明する授業

• 三角形の合同条件を用いて，いろいろな図形の性質を，仮定と結論を明らかにした上でなされる証明活動のある授業

• 証明の方法や考え方について生徒が議論を重ねる授業

このように授業者自身の考える〈ねらい〉と〈ねらい達成のための授業像〉を併記して列挙してみると，かなり細かく合計8時間分の授業の様子が見えてくる。

これらをさらに，配当時間の数だけ分割してみる。同時に，個々の授業についてのイメージをつくり上げる。実習生Bが担当する§1の『合同』の部分ならば，上記のねらいと授業像を踏まえて，例えば次のように計画してみることが考えられる。

§1　合同 ……………………………… 3時間

1時間目　ねらい　図形の合同について理解する

内　容　算数での既習事項の復習と確認

→　ワークシートを使用して，3通りの方法で三角形をかく

→　ペアワークでかき方の復習と確認

→　窓に透かして重ね，同じ三角形がかけている事を確認

合同の定義

→　ピッタリ重なる二つの三角形から理解する

2時間目　ねらい　三角形の合同条件三つについて理解する

内　容　前時の学習を三角形の決定条件として捉え直して復習

→　これらがただ1種類だけ決まる条件であることに気付く

三角形の決定条件から三角形の合同条件を定式化

三つ以外の合同条件の存在を予想し，考えられる方法を挙げる

→　ただ1種類しかかけない他の条件があるか否か

→　角の大きさ，辺の長さが変数になっている事に着目

→　生徒が予想して挙げ，黒板に列挙
→　全員でかけるか否かについて予想，議論
試しにかいてみることで確認
→　協力して分担し，確かめる

3 時間目　ねらい　三角形の合同条件が三つに整理できる事を理解する
内　容　三つの合同条件の以外の条件の存在を確かめる
→　試しにかいてみることで確認
→　分担して試みた結果を板書・口頭発表
かけない事を論理的に確認
→　かけない理由を口頭説明・まとめ
→　ワークシートの使用も考えられる
三角形の三つの合同条件を定式化する

すでに，授業の様子が想像可能なレベルまでに達していることが分かる。また，先に挙げた授業像が反映されていることも確認できる。既習事項から入り，探求的な活動によって，生徒が議論を重ねながら，「三つの三角形の合同条件」というものを主体的につくり上げるような授業である。単に教科書のまとめを暗記するのではなく，合同条件を生徒が自分たちで探しあて，加えて三つしかない事実も含めて理解するに至る授業である。

この段階に至れば，個々の授業の指導案作成に入ることができる。

上記の「証明のしくみ」や「合同と証明」のセクションについても，ねらいや授業像を踏まえて同様に計画してみよう。

1.2.6　誤った学習指導案

以上のようなプロセスは決して楽な作業ではないが，限りある時間の中で最大の効果が得られるような，よい授業を計画しようとしたら，必要なことである。ゆえに，単元の指導案も実習生自ら考えるべきなのである。単元の全体像を把握することなしに担当する授業だけをイメージし指導案を作成すると，見逃せない問題が起こる。ここでは，そのような例を二つほど示しておこう。

〈例 1〉　乱立する「ねらい」

中学校第 1 学年の「比例と反比例」の単元を，単元導入から担当した実習生 C の例である。C は，第 1 時の導入課題として独自の問題を考えるなど，実習に対する姿勢は熱心であった。しかし C は，その担当 1 時間目の授業の指導案の授業のねらいを，次のように書いてきた。

ねらい　①　日常題材の課題から変化するものを見つけることが出来る
②　さらに，伴って変化する量をみつけ，それを式で表す

③　表したいろいろな等式について，それぞれの意味を理解し，話し合ってよさを理解することができる
④　変化するものとそうでないものの区別をつけることができる
⑤　グラフに表したり表を作ったりして，変化の様子を調べる
⑥　変数と定数の違いについて理解する
⑦　関数の定義を理解する

これは授業のねらいではなく，実習生Ｃの考える授業の流れである。

Ｃが考えてきたのは，日常生活の題材であって負の数にまで拡張して考える必要はないものであった。この点はよい。だからこそ，算数の既習事項をそのまま活用してグラフに表したり，表を作ったりして，議論したり相談したりしながらでも，落ち着いて変化の様子を調べることができる。そこから，伴って変わったり，規則性を見いだしたり，対応する量が一つであったりすることが読み取れる。すなわち，これから学習する内容の片鱗が，第１時の導入課題の中に既に現れるのである。よって，伴って変わるから，何らかの関係があることを予想できる。そして，関係が予想できたら，それを，前章で学習した等式や不等式に表してみようということになる。また，表から規則性が読み取れれば，表した式とその規則性との間に，その式は規則性そのものであった，などの興味深い事実が見いだせるかもしれない。一方，どうあろうと変わらない量に着目する生徒もいる。水槽に水を注入する現実世界の問題で「変わらないのは水槽の容積だ。」と発言して周囲の生徒から「あたりまえじゃん」と言われる場面がよくあるが，このような発言が，実は大変大事なのである。変域の考えにつながる事実であり，変数との違いに気付いたり変数と区別したり，また，そのような定数の扱いから，むしろ変数についての理解が深まったりもする。

このように，関数の冒頭の時間内で考えられる活動は，非常に多様であるとともに，有意義なものである。中学校第１学年の関数の単元の冒頭は，言うなれば数学の関数論の冒頭でもある。そんなことからも，丁寧に扱うべきなのである。その代わり，内容は決してく少なくない。授業展開には工夫が必要である。

しかしながら，実習生Ｃの１単位時間分の学習指導案の内容は大変多く，とても１単位時間の中で収まるものではなかった。実際，導入の扱いがうまくなかったこともあって進みが延びに延び，一つの導入題材を終了するのに３単位時間 150 分かかってしまった。ねらいの設定について理解していなかったことと，個々の授業内容だけを考え，単元全体の指導計画についてのイメージがなく，かつ，それについて全く無関心であったことが，前後の授業との関連を考えることなく授業の進度が大幅に遅れてしまった原因の一つであろう。事実，単元の指導計画や時間配分については教科書の構成及び解説書の例示をそのまま踏襲し，それを指導案に単に書き写している様子であった。単元の指導計画について自分なりに考えて立てようとしたり，或いは自分なりに咀嚼して理解したりしている様子はなかった。

Ｃは検討会の際に教科指導教員から，これはねらいではなく授業の流れを表したものである，

この授業のねらいは「伴って変わる二つの量を見つけて，いろいろと調べる」ことである，と指導された。また，「1時間では無理だよ」とも助言されたが，復習の扱いにも誤りが多かったようであった。

〈例2〉 山場・谷場のない授業の連続で時間不足

ここで紹介する実習生Dの指導案の特徴は，どの授業においても同じような活動を繰り返し，山場と焦点がぼやけて効果が上がらず，加えて時間不足を招いた例である。

この実習生Dは，中学校第2学年の「図形の性質と合同」の「三角形の合同条件」から授業を担当することになった。単元の指導計画や時間配分については教科書の構成及び指導書の例示をそのまま踏襲しているようであった。

実習生Dは，最初の担当1時間目と2時間目の授業2時間分の学習指導案をまとめて作成してきた。1時間目が決定条件の理解，2時間目は合同条件の規定とその理解であった。1時間目は，まず小学校で学習した三角形の3通りのかき方の復習から入り，ペア学習なども採り入れながら，それら3通りの条件提示のどれかによって三角形が一意に決まることを確認し，最後に合同の定義を扱う。2時間目は，やはりペア学習を取り入れながら，3通りの条件以外に，三角形が一意に決まる条件がないかどうかを相談しながら確認し調べる授業であった。「3通りある」ことだけではなく，「3通りしかない」ことも含めて2時間続きで議論をさせて主体的・探求的に扱おうとした点はよい。操作活動や伝え合う活動といった数学的活動も盛り込まれている。2時間目の授業では，ワークシートが用意され，辺の長さや角の大きさといった三角形の形を決定する変数に着目し，どれとどれを選べば三角形が一つかけるのか，かけないのか，複数かけるのか，またそれはなぜか，といった考察のポイントを生徒に議論させ，生徒の意見をまとめることで見いだす展開である。生徒が主体的に活動し数学をつくり上げていく形になっていることもみてとれる。

問題はこの後の授業である。実習生Dが提案した3時間目の授業のねらいは，「三角形の合同条件の同定」であるが，またしても課題学習的展開を意識したものであった。生徒が様々な意見を述べる場面をつくり，様々に条件を変えて作図し，さらに図をハサミで切り出して近隣の生徒の図と重ねて太陽にかざすことで，合同か否かを確かめる展開になっていた。1，2時間目とほとんど同じ展開である。前時までの2時間で十分に重い課題を解決してきた生徒にしてみれば，「昨日，やったことと同じだから，当たり前じゃないか……」と思うに違いない授業展開になっている。前の2時間分の内容とほとんど同様の授業を50分でやろうとすれば，時間が不足することも明らかである。

多くの授業が課題学習的に扱われ数学的活動を取り入れて実施されること自体に何ら問題はないが，類似の内容の学習を同じような重い授業展開で3時間続けて，その結果時間不足になるというような設計をしている点が問題である。議論したり確かめたり十分に考える場面と，すっきりとした形でまとめる場面が両方あってよいのである。

上記の実習生ＣやＤに与えるべき指導・助言を考えてみよう。

引用・参考文献

文部科学省 (2008).『中学校学習指導要領解説　数学編』，教育出版.

文部科学省 (2017).『中学校学習指導要領解説　数学編』

相馬一彦，國宗進，二宮裕之 (2016).『数学の「よい授業」』，明治図書.

（傍士輝彦）

2. 教材研究の必要性とその実際

2.1　教材研究の必要性とその役割

数学科における教材研究とはどのように行えばよいのであろうか。その視点として杉山(1990)は以下の12点を挙げている。

①数学の発生や創造について知る
②数学を創造することができる力を育てる
③数学を創造，発展させようとする態度を伸ばす
④数学的な知識，技能を理解する
⑤数学的な技能を駆使できる
⑥数学的な知識，技能を知ろうとする意欲をもっている
⑦数学が有用であることを知る
⑧数学を用いることができる
⑨数学を活用しようとする態度を身につける
⑩数学のよさ，特徴，価値を知る
⑪形式化したり，一般化したりすることができる
⑫より単純，明瞭，能率的なものにしようとする態度を身につける (pp.25-26)

これらは数学科教師が常に考えておくべきことである。教育実習だけで，これらの全てを体得することは困難であろう。しかし，少なくとも，いくつかの視点で教材研究できるようになることは必要である。

ところで，教材研究は何のために行うのであろうか。これはもちろん，生徒の確かな理解を育む授業をするためである。授業者である教師には，生徒に対して，いかに分かりやすい説明を行うことができるかが求められる。そのためには教材そのものを教師がよく理解していることが必須である。しかし，杉山(1990)はそれだけにとどまらず，「子どもが自ら分かっていくためにはどうするか」を探求すること，すなわち「子どもが自らの力で問題を解決し，新しい知識を獲得していく」(p.32)授業を指向する姿勢を教材研究に求めている。これは，子どもが自ら発見し，創造していく授業をするためにはどうしたらよいかという立場で考えることが教材研究であるという姿勢である。教育実習においてもその姿勢が大切である。子どもが自ら発見し創造していく授業を目指すためには，少なくとも以下の事柄は十分に考えておく必要がある。

- そこまでで生徒は何を知っているのか，すなわち指導内容の系統性の理解
- 授業において生徒はどのような反応をし，そのどれを議論の対象とするか，すなわち予想

される生徒の反応例の考察
• その学習課題を通してどのような見方や考え方が育まれるのか，すなわち学習課題の価値や発展性の理解

以下で，これらについて詳しく見ていこう。

2.1.1　指導内容の系統性についての教材研究

子どもが自ら発見し創造していく授業を実現するためには，その時点で生徒にとって何が既習であるのか，新しく学習する内容は既習事項と何が異なるのか，そしてその学習は先々なににつながってくるのかを教師がよく理解していなければならない。学習課題についての教材研究を行う際には，これらのことについても考察する必要がある。この考察がなかったり足りなかったりすると，豊かな授業を行う機会を逃すことになってしまう。以下は実際の教育実習生の例である。

中学第３学年で反比例のグラフを指導する研究授業を参観した（中等教育学校のためカリキュラムを一部変更し，反比例の学習を第３学年で行っている）。授業は $y=\frac{12}{x}$ のグラフについてどのような形になるのか，x 軸や y 軸付近での様子はどうなるのかを考察し，その後に比例定数を変えていったときにグラフはどのように変化していくのかを，ICT ツールを用いて確認する流れであった。しかし，これでは第１学年で反比例のグラフを指導するときの流れと大差がない。この時点で対象の生徒は，「比例 $y=ax$」，「1 次関数 $y=ax+b$」，「2 乗に比例する関数 $y=ax^2$」，及びグラフの形状として「$y=ax^n$（n は自然数）」について学習していた。したがって，参観した授業のような内容はもちろん指導するが，その上で第１学年では扱うことができなかった観点での指導も可能となるはずである。

この学習過程において，反比例のグラフの学習ではじめて出会う事柄は何であろう。おそらく，「漸近線をもつグラフ」，「不連続なグラフ」，「直線 $y=x$ に対称なグラフ」などが挙げられよう。漸近線について，その直線に限りなく近づくが決して交わることがない，ということについては第１学年でも学習することである。連続性については第１学年で学習する際には比例のグラフと反比例のグラフしか学習しないため，不連続であることに注目することはあまり想定されないが，第３学年で学習する際にはそれまで連続関数しか出会っていないため，不連続であることに生徒が注目することは十分想定される。そのような反応が得られた場合には，どのような関数であればグラフが不連続になるのかを問うことも考えられる。また，ICT ツールがあれば，予想した関数のグラフが実際に不連続なグラフになるのかどうかを確かめることもできる。対称性についても，３年生であれば点 $(a,\ b)$ の直線 $y=x$ に関する対称点が $(b,\ a)$ であることは理解できるであろう。そして，$y=\frac{12}{x}$ 上の任意の点（例えば $(6,\ 2)$）の対称点（$(2,\ 6)$）がやはり $y=\frac{12}{x}$ 上にあることを確認することもできる（もちろん一般の文字での考察もできるであろう）。このように，第３学年であれば自ら見いだした性質を論理的に説明することも可能なはずである。このような豊かな活動の機会がこの場面では考えられたはず

である。それには上述のように，生徒にとっての既習事項や学習内容の系統性を十分に踏まえておく必要がある。これも大切な教材研究の方法である。

2.1.2　予想される生徒の反応についての教材研究

授業を行う上で，学習課題に対する予想される生徒の反応例を十分吟味しておくことが大切である。授業では多様な考え方が表出することがある。その考え方を事前によく想定しておき，授業ではどの考え方をどの順で取り上げるのか，たとえ表出しなくてもおさえておきたい考え方はないのか，などを十分に考えておかなくてはならない。また課題によっては正しい考え方だけでなく，誤った考え方が現れることもある。それらも授業の中で取り上げ，議論の対象としたい。そのためには誤答例を予想し，そのような誤答が生まれる背景やその対処について考えておく必要がある。もちろん実際の授業では，想定していないような反応が表出することもある。その際には，その生徒の考え方が正しいのか否か，それを全体として取り上げ議論の対象とするのか否かをその場で判断しなくてはならない。これはベテランの教師でも難しいことであるが，生徒が自ら発見し創造していく授業を目指すためには避けられないプロセスである。教育実習生にとっても，予想される生徒の反応の十分な想定と，その取り上げ方を吟味することは極めて重要である。また，誤答についても，それが生じる背景について予想し，正しく理解させるための指導方法について事前に考えておく必要がある。これも教材研究の大切な側面である。これらのことを具体的に考えてみよう。

三角関数のグラフの学習で，$y=\sin\left(-\theta+\frac{\pi}{3}\right)$を扱う場面を考える。$y=\sin\theta$のグラフや各軸にそれぞれ対称なグラフ，及び$\theta$軸方向への平行移動は既習である。このときの生徒の反応として，$y=\sin\left(\theta+\frac{\pi}{3}\right)$のグラフが$y=\sin\theta$のグラフを$\theta$軸方向に$-\frac{\pi}{3}$平行移動したものであるという既習事項を不適切に用いて，「$y=\sin\left(-\theta+\frac{\pi}{3}\right)$のグラフを$y=\sin(-\theta)$のグラフを$\theta$軸方向に$-\frac{\pi}{3}$平行移動したもの」と考えてしまう誤答がある。このような誤答に対し，どのような指導を行えばよいかを考えてみよう。

演習 2-4 について，例えば，表に戻り，値の変化について確認することが考えられる。表 2-1 の$y=\sin(-\theta)$と$y=\sin\left(-\theta+\frac{\pi}{3}\right)$との比較から，$-\frac{\pi}{3}$ではなく$\frac{\pi}{3}$平行移動したものであることが分かる。あるいは定義に戻り，単位円周上での 2 点のy座標の値の変化を見ていってもよい。点 P を$\sin(-\theta)$，点 P′を$\sin\left(-\theta+\frac{\pi}{3}\right)$に対応させると，$\theta$の値が増加すると 2 点はともに右回りに回転する。図 2-1 のように，θが$\frac{\pi}{3}$だけ増加したときにようやく P′は先の P の位置に到達する。すなわち，P のy座標がy_0のとき，P′のy座標がy_0となるのはθが$\frac{\pi}{3}$だけ増加したときである。このような活動を通して，$y=\sin\left(-\theta+\frac{\pi}{3}\right)$のグラフが$y=\sin(-\theta)$のグラフを$\theta$軸の正の方向に$\frac{\pi}{3}$平行移動したものであるという正しい理解に至ることが期待できる。

表 2-1

	θ	$-\pi$	$-\frac{2}{3}\pi$	$-\frac{\pi}{3}$	0	$\frac{\pi}{3}$	$\frac{2}{3}\pi$	π
①	$\sin\theta$	$\sin(-\pi)$	$\sin\left(-\frac{2}{3}\pi\right)$	$\sin\left(-\frac{\pi}{3}\right)$	$\sin 0$	$\sin\frac{\pi}{3}$	$\sin\frac{2}{3}\pi$	$\sin\pi$
②	$\sin(-\theta)$	$\sin\pi$	$\sin\frac{2}{3}\pi$	$\sin\frac{\pi}{3}$	$\sin 0$	$\sin\left(-\frac{\pi}{3}\right)$	$\sin\left(-\frac{2}{3}\pi\right)$	$\sin(-\pi)$
③	$\sin\left(-\theta+\frac{\pi}{3}\right)$	$\sin\frac{4}{3}\pi$	$\sin\pi$	$\sin\frac{2}{3}\pi$	$\sin\frac{\pi}{3}$	$\sin 0$	$\sin\left(-\frac{\pi}{3}\right)$	$\sin\left(-\frac{2}{3}\pi\right)$

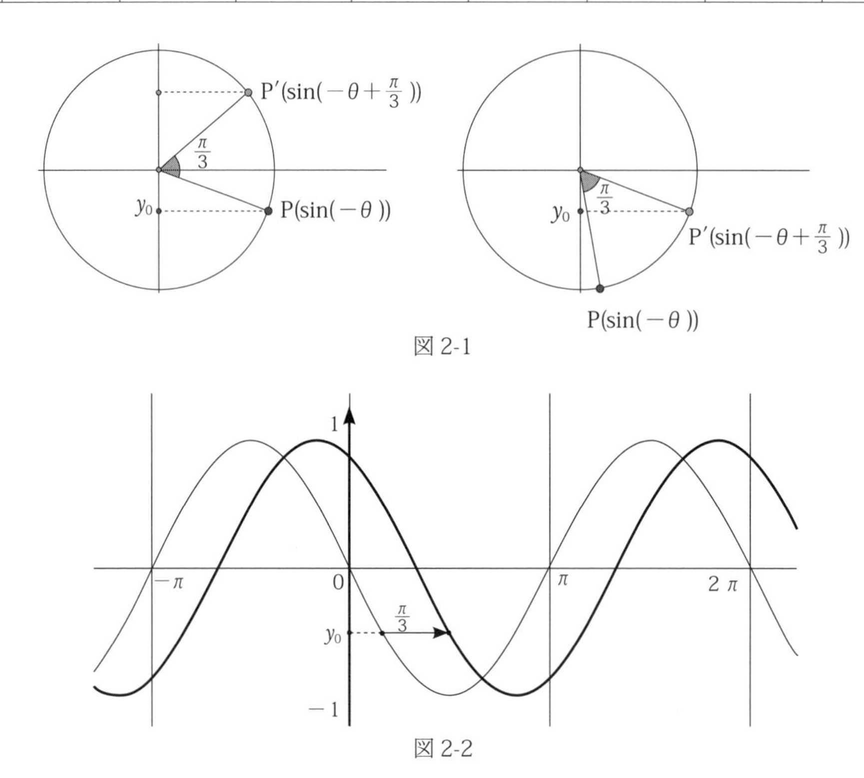

図 2-1

図 2-2

このように，誤答を含めて生徒がどのような反応をするのかをよく考え，それに対してどのように指導するのかを考察することも教材研究の大切な側面である。

2.1.3　学習課題の発展性についての教材研究

授業で扱いたい学習課題について，どのようにその課題を発展できるのかも追求していく姿勢も持ちたい。例えば，中学校第 2 学年における，次の問題について教材研究を考えてみよう。

> 1 辺の長さがともに 1 である正三角形 ABC と正三角形 A′B′C′を BC//B′C′ となるように重ねる。
>
> このとき，重なりとして現れた六角形 DEFGHI の周の長さはいくつになるだろう？
>
> A, D, I, C′, B′, E, H, B, C, F, G, A′

例えば，次のように考えることができる。正三角形の角の大きさは全て60°であり，平行線の錯角が等しいことを用いると，六角形の外側にある三角形は全て正三角形であることが分かる。したがって，ED = C′D，HI = B′I及びEF = BF，GH = GCであるから，六角形DEFGHIの周の長さは向かい合っている正三角形の1辺BCとB′C′の長さの和に等しくなるため，六角形の周の長さは2であることが分かる。

この解決過程を振り返ると，二つの正三角形が合同でなくても，BC // B′C′となるように重ねれば同じように解決できることが分かる。実際，1辺の長さがaとbの正三角形をBC // B′C′となるように重ねたときの六角形DEFGHIの周の長さは$a+b$となる。これも一つの発展である。

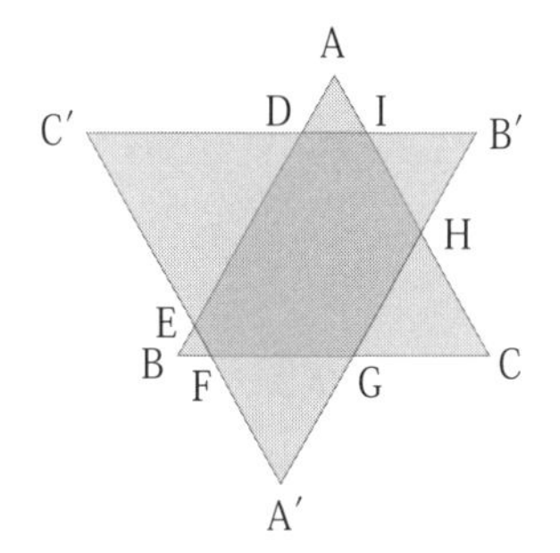

演習 2-5　生徒にとって何が既習であればどこまで発展させることが可能だろうか。既習に応じて発展のさせ方を考えてみよう。

演習2-5について，例えば，次のような発展が考えられる。

①［中学3年］:（三平方の定理の学習後を想定した場合）

もとの正多角形を正三角形から正方形に変えて考える，という発展の仕方

> 1辺の長さがともに1である二つの正方形ABCDとA′B′C′D′をABとA′B′が45度になるように重ねた。
> 重なった部分の八角形の周の長さはいくつになるだろうか？

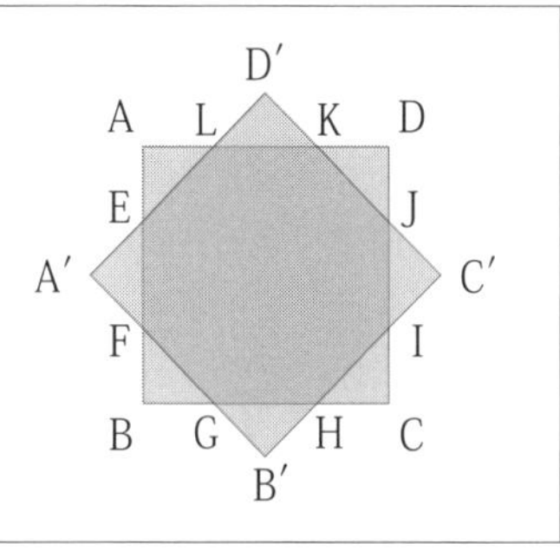

重なりの多角形の辺を，もとの正方形の辺に移すことを考えれば，例えば線分ABでは，

$$AB = AE + EF + FB = \frac{y_1}{\sqrt{2}} + x_2 + \frac{y_2}{\sqrt{2}}$$

となる。他の3辺も同じように考えると，

$$\begin{aligned}&AB + BC + CD + DA\\&= (x_1 + x_2 + x_3 + x_4) + \frac{2}{\sqrt{2}}\,(y_1 + y_2 + y_3 + y_4)\\&= 4\end{aligned}$$

となる。同様に正方形A′B′C′D′の辺で考えると

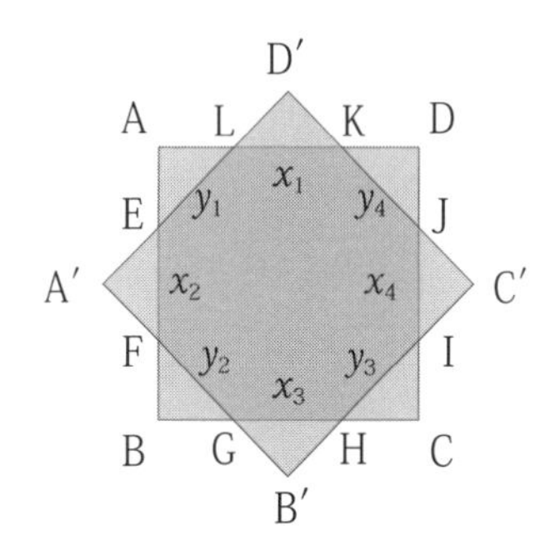

$$A'B' + B'C' + C'D' + D'A' = (y_1 + y_2 + y_3 + y_4) + \frac{2}{\sqrt{2}}(x_1 + x_2 + x_3 + x_4)$$
$$= 4$$

となる。それぞれ辺々を加えることにより

$$(1 + \sqrt{2})(x_1 + x_2 + x_3 + x_4 + y_1 + y_2 + y_3 + y_4) = 8$$

が得られるので，ここから，

$$x_1 + x_2 + x_3 + x_4 + y_1 + y_2 + y_3 + y_4 = \frac{8}{1 + \sqrt{2}}$$

となり一定になる。

このプロセスを振り返ると，もとの二つの正方形は同じ大きさでなくとも同じように考えればよいことが分かる。1 辺の長さがそれぞれ a，b の正方形では重なりの八角形の周の長さは

$$x_1 + x_2 + x_3 + x_4 + y_1 + y_2 + y_3 + y_4 = \frac{4(a + b)}{1 + \sqrt{2}} = 4(\sqrt{2} - 1)(a + b)$$

で一定となる。

②［中学 3 年］：(相似の学習後を想定した場合)

正三角形の重ね方を平行という条件を外して考える，という発展の仕方

1 辺の長さがともに 1 である二つの正三角形 ABC と DEF を重なる部分が六角形となるように重ねた。

重なった部分の六角形の周の長さはいくつになるだろうか？

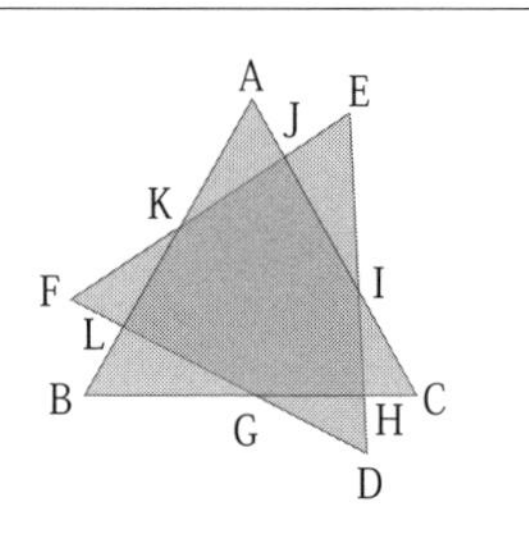

外側にある三角形が全て相似な三角形であることを用いる。△ AKJ の形状比を，KJ : JA : AK ＝ 1: p : q とする。これをもとに，重なりの多角形（この場合六角形）の辺をもとの正三角形の辺に移すことを考えると，三角形 ABC では，

$$AB = AK + KL + LB = qx_1 + x_2 + px_3 = 1$$
$$BC = BG + GH + HC = qx_3 + x_4 + px_5 = 1$$
$$CA = CI + IJ + JA = qx_5 + x_6 + px_1 = 1$$

となる。同様に正三角形 DEF では

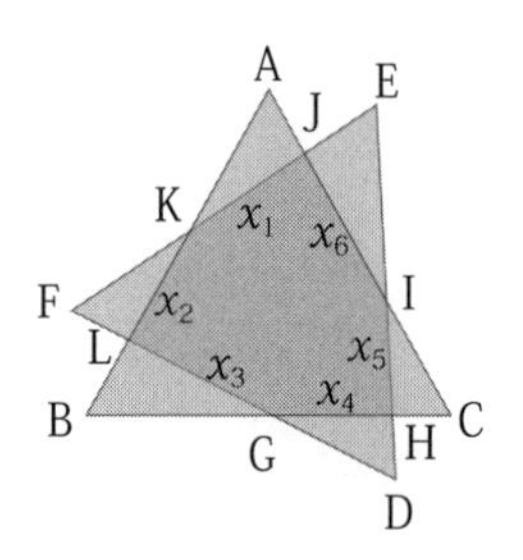

$$\mathrm{DE} = px_4 + x_5 + qx_6 = 1$$
$$\mathrm{EF} = px_6 + x_1 + qx_2 = 1$$
$$\mathrm{FD} = px_2 + x_3 + qx_4 = 1$$

となる。これらを全て辺々加えることにより

$$(1 + p + q)(x_1 + x_2 + x_3 + x_4 + x_5 + x_6) = 6$$

であるので，重なりの六角形の周の長さは

$$x_1 + x_2 + x_3 + x_4 + x_5 + x_6 = \frac{6}{1 + p + q}$$

で一定である。

これもプロセスを振り返ると，もとの正三角形は同じ大きさであるという条件は必要ないため，1 辺の長さをそれぞれ a，b とすれば，重なりの六角形の周の長さは

$$x_1 + x_2 + x_3 + x_4 + x_5 + x_6 = \frac{3(a + b)}{1 + p + q}$$

となることが分かる。

③［高等学校（数学 II）］:（三角比（正弦定理）の学習後を想定した場合）

正三角形の重ね方によらず六角形の周の長さは一定になることは分かったが，その中で，周の長さが最小になる重ね方を考える，という発展の仕方

二つの正三角形 ABC と DEF を重なる部分が六角形となるように重ねた。
重なった部分の六角形の周の長さが最小となるのはどのように重ねたときだろうか？

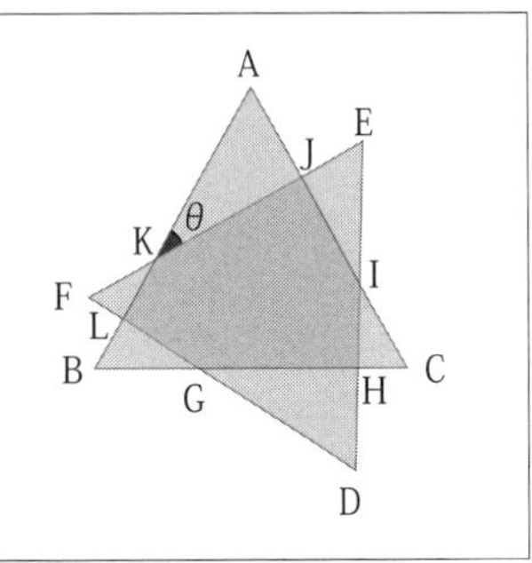

正三角形 ABC と正三角形 DEF の 1 辺の長さをそれぞれ a，b とする。

△ AKJ で KJ = 1 とすると，正弦定理より，

$$\mathrm{AJ} = \frac{\sin\theta}{\sin 60^\circ},\ \mathrm{AK} = \frac{\sin(120^\circ - \theta)}{\sin 60^\circ}\ \text{ただし，}\ 0 < \theta < 120^\circ$$

であるから，形状比は

$$\mathrm{KJ} : \mathrm{AJ} : \mathrm{AK} = 1 : p : q = 1 : \frac{\sin\theta}{\sin 60^\circ} : \frac{\sin(120^\circ - \theta)}{\sin 60^\circ}$$

であるので，

$$1+p+q=1+\frac{\sin\theta}{\sin 60^\circ}+\frac{\sin(120^\circ-\theta)}{\sin 60^\circ}$$

である。（右辺）$=f(\theta)$とすると，六角形の周の長さLは②と同様に考え，

$$L=\frac{3(a+b)}{f(\theta)}$$

と表される。ここで，

$$\begin{aligned} f(\theta) &= 1+\frac{2}{\sqrt{3}}(\sin\theta+\sin(120^\circ-\theta)) \\ &= 1+\frac{4}{\sqrt{3}}\sin 60^\circ\cos(\theta-60^\circ) \\ &= 1+2\cos(\theta-60^\circ) \quad (0^\circ<\theta<120^\circ) \end{aligned}$$

であるので，$f(\theta)$は，$\theta=60^\circ$で最大となるため，このときにLは最小になる。すなわち，BC//FEとなるように重ねた場合が六角形の周の長さは最小となることが分かる。

なお，正方形の場合で同様に考える（正方形の1辺の長さをそれぞれa，bとし，重なりの角をθとする）と，重なりの八角形の周の長さLは

$$L=\frac{4(a+b)}{1+\sin\theta+\cos\theta}$$

となるので，$\theta=45^\circ$のときにLが最小になることが分かる。さらに重ねる二つの正多角形を正n角形と一般化しても，外側に現れる三角形は全て相似であることに注目すれば，重なった部分の$2n$角形の周の長さの最小値もまったく同じように考えられる。

以上はある教材についての個別の事例であるが，教師が自ら発展的に一つの教材を考察することを通して，その教材に新たな価値や可能性を見いだすことができる。生徒に発展的に考えることを求めるのであれば，まずは教師がそれを実践していなければならない。そして教師自らが数学を楽しむ姿勢も持ち続きていきたいものである。

2.2　教材研究の実際

以下では，数学の問題の教材研究と，現実世界の問題の教材研究について例示しよう。

2.2.1 数学の問題の教材研究

ここでは，中学校第2学年の平行と合同の単元において，次の問題を扱うために教材研究するとする。

右の図で $l /\!/ m$ のとき，$\angle x$ の大きさを求めてみましょう。

2.1 で述べられているように，「指導内容の系統性の理解」，「予想される生徒の反応例の考察」，「学習課題の価値や発展性の理解」のためには，まずはこの問題を丁寧に解くことから始める必要がある。「丁寧に解く」ということは，実際に手を動かしながら自分なりにこの問題を様々な方法で解いてみるということである。以下にその例を挙げる。

（1）自分なりの解答をつくる

① 点 P を通り l，m に平行な直線 n をひく。

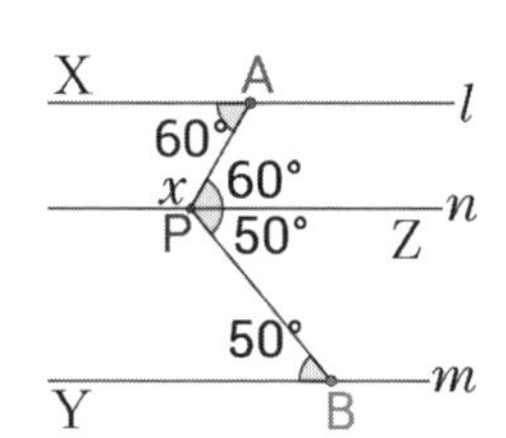

平行線の錯角は等しいので

$$\begin{aligned}\angle x &= \angle \mathrm{APZ} + \angle \mathrm{BPZ}\\ &= \angle \mathrm{XAP} + \angle \mathrm{YBP}\\ &= 110^\circ\end{aligned}$$

② 線分 AP を延長した直線と直線 m との交点を Y とする。

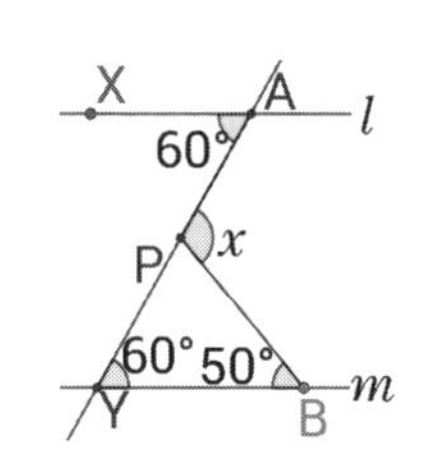

平行線の錯角は等しいことと，三角形の外角は隣り合わない二つの内角の和に等しいことから

$$\begin{aligned}\angle x &= \angle \mathrm{PYB} + \angle \mathrm{PBY}\\ &= \angle \mathrm{XAP} + \angle \mathrm{PBY}\\ &= 110^\circ\end{aligned}$$

③ 線分 AB をひく。

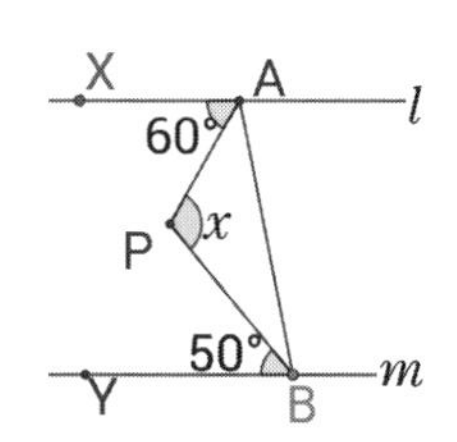

平行線の錯角が等しいことから

$$\angle \mathrm{XAB} + \angle \mathrm{YBA} = 180^\circ$$
$$(60^\circ + \angle \mathrm{PAB}) + (50^\circ + \angle \mathrm{PBA}) = 180^\circ$$

一方，三角形の内角の和も 180°なので

$$\angle \mathrm{PAB} + \angle \mathrm{PBA} + \angle x = 180^\circ$$

2 式を比較して，$\angle x = 60^\circ + 50^\circ = 110^\circ$

④　点Aを通り線分BPに平行な直線と直線mとの交点をCとする。

（ア）四角形の内角の和を利用

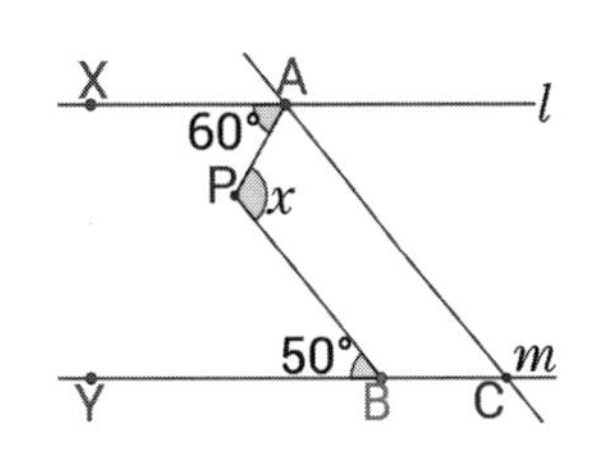

平行線の同位角は等しいので$\angle ACB = 50°$

平行線の錯角は等しいので

$$\angle PAC = 180° - 60° - 50°$$

一方，四角形の内角の和は360°なので

$$\angle x + \angle PBC + \angle BCA + CAP = 360°$$

$$\angle x + (180° - 50°) + 50° + (180° - 60° - 50°) = 360°$$

$$\angle x = 60° + 50° = 110°$$

（イ）線分PAのA方向の延長上に点Dをとり，平行線の性質などを利用

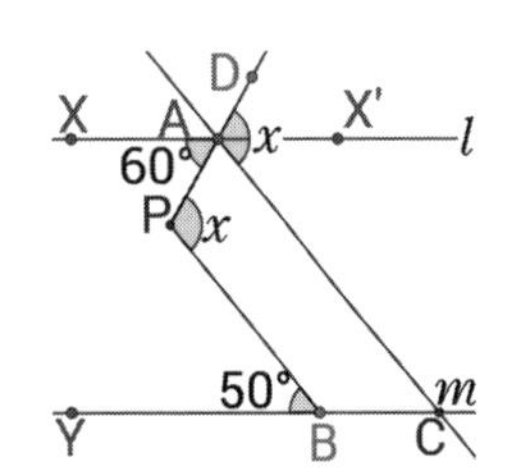

平行線の同位角は等しいので　$\angle DAC = \angle x$

対頂角は等しいので　$\angle DAX' = 60°$

平行線の同位角，錯角の性質から　$\angle CAX' = 50°$

したがって，$\angle x = \angle DAX' + \angle CAX' = 60° + 50° = 110°$

⑤　点Bから直線lに垂線を下ろし，lとの交点をEとする。

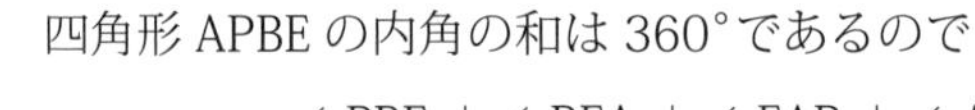
四角形APBEの内角の和は360°であるので

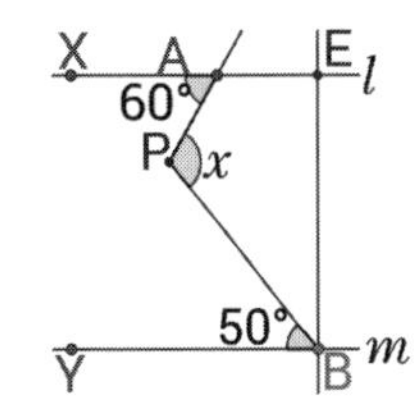

$$\angle PBE + \angle BEA + \angle EAP + \angle APB = 360°$$

$$(90° - 60°) + (180° - 60°) + 90° + \angle x = 360°$$

$$\angle x = 110°$$

⑥　点Aから直線mに垂線を下ろし，mとの交点をFとする。

三角形の外角はそれと隣り合わない二つの内角の和に等しいので

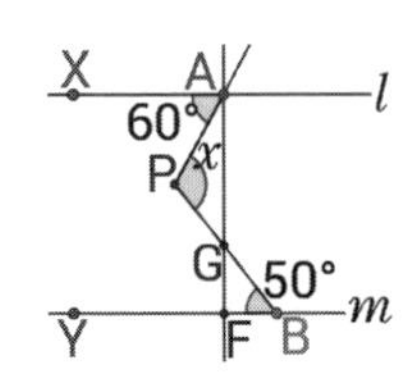

△APGにおいて$\angle AGB = \angle PAG + \angle APG$

△BFGにおいて$\angle AGB = \angle GBF + \angle GFB$

よって

$$\angle PAG + \angle APG = \angle GBF + \angle GFB$$

$$(90° - 60°) + \angle x = 90° + 50°$$

$$\angle x = 110°$$

⑦　点Pを通る直線l，mの垂線と直線l，mとの交点をE，Fとする。

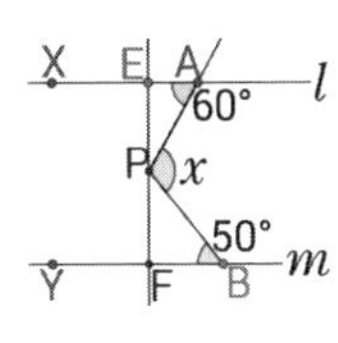

直角三角形 AEP と BFP において，内角の和は 180°なので

$\angle \mathrm{APE} = 90° - 60°$，$\angle \mathrm{BPF} = 90° - 50°$

よって，$\angle x = 180° - \angle \mathrm{APE} - \angle \mathrm{BPF}$

$= 180° - (90° - 60°) - (90° - 50°)$

$= 110°$

⑧　直線 l，m の垂線をひき，直線 l，m との交点を E，F とし，五角形 APBFE をつくる

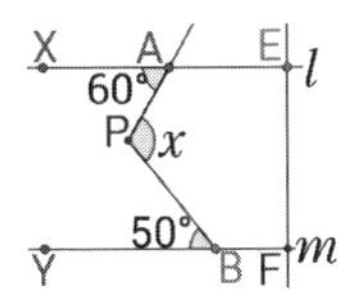

五角形の内角の和は 540°より

$\angle \mathrm{APB} + \angle \mathrm{EAP} + \angle \mathrm{FEA} + \angle \mathrm{BFE} + \angle \mathrm{PBF} = 540°$

$\angle x = 540° - (180° - 60°) - (180° - 50°) - 90° \times 2$

$\angle x = 110°$

⑨　２点 A，B を通る垂線がひける特殊な場合で考える。

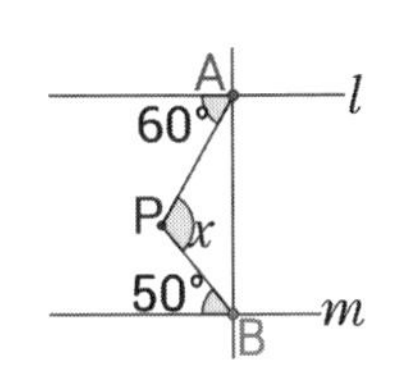

△ APB において内角の和は 180°なので

$\angle \mathrm{PAB} + \angle \mathrm{PBA} + \angle \mathrm{APB} = 180°$

$(90° - 60°) + (90° - 50°) + \angle x = 180°$

$\angle x = 110°$

⑩　２直線 l，m にそれぞれ点 E，F で交わる直線をひく。

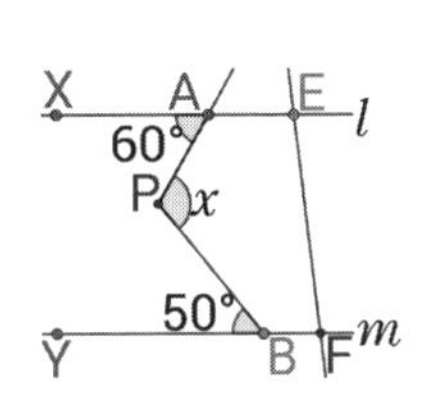

平行線の錯角は等しいので $\angle \mathrm{BFE} + \angle \mathrm{FEA} = 180°$

五角形 APBFE の内角の和は 540°なので

$\angle x + \angle \mathrm{PBF} + \angle \mathrm{BFE} + \mathrm{FEA} + \angle \mathrm{EAP} = 540°$

$\angle x + (180° - 50°) + 180° + (180° - 60°) = 540°$

$\angle x = 110°$

⑪　回転の和として考える

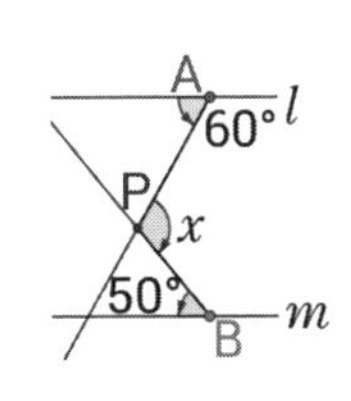

直線 l を点 A を中心に半時計回りに 60°回転し直線 AP に

直線 AP を点 P を中心に時計回りに x°回転し直線 BP に

直線 BP を点 B を中心に半時計回りに 50°回転し直線 m に重ねる。

以上の操作から，$60° + (-x°) + 50° = 0°$ であるので，$\angle x = 110°$

（２）問題を解くにあたって必要な既習事項を書き出す

指導内容の系統性の理解のために，上記でつくった解答で使われている根拠を列挙すると，次のようになる。括弧内にはその事項を学習する学年を示している。

- 等式の性質（中 1）

• 平角は 180°（小 4）
• 対頂角は等しい（中 2）
• 平行線の同位角，錯角は互いに等しい（中 2）
• 三角形の内角の和は 180°（小 5，中 2）
• n 角形の内角の和は $180° \times (n - 2)$（中 2）

解決に用いた根拠を列挙することで，少なくとも上記の事項はどのように学習してきたかを調べる必要があることが分かった。そのときに，まずは学習指導要領でそれぞれの事項をいつ学習することになっているかを調べる。そして，次に小学校学習指導要領解説・算数編及び中学校学習指導要領解説・数学編を見て，どのように学習されているかを調べる。さらに，具体的にどのように学習されているか調べるには，教科書を見る。

例えば，「平角は 180°」であることがいつどのように学習されているかを知るために，小学校学習指導要領を見ると，次のように記述されている。（文部科学省，2017a，p.63）

> 第 4 学年　B　図形
> (5) 角の大きさに関わる数学的活動を通して，次の事項を身に付けることができるよう指導する。
> 　ア　次のような知識及び技能を身に付けること。
> 　　（ア）角の大きさを回転の大きさとして捉えること。
> 　　（イ）各の大きさの単位（度（°））について知り，角の大きさを測定すること。

この記述から，小学校第 4 学年でおそらく平角が 180°であることを学習していることは予想されるが，その予想が正しいのか，また，どのように学習しているのかは分からない。そこで，小学校学習指導要領解説・算数編を見ることになる。

そこでは，指導の系統については次のように記述されている。

> 第 2 学年では，直角の形について，また第 3 学年では二等辺三角形や正三角形の学習に関わって角の大きさが同じであること指導してきている。（文部科学省，2017b，p.209）

この他の部分の解説からも，角度の学習は第 2 学年で学習されている直角が 90°であることを要として展開されていることが予想できる。このことから，第 2 学年では直角がどのように学習されているかということを知りたくなるであろう。

これも，小学校学習指導要領解説・算数編を見ると，小学校第 2 学年においては，例えば紙を折って平角を半分にしたり，身の回りにある直角を持つものを見つけるなどの活動から，その意味を理解していることが分かる。

上記の予想した事が正しいかを調べたり，具体的にどのように学習が展開されているかを調べたりするには，教科書を見る必要があろう。

このように，それぞれの知識がどのように学習されているかを調べることで，生徒の思考がより理解しやすくなる。

上記の例を参考に，「三角形の内角の和は 180°」であることが，小学校及び，中学校でどのように学習されているかを，その違いに気を付けながら調べよう。

（３）問題の条件について検討する

自分なりに丁寧に解答をつくったことによって，問題の理解が深まるため，例えば以下のように，問題の条件について検討したくなるであろう。

この問題の場合は $l /\!/ m$ ということ以外は，「右の図で」として条件を図示している。示された図は，「直線 l と線分 AP が点 A において 60°で交わる」，「線分 PB と直線 m が点 B において 50°で交わる」，「線分 AB は直線 l，m と直交しない」，「点 P は A，B とは一致しない」などの条件を含んでいる。しかし，この図からどれだけの条件を読み取るかは，人それぞれである。

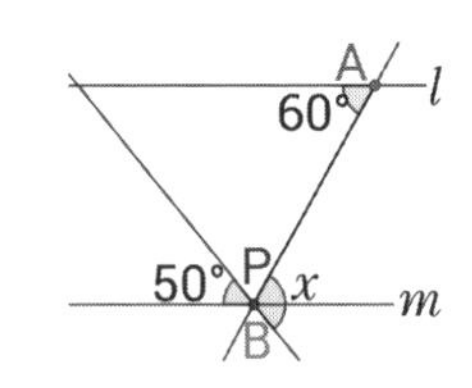

図 2-3　点 P，B が一致した場合

したがって，「線分 AB は直線 l，m と直交しない」という条件を読み取らなかった者は，（１）の⑨のような考え方をすることも考えられる。さらには，点 B と P が一致した極端な図（図 2-3）も考えられる。もし，点 A，B の位置関係に関するこの条件が結論に影響しないのであれば，この図で考えて答えを出したとしても問題はないはずである。

このことから，もし授業で（１）の⑨のような特殊な図で考えたものが発表されたときに，これを特殊な場合で考えたからと切り捨てるのではなく，点 A，B の位置関係によらず，$\angle x$ の角度は不変であることを確認する好機であると捉えることができる。また，これによって図 2-3 のように，点 B を通る直線を自由に動かして考えるきっかけができれば，（１）の④（イ）の考え方は，点 P を A と一致させた場合であるとみることもできる。

（４）解法の関係について検討する

自分のつくったいくつかの解答が，どのような関係になっているかを考察する。

例えば，（１）の⑤～⑨は直線 l，m の垂線をずらしているだけであるので，より統合された見方ができるのではないかと考えられる。⑧の図を少し広げてみると図 2-4 のようにみられる。

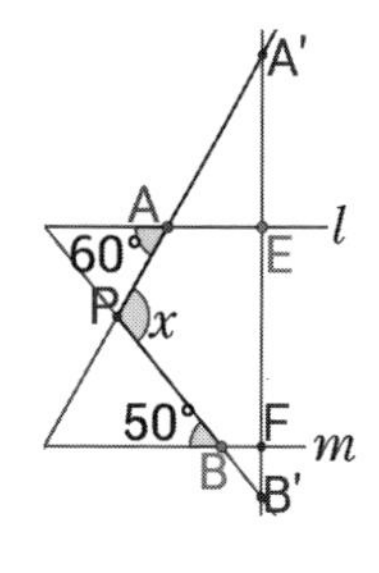

図 2-4

△ PA′ B′において，

∠ PA′ B′= 90°− 60°，∠ PB′ A′= 90°− 50°なので

$$\angle x + \angle \mathrm{PA'B'} + \angle \mathrm{PB'A'} = 180^\circ$$

$$\angle x + (90^\circ - 60^\circ) + (90^\circ - 50^\circ) = 180^\circ$$

$$\angle x = 110^\circ$$

この方法の式に着目すると，最も特殊な場合で考えていた⑨の式が，実は最も一般的に適用できる式だったのだということが分かる。このような視点からも，⑨は特殊な場合だというだけで済ませることはできない考え方であったことが分かる。

また，図 2-4 の垂線 EF を垂線でなく，任意の角度で直線 l，m に交わる直線にすれば，⑩の図における別解が見つかる。

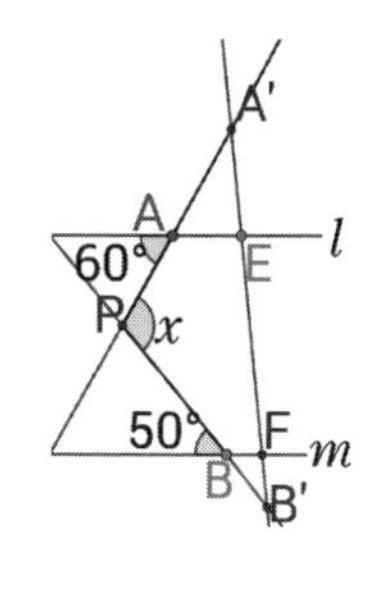

図 2-5

△ PA′ B′において，

∠ PA′ B′=∠ AEF − 60°，∠ PB′ A′=∠ BFE − 50°なので

$$\angle x + \angle \mathrm{PA'B'} + \angle \mathrm{PB'A'} = 180^\circ$$

$$\angle x + (\angle \mathrm{AEF} - 60^\circ) + (\angle \mathrm{BFE} - 50^\circ) = 180^\circ$$

平行線の錯角は等しく，∠ AEF +∠ BFE = 180°なので

$\angle x = 110^\circ$

（5）課題の発展性について考察する

数学の探究は，ある課題が解決したら，次にその条件をより一般的な条件にするなどして，新たな課題を設定して進められるものである。例えばこの問題ならば，「直線 l と m が平行」という条件に着目すれば，平行という位置関係は，2 直線間のいろいろな位置関係の中の特殊な一例であるので，2 直線 l，m の位置関係をいろいろに変えてみることが考えられる。実際，そうして図を作ると次の図 2-6 のようになる。

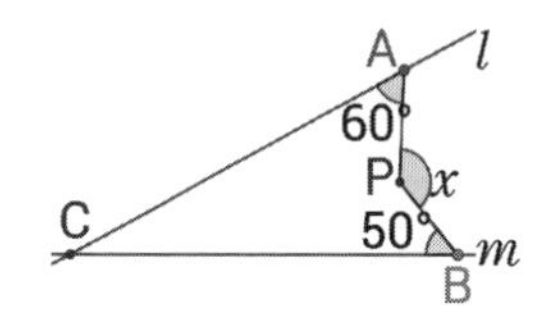

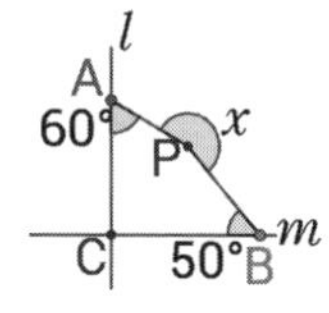

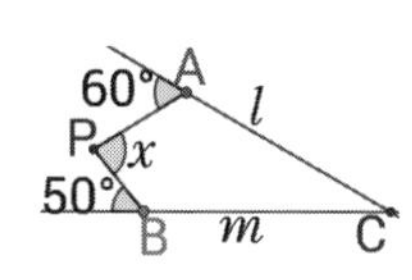

図 2-6

このように，2直線 l，m の位置関係を一般化した場合についてもこれまでと同様に，教材研究ができるであろう。この場合についての研究は，演習問題とする。

2直線 l，m の位置関係を一般化した場合について，上の例を参考にして，教材研究してみよう。

2.2.2　現実事象問題の教材研究

次に，中学3年生の「三平方の定理」の単元において，以下の現実事象に関する問題を扱うための教材研究について考えてみよう。

> 2012年に世界最大級のタワー「東京スカイツリー」が東京墨田区に開業した。高さは，東京タワーの2倍近い634mもあり，電波塔の役割のほか，東京の新名所としての役割も担っている。このタワーには地上350m（第1展望台）と450m（第2展望台）の2か所に展望台がある。
> 第1展望台と第2展望台ではどのくらい見える範囲が違うのだろうか。

これは，直角三角形を見いだし，三平方の定理を用いて，見える範囲を求める問題である。同種の問題が中学校数学の検定教科書7社全てに掲載されており，三平方の定理の空間への利用としては定番の問題と言えよう。これらの問題設定について比較してみよう。上述の問題では，見る場所の設定が東京スカイツリーになっているが，多くの教科書では，富士山から見える範囲を考えさせている。また，高いところから見える範囲を求めるのではなく，視点を逆にして，平地から高いところが見えるかどうかを考えさせる問題も見られる。また，扱い方については，授業で必ず扱うように本文に掲載している教科書もあれば，“やってみよう”のように，扱っても扱わなくてもよいという立場で掲載している教科書もある。

（1）定式化を大切にするための教材研究

日常生活や社会の事象など現実世界の問題（以下，現実事象とする）を数学的に解決する際の一連の過程を，数学的モデル化過程という。三輪辰郎 (1983) は，数学的モデル化過程を図2-7のように捉えている。現実世界の問題を，目的にあった数学的な問題につくり変え，数学的な問題場面から数学的モデルを導くことを「定式化」という。

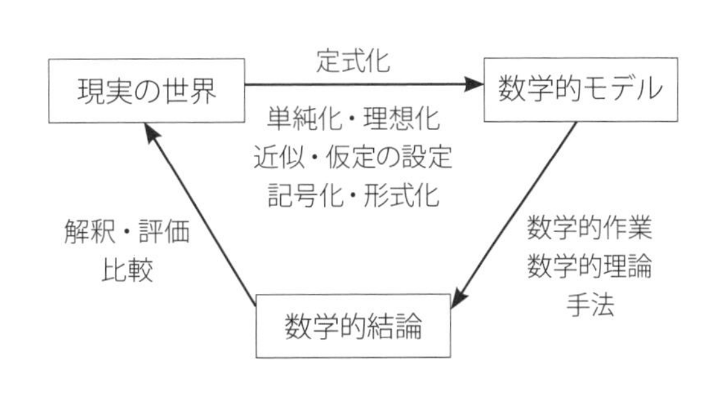

図2-7　数学的モデル化過程（三輪，1983，p.120）

現実事象の問題を扱う際には，この定

式化に関する教材研究が特に重要である。なぜならば，現実事象の問題を扱う際に，生徒たちにつけさせたい力の一つがこの定式化であるにもかかわらず，教科書に掲載されている問題は，既に定式化されている場合がほとんどであるからだ。その問題における定式化は何か。生徒が困難さを感じる点はどこか。どのような手立てをすればよいのか。東京スカイツリーから見える範囲を求める問題を例に具体的に見ていくことにする。

①本問題における定式化

単純化・理想化するために，視界を遮るものがないこと，人の視力による限界はないこと，大気による光の屈折はないことなどを仮定として確認する必要がある。そして，地球を球と捉えることで，円と接線の性質や三平方の定理を利用することができることに気付かせるようにする。教科書には，地球を球と捉え，さらに，その地球の断面図である円の図が掲載されている。これでは，現実事象を目的にあった数学的な問題場面につくり変える定式化は既になされていることになる。その後，円と接線の性質や三平方の定理を利用するという，数学的な問題場面から数学的モデルを導く部分を考えさせる問題になっていることが分かる。前者の定式化の力も養っていくためには，図は与えず，生徒たちが自ら図を見いだす活動を大切にする必要がある。

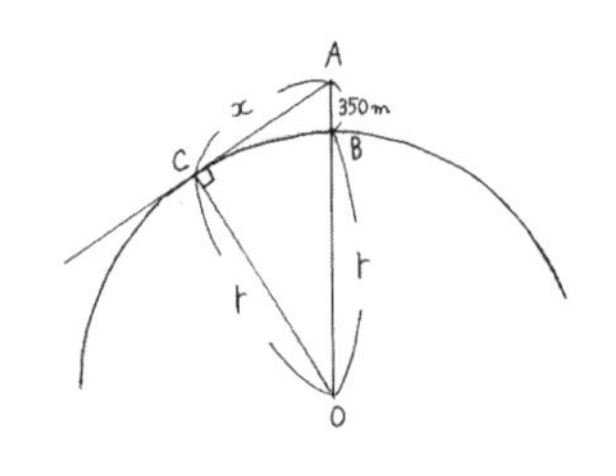

図 2-8　教科書で与えられる図

②本問題における定式化の困難点とその手立て

「予想される生徒の反応例の考察」は現実事象を扱う際にも重要であることは言うまでもない。ほとんどの生徒が，地面を平面として表し，地面と東京スカイツリーでできる直角三角形に着目したり，鳥瞰図のような図をかいたりして考えることが予想される。これらの図ではその先に進むことができない。見える限界が地平線までであることに気付くかどうかが本問題を解決する上でのポイントとなることが分かる。地平線ということばを教師のほうから出さずにその存在に気付かせるためには，どのような発問や活動を行えばよいのかを考える必要がある。見える範囲に限界があるのはなぜかを話し合ったり，東京スカイツリーの展望台からの景色を見せたりすることで，地平線の存在に気付かせることができる。そうすることで，生徒たちに，地球を球と捉える必要性や地平線までの距離を求めればよいということを理解させることができる。しかし，この後の定式化ができない生徒もいることを考えておく必要がある。つまり，直角三角形を見いだせない生徒もいることが予想される。そのような生徒には，視線を表す直線と地球の接点に着目させ，接点における接線と半径にはどのような関係があったかを確認し，地球の半径が分かれば，三平方の定理が利用できることに気付かせるとよい。

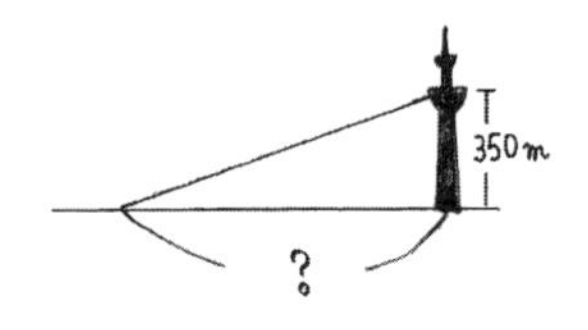

図 2-9　地球を平面と捉えた図

本問題にみられるような定式化は，事象の幾何学化といわれるものである。教科書の問題には，この問題以外にも，相似な図形を利用して測定できない場所の距離を求めるときには，三角形が示されているように，既に幾何学化された問題となっていることが多い。生徒たちの定式化の力を育成するためには，見えない線をかき，三角形を見いだすところを大切に扱いたい。

（2）数学的結論を得た後に行うこと

現実事象の問題では，得られた結果を社会に照らして検証することも大切に扱いたい。本問題の場合，東京スカイツリー建設中に新聞に掲載されていた，理論上見える範囲と比べてみることができる。また，地形データ等を用いて ArcGIS Spatial Analyst エクステンションで解析を行った結果と比べることもできる。

紀元前6世紀頃のギリシャの数学者ターレスは，人の身長と影の長さが同じになるときに，ピラミッドの影の長さを測って，ピラミッドの高さを求めたと言われている。ピラミッドの底面の1辺の長さは既に分かっていたとして，この方法でピラミッドの高さを求めることができるのはなぜかを生徒に考えさせることにする。この問題を定式化するためには，どのような仮定をおく必要があるのか。それらの仮定の上でどのように定式化するのか。定式化した図形をかいて，三平方の定理が未習の場合と既習の場合，それぞれについて説明しよう。

引用・参考文献

太田伸也 (2015).「数学的活動における協働の意義――何を学び合うか」.『教室の窓』. pp.18-19.

藤井斉亮，俣野博ほか (2015).『新編 新しい数学 2』. 東京書籍. pp.103-105.

半田進 (2015).『新編 新しい数学 教師用指導所 / 研究編　よりよい授業をするために』. 東京書籍. pp.82-121.

三輪辰郎 (1983).「数学教育におけるモデル化についての一考察」. 筑波数学教育研究 2. pp.117-125.

文部科学省 (2017a).『小学校学習指導要領』.

文部科学省 (2017b).『小学校学習指導要領解説　算数編』.

文部科学省 (2017c).『中学校学習指導要領解説　数学編』.

西村圭一編著 (2010).『中学校新数学科　活用型学習の実践事例集』. 明治図書.

西村圭一 (2012).『数学的モデル化を遂行する力を育成する教材開発とその実践に関する研究』. 東洋館出版社.

坂井裕 (2013).『創造性と論理性を育む図形教材の開発とその指導――教材のストーリー化』, 教育出版.

杉山吉茂 (1990).『力がつく算数科教材研究法』, 明治図書.

杉山吉茂 (2006).『豊かな算数教育をもとめて』, 東洋館出版社.

東京学芸大学附属国際中等教育学校数学研究会 (2017).『TGUISS　数学 1』，正進社.
東京学芸大学附属国際中等教育学校数学研究会 (2017).『TGUISS　数学 3』，正進社.

（2.1 高橋広明，2.2.1 川村栄之，2.2.2 本田千春）

3. 学習指導案の必要性とその実際

3.1　学習指導案の必要性

学習指導案（以下，「指導案」）を何のために書くのか。一言で言うならば，授業の計画を立てるためである。「どのような授業にするか」を考えながら書くことを考えれば，授業づくりそのものともいえる。問題の吟味に始まり，「生徒がどのような考えをするのか」，「どの考えを生かして議論を展開するか」，「この点が生徒にとって難しいから，この発問をしよう」といった事前の計画があるからこそ，ねらいに迫る充実した授業ができる。

こうした指導案の必要性や重要性をある程度認識している教育実習生でも，いざ指導案を書いてみると，図2-10のようなものが多い。「問題提示」や「自力解決」といった授業の局面を項目として，そこで行う「内容」が書かれた指導案である。授業展開の問題はさておき，一応の授業の流れはできている。しかし，教育実習生がこの指導案で授業ができるかというと恐らくできない。なぜなら，この指導案には，教師が何と言って発問するか，生徒がどのような反応するかが具体的に書かれていないからである。このことは，指導案の冒頭10分でよいから，模擬授業をやってみようとするとすぐに分かる。模擬授業といえども，教壇に立つと緊張が増し，言葉が出なかったり，発問があいまいだったり，考えさせたい内容を考えさせる発問になっていなかったりするはずである。

教育実習生に限らず，指導案は，「内容」ではなく，「発問」と「生徒の反応」を中心に書きたい（図2-12参照）。そもそも授業は，教師の発問とそれに対する生徒の反応の繰り返しである。それと同じ形で指導案を書こうとすれば，必然的に授業場面や発問，生徒の反応を具体的に想像することになろう。結果として，それが生徒の反応の予想や発問の吟味を促し，授業の質の高まりにつながる。指導案づくりの中心は，発問と生徒の反応を考えることにあるといっても過言ではない。

本節では，こうした「発問」と「生徒の反応」に重点を置いた指導案づくりが授業の質を高めるという立場から，指導案づくりについて考えていく。

3.2　学習指導案の実際

指導案は，大きく二つの内容で構成される。単元の指導計画と実践する授業の本時案である。ここでは，図2-10の第1学年の単元「文字と式」の導入授業を例に指導案づくりについて考えていく。なお，以下に示す指導案の形式はあくまで一例であり，実際には学校や教育委員会によって様々である。ここでは，一般的かつ基本的な項目について述べていく。

1　本時のねらい

文字式の必要性と意味を理解し，具体的な数量を文字の式で表すことができる。

2　本時の展開

時間	指導内容	生徒の予想される反応	指導上の留意点
導入 10	1　問題提示 問題　下図のように，マッチ棒を並べて正方形をつくる。正方形が10 個のとき，マッチ棒は何本必要ですか。	提示された図をノートに書き，正方形の個数とマッチ棒の本数を数える。	マッチ棒の図を貼り，問題を板書する。
展開 35	2　自力解決	ア）図をかいて数える。 イ）式を使って求める。 • $1+3\times10$ • $4+3\times9$ • $10\times2+11$ など	
	3　全体解決 ①それぞれの考えを生徒に発表させ，どのように考えたかを説明させる。 ②正方形が x 個の場合のマッチ棒の本数を求める式を考えさせる。 ③文字と文字式を説明する。	考えを発表する。 • $1+3\times x$ • $4+3\times(x-1)$ • $x\times2+(x+1)$	○マッチ棒の図をかいた画用紙を用意し，それを使って考え方を説明させる。 ○小学校で文字を学習したことを思い出させる。
	4　練習問題 教科書の○○ページの Q1 を解く	練習問題を解く。	○早くできた生徒には発展問題に取り組ませる。
終末 5	5　まとめ 文字式についてまとめる		○教科書○○ページを確認する。

図 2-10 「内容」の記述中心の指導案（中学校第 1 学年単元『文字と式』の導入授業）

3.2.1　単元計画

単元計画では，単元の指導をどのように行うか，その計画を記述する。単元計画の例を図 2-11 に示す。これを参照しながら各項目について考えていきたい。

（1）単元設定の理由

単元設定の理由では，扱う単元を，何のために（ねらい），どのように（方法）指導するかを記述する。そのための視点は，次の三つが基本である。対象生徒の実態に関する「生徒観」，扱う単元に関する「教材観」，そして学習指導に関する「指導観」である。

「生徒観」は，対象生徒の実態について記述する（図 2-11，6．の第 1 段落）。対象学級や生徒について何が課題でそれをどのように改善したいかを記述する。

「教材観」は扱う単元について記述する（図 2-11, 6. の第２段落)。ここで書くべきことは，単元の①系統性と②教育的意義である。①系統性は，単元の前と後の内容を記述する。前の内容，すなわち既習事項は，単元の学習の前提となる事柄である（図 2-11 下線部イ)。授業での生徒の思考は，既習事項を使って行われるため，本単元に関連する既習事項としてどういう知識や技能，見方・考え方があるのかを明確にする必要がある。一方，後の内容，本単元の学習が今後どのように発展していくかについても研究しておく(図 2-11 下線部ウ)。これにより，その後の学習の基礎としての②教育的意義が明らかになる。②教育的意義は，何のために本単元を学習するのか，数学的，教育的な観点から記述する（図 2-11 下線部ア，ウ)。授業者がこれを明確に捉えていないと，教材の本質からずれた授業になる。

「指導観」（図 2-11，6. の第３段落）は，「生徒観」と「教材観」を踏まえて，どのような指導を行うかを記述する。「生徒観」と「教材観」から，例えば ICT やグループ活動を取り入れたり，特定の内容や考え方を重視したりするといった指導の方法や重点を記述する。

（２）単元の目標

単元を通して育てたい資質・能力を記述する。そのとき，例えば「文字式の計算ができる」「文字式から意味を読み取れる」のように目標を達成した生徒の姿が具体的に分かるように記述したい。目指す生徒の姿が具体的に想定できると，指導すべき事柄や重点がより明確になるからである。これについては，「本時のねらい」のところで詳述する。

（３）単元計画

目標とする資質・能力を，単元を通してどのように指導し，伸ばしていくのか，その計画を記述する。資質・能力は 1 時間の授業で養えるものではなく，長期的な視野に立った指導が必要である。単元内での系統性を意識した計画的な指導を考える必要がある。詳細は本章の 1.1 で見たとおりである。

3.2.2　本時案

本時案は，一般に，本時の「ねらい」と「展開案」で構成される。展開案の例は図 2-12 である。紙面の都合上簡略化している部分もあるが，必要に応じてこれを参照しながら以下の項目を考えていきたい。また，図 2-10 の展開案との違いも確認していただきたい。

（１）本時のねらい

授業は，ねらいに基づいてつくられるため，「ねらい」があいまいだと，授業もあいまいになる。その結果，子どもからみて「今日の授業は何が大事だったのだろう」ということになりかねない。授業で重視すべき点をより明確にするためにも，単元目標と同様，子どもの姿が想定できる具体的な形で書きたい。単元「文字と式」の導入，マッチ棒の問題の授業のねらいを例に考えてみよう。例えば，次の授業のねらいはどうだろうか。

「文字の必要性や意味を理解し，マッチ棒の本数を文字の式で表すことができる」

指導書等でよくみかけるねらいである。簡潔にまとまってはいるが，果たしてこのねらいか

第 1 学年 数学科学習指導案

授 業 者　　東京　太郎　印
指導教員　　学芸　次郎　印

1. 日　時　平成 30 年○月△日（月）　第 5 時限
2. 対　象　1 年 1 組（男子 20 名，女子 20 名，計 40 名）
3. 場　所　1 年 1 組教室
4. 単　元　文字と式
5. 単元の目標

文字を用いることの必要性と意味を理解するとともに，数量や数量の関係などを一般的かつ簡潔に表現したり，簡単な 1 次式の四則計算をしたり，式の意味を読み取ったりする力を養う。

6. 単元設定の理由

本学級の生徒は，授業に積極的に取り組もうとする姿勢がある。実際，単元『正負の数』の学習では，正負の数の計算練習に自ら進んで取り組むなど意欲的な姿がみられた。一方，自分の考えを発表する場になると自信がもてず，消極的になる点が課題である。生徒に自信をつけ，数学の学習に対する意欲をさらに伸ばしていきたい。

ア）数学における文字はきまりや法則の一般性の探究において欠くことのできない重要な道具である。本単元は，そうした文字を本格的に学習する最初として位置づく。その内容は，変数として文字を導入し，主に 1 種類の文字が入った一次式について，数量を表したり，その意味を読み取ったり，計算したりすることを学習する。イ）文字と文字式は，小学校できまりや公式，比例反比例の関係を表す際に使っている。しかし，そこでは，プレースホルダーとしての文字の扱いであり，計算対象としてはいない。また，ウ）本単元の学習内容は，その後の方程式の学習の基礎に位置づくため，着実な理解を図る必要がある。

指導では，文字式の約束や計算の徹底はもちろん，数量を文字式に表したり，文字式の意味を読み取ったりすることを重視する。その際，困難が伴うことが予想されるので，数字の式との関連付けながら文字式の理解を促すようにする。式に表す場合でいえば，数量について，まずは具体的に数字の式で表し，そこから変数と定数を読み取り，文字化するという展開である。文字式と事象，数字の式の行き来を繰り返しながら，文字式の意味理解を図っていきたい。

7. 単元計画　16 時間扱い（本時：1 ／ 16）

節	項	時数	指導内容
1 文字の式	文字を使った式の意味 文字を使った式の表し方 代入と式の値	8	文字や文字の式の意味，数量を文字の式で表すこと，文字の式から意味を読み取ること。文字式に表すときの約束，代入と式の値
2 式の計算	1 次式の計算	5	1 種類の文字を含む 1 次式の四則計算

図 2-11 単元計画の例

ら，ねらいを達成した生徒の姿を想像できるだろうか。「文字の必要性や意味の理解」とは，具体的に文字の何を理解させることで，それを理解した生徒の姿とはどういう姿なのだろうか。これについて教科書では，マッチ棒等の変わり方の問題を通して，様々な値を取り得る文字，変数の意味で文字を導入することが意図されている。つまり，様々に変わり得る数をまとめて表す「必要性」から，様々な値を取り得る記号という文字の「意味」を理解することが，ここでの「文字の必要性や意味の理解」である。とすれば，授業ねらいは次のように具体的に記述したい。

「様々に変わり得る数をまとめて表す変数としての文字の必要性と意味を理解し，マッチ棒の本数を文字の式で表すことができる」

このようにすると，授業において，正方形が10個の場合だけでなく，1個，2個，100個といった様々な個数の場合の式を考える場面の必要性がみえてくる。また，評価問題を課すならば，この点に焦点を当てた評価問題を用意することもみえてくる。指導をよりよいものにするためにも，生徒の姿が具体的にみえるねらいを書くようにしたい。

（2）本時の展開案

展開案は三つの項目で構成される。一つは，問題提示や発問など教師が行う指導内容である。二つ目は予想される生徒の反応である。三つ目は指導上の留意点である。

3.1では，「発問」と「生徒の反応」について具体的にかく必要性を述べた。ここでは，「発問」と「生徒の反応」に重点をおいた指導案づくりについて，問題解決型の授業の枠組み「問題提示」「個人解決」「比較・検討（練り上げ）」「まとめ」に沿って考えていく。

①問題提示

問題提示で考えることは，提示する問題とその提示の仕方である。ここでは後者について，右の問題の提示を例に考えてみる。

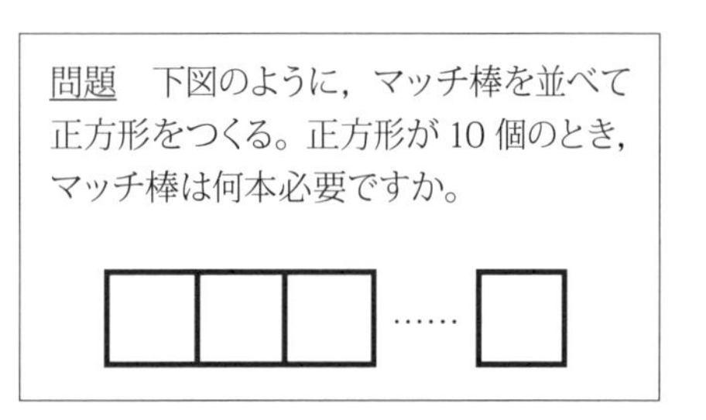

問題提示で教師がすべきことは，これから何を考えればよいかを生徒に正確に把握させることである。そのための最適な提示の仕方を考える必要がある。マッチ棒の問題の提示の仕方として，例えば次の方法が考えられる。

a）問題文を全て書く

問題の共有と把握が比較的しやすい方法である。しかし一方で，問題文を全て板書する時間，また生徒がそれをノートに写す時間がかかるというデメリットもある。後者については，問題文を印刷したプリントを配布するなどの工夫が考えられる。

b）図を使った問題提示

図で問題を把握させる方法もある。例えば，上記のような途中を省略した正方形10個の図のみを示し，「マッチ棒の本数は何本ですか」と問うという提示の仕方である。図による提示の場合，図の示し方に留意する必要がある。図の示し方が生徒の思考に影響するからである。

途中を省略していない正方形 10 個の図を示せば実際に数える生徒が多くなるだろうし，正方形 1 個，2 個，3 個の場合の図を順に示せば「マッチ棒が 3 本ずつ増える」という変わり方が見えやすくなるだろう。

また，教材によっても効果的な提示の仕方は変わってくる。現実事象の問題ならば，それに関する動画や写真，具体物による提示が有効かもしれないし，方程式の文章題ならば問題文を全て書くのがよいかもしれない。考えることを生徒に正確に把握させるという課題提示の目的とともに，生徒に何を考えさせたいか，それを考えるための動機づけ，知的好奇心の喚起につながるかといった視点も大事にして提示の仕方を工夫したい。

②個人解決

個人解決に関して書くべきことは，予想される生徒の解決である。予想される生徒の解決をできるだけ多く書きたい。マッチ棒の問題では，例えば次のような解決が予想される。

ⅰ）正方形 10 個の図をかいて数える

ⅱ）手が動かない

ⅲ）左端とコの字型

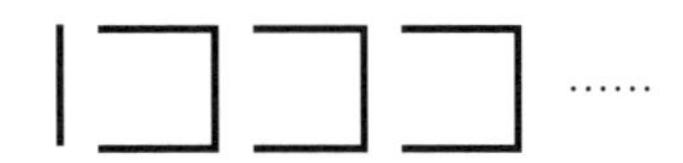

$1 + 3 \times 10 = 31$

ⅳ）正方形 1 個とコの字型

$4 + 3 \times (10 - 1) = 31$

ⅴ）正方形 10 個から重なる辺を引く

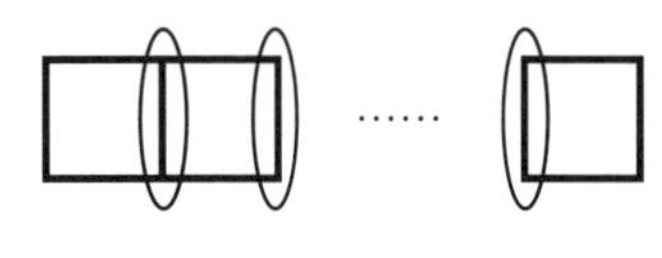

$4 \times 10 - (10 - 1) = 31$

ⅵ）上下の辺と縦の辺

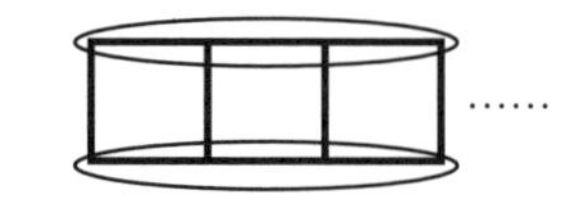

$10 \times 2 + (10 + 1) = 31$

ⅲ）からⅵ）のような正答の解決はもちろんだが，「手が動かない」という反応も重要である。教育実習生の指導案をみると，正答に関する反応のみで，誤答や「手が動かない」といった反応を書いてないことが多い。しかし，こうした反応を予想しておくことで，例えば手が動かない生徒ならば，実際に棒を与えるなどの手立てを準備することができる。また，例えばⅲ）に関して $1 + 10 \times 3$ のように被乗数と乗数の意味を意識していない生徒の反応も予想できる。こうした生徒には 10×3 の意味を問うという手立てが考えられる。

これに関連して，「指導上の留意点」に書くことは，机間指導についてである。生徒の多様な解決をどのような視点から観察し把握するか，手が動いていない生徒にはどのような手立てを講じるかを考えておく必要がある。前者について，多くの場合，事前に予想した生徒の考えを視点とし，後の全体解決で扱いたい生徒の考えをみとることが中心となる。

③比較・検討（練り上げ）

比較・検討（練り上げ）では，個人解決での個々の考えをもとに学級全体で議論する。ここで確認したいことは，単に生徒の多様な解決を発表するだけの場ではなく，生徒の考えをもとにさらに探究を深めたり，解決が困難なところを学級全員で考えたりといった，いわゆる「練り上げ」の場であるということである。そのために事前に考えておくことは，生徒のどの考えを，どういう順序で取り上げ，どういう発問をして深めるかということである。

このことについて，②に挙げた予想される生徒の解決を例に考えてみよう。取り上げる考えの順序について，一般的には，数学的に素朴なものを先，高度なものを後に扱うのがよい。初めから高度な考えが出ると，素朴な考えが言いにくい雰囲気が教室にできてしまうからである。とはいえ，基本的には授業のねらいに即して順序を決めればよい。ねらいを「様々に変わり得る数をまとめて表す変数としての文字の必要性と意味を理解し，マッチ棒の本数を文字の式で表すことができる」とすると，授業の焦点は式に当てたい。そのために，まずⅰ）を取り上げ，答え31本を確認する。そして，数える方法は手間がかかることを確認し，「簡単に求められる方法はないか」と発問して式の考察へと展開する。ここで注意したいのは，数える方法について手間を強調しすぎると，その後の授業でこうした素朴な考えが生徒から出なくなる。手間はかかるが，数え間違いがなければ確実に答えが得られるといったよさを強調することも忘れないようにしたい。

続く，式の考察では，ⅲ）からⅵ）を検討する。ⅲ）からⅵ）の考えについて，ねらいからみてどの考えから扱っても大差はないと，授業者が判断したとする。その場合，取り上げる順序は，生徒の発表の流れに任せればよい。ただ，そのときに考えておく必要があるのは，「必ず出す考え」である。どの考えが出るかは流れに任せるにしても，後の授業展開で必要な考えは出しておく必要がある。例えば，ここで出た数字の式をもとに文字式に表すことを考えれば，事象を表す最も簡単な文字式 $1+3\times x$ に直結するⅲ）$1+3\times 10$ は出す必要があろう。そのために，考えておかなければならないのは，その考えが出ないときの手立てである。自力解決時にその考えをしている生徒を把握しておき意図指名したり，そのための発問を用意したり，教師から提示したりといった手立てを準備しておく必要がある。

式の検討後は，文字の導入というねらいに向けて議論を深める。そのためには，深めるための発問が必要である。「いろいろな数を表す」という意味で文字を導入するねらいから考えると，問うべき発問は，例えば「100個の場合だったら式はどうなる？」といった他の個数の場合を考えさせる発問である。ⅲ）でいえば，$1+3\times 100$ が出るだろう。そして，様々な個数の式を考え共有したところで，「個数が変わると式のどこが変わるか，またどこが変わらないか？」を問う。変数と定数の視点から式をよませる発問である。さらに，式の見方が深まったところで，「いろいろな個数の場合をまとめて表す式をつくれますか？」と発問する。小学校算数の既習事項から考えれば，言葉の式や文字の式が出てくるであろう。そして，これらの反応をもとに文字を導入する。

このように，生徒の解決をもとに一般化したり，統合したり，あるいは解決に滞った場合には全員で考えを出し合ったりして「練り上げ」を行う。どのような発問をし，どういう議論にするか，深い教材研究と生徒の反応の予想を基に綿密に考えておく必要がある。なお，「練り上げ」とそのための板書については，4 において詳しく取り上げる。
④まとめ
　まとめでは，授業を振り返り，解決過程で出てきた重要な考えや新しい知識・技能をまとめる。指導案には，何を振り返り，押さえるかというまとめる視点と内容を記述する。このとき，「何を」を決める視点は「授業のねらい」である。マッチ棒の授業でいえば，ねらいが「様々に変わり得る数をまとめて表す変数としての文字の必要性と意味を理解し，マッチ棒の本数を文字の式で表すことができる」なので，文字が導入される場面を振り返り，なぜ文字が必要だったか，文字を使うことでどういうよさがあるかを押さえる。学習感想についても，自由記述も考えられるが，ねらいに基づく振り返る視点を示し，その視点から学習感想を書かせることも有効である。ねらいとリンクしたまとめを工夫したい。

3.3 「生徒の立場」から授業を考える

　授業を考えるとき，常に意識したいことは「生徒の立場」に立つことである。生徒目線に立ち，「生徒だったらどう考えるのが自然か」を常に考えたい。生徒の思考の流れを考慮せず，教える数学に生徒を導くことばかりを考えていると，生徒の思考の流れに合わない授業になりがちである。すると，生徒は自分の思考が遮られるため，主体的に考えようとしなくなる。生徒の主体的な思考を後押しするような授業展開になっているか。それを常に問いながら授業を考えていきたい。

演習 2-9　図 2-12 を参考にして，「発問」と「生徒の反応」の記述中心の指導案をつくってみよう。

<table>
<tr><th>指導内容</th><th>生徒の予想される反応</th><th>指導上の留意点</th></tr>
<tr><td>1. 問題を提示する</td><td>1. 問題を把握する</td><td rowspan="2">正方形１個，２個，３個の図を順に示した後で，左のような途中を略した 10 個の図を示し，「10 個のとき，何本必要？」と問う。</td></tr>
<tr><td colspan="2">問題　下図のように，マッチ棒を並べて正方形をつくります。正方形が 10 個のとき，マッチ棒は何本必要ですか。
□□□……□</td></tr>
<tr><td>2. 自力解決をさせる</td><td>2. 自力解決する</td><td rowspan="2">自力解決は生徒の様子を見ながら５分程度とる。手がつかない生徒には，正方形 10 個の図をかいて考えるように促す。</td></tr>
<tr><td colspan="2">（紙面の都合で省略するが，先の「②自力解決」で示した式と図を，本来ならばここに示す必要がある。また，他にも反応が予想されるので，できるだけ多くの反応を書く）
ⅰ)10 個の図をかいて数える　ⅱ) 手が動かない
ⅲ) 左端とコの字型　ⅳ) 正方形１個とコの字型
ⅴ) 正方形 10 個と重なる辺　ⅵ) 上下の辺と縦の辺</td></tr>
<tr><td>3. 本数の式を検討する
「何本になりましたか？」
「○○さんは 10 個の図をかいてくれました」
「他の皆さんも図をかいて数えましたか？」
「式はどうなりましたか？」
「△△さんは図をどのようにみて式を立てたと思う？」
「△△さん，この考え方で合っていますか？」</td><td>3. 本数の式について考える
「61 本」
「10 個の図をかいて，マッチ棒の本数を数えた」
「図をかくと大変なので式を使って求めました」
「3 × 10 ＋ 1」
「3 はコの字の本数で，それが 10 個あって，1 は左端の縦棒の本数」
「はい」（他の式も同様の展開）</td><td>・自力解決中に，正方形 10 個の図をかいている生徒に図を板書させる。
・式の検討は，①式だけを発表，②式の考えを式の発表者以外の生徒が考え発表 という手順で行う。
・正方形 10 個の図をかいた画用紙を用意し，それにまとまりなどを書き込んで発表させるとよい。</td></tr>
<tr><td>4. 一般化し文字式に表す
「正方形 100 個の式は？」
「なぜこの式になるの？」

「3 と 1 は変わらないの？」

「全ての場合の式をまとめる式をつくれますか？」</td><td>4. 他の場合の式を考える
「3 × 100 ＋ 1 になります」
「10 の部分が正方形の個数なので，それを 100 にしました」
「3 はコの字で，1 は左端で変わらないから」
・「3 × x ＋ 1」
・「3 ×（正方形の個数）＋ 1」</td><td>・3 × 100 ＋ 1 に焦点を当ててその文字化を行う。発表された他の式は次時に扱う。
・100 個の他にも，様々な個数の式を考えさせる。
・10 が変数，3 や 1 が定数の理由を図から解釈させる。</td></tr>
<tr><td>5. まとめ
・文字はいろいろな数を表す。
・文字式を使うと，多くの場合をまとめて表せる。</td><td></td><td>表された文字式に対し，x が 20 や 30 などの場合のマッチ棒の本数を求めさせてもよい。</td></tr>
</table>

図 2-12 「発問」と「生徒の反応」の記述中心の展開案

（小岩大）

4. 授業実践におけるキーポイント

前項までの内容を踏まえ，生徒が思考する問題解決型の授業を行う際に重要となることがいくつかある。例えば，生徒の思考を促すためにどのような発問をするか，生徒の思考をどのように取り上げるか，その意見をどのように練り上げるか，そしてその練り上げのためにどのように板書を作っていくかということである。学習指導案に，板書計画を添えて授業の流れを示すことも少なくない。本節では，指導案から実際の授業を実践するためのキーポイントとなる練り上げと，そのための板書に焦点を当てて述べていくことにする。

4.1 生徒の考えをもとにした練り上げ

問題解決型の授業を目指すときに陥りやすい一つの失敗例として発表会になってしまうことが挙げられる。発表会とは与えられた問題を解くことができた生徒の考えや解法を黒板に板書し（あるいは板書させ），問題が解けたとして授業を終えてしまうことである。この場合には，前に提示された解法を自力解決において見いだしていた生徒にとってはそれ以降の時間は学ぶことのない時間となってしまう。生徒の自力解決の後に「発表会」で終わってしまわないためには，出てきた考えを元に，より深い議論を行い，より高次なものをつくるために「練り上げ」を行うことが一般的である。

下の図は，中学校第 1 学年「比例・反比例」の導入の時間において，自力解決の共有が終わった時点の板書である。この後，どのように練り上げをすればよいかを考えてみよう。

ポップコーンを買うのにどれくらいの時間がかかるかな？
何が分かれば分かるだろうか

- 何人ならんでいるか
- 店員さんの人数
- ポップコーンを頼んでから出てくる時間
- 前の人たちの買うサイズ
- ポップコーンの焼きあがりまでの時間

問　並び始めてから 5 分で 8 人が買い終わりました．いま，12 番目に並んでいます．あと何分で買い終わることができるでしょうか

A 君　8 人で 5 分　300 秒
1 人で　300 ÷ 8 = 37.5　37.5 秒
12 人で　37.5 × 12 = 450　450 秒

E 君　7 分 30 秒
4 人で 150 秒
150 × 3 = 450

B さん　5 ÷ 8 × 12 = 7.5　7.5 分

C さん　5 分で 8 人
1 分で 1.4 人
12 ÷ 1.4 = 7.5　7.5 分

D くん　8 人で 5 分
1 人で 37.5 秒
余裕もって 1 人　40 秒
40 × 12 = 480　480 秒　8 分

「練り上げ」とは，言葉としては，「練り上げる」という動詞の連用形が名詞として用いられているものである。Shimizu(1999) は「練り上げ」を「日本の教師の中で，授業におけるダイナミックで協力的な性質を説明するために用いられる。（中略）授業の文脈では，この用語は生徒のアイディアを洗練し，学級全体での議論を通して統合された数学的アイディアを発展させるための象徴として機能する」（著者訳）と述べ，日本の教師が練り上げを授業の成否に決定的なものであるとみなしていることを指摘している。「授業の成否に決定的なものである」ということが意味することは，授業の目標を達成できたか，できなかったかに決定的に関わるということである。練り上げもまた目標を達成するための手段であるため，どのような練り上げをすべきか，授業の目標に照らして判断する必要がある。上の演習に取り組む際に目標について考えただろうか。

では，この授業の目標は何であろうか。問題は現実的な場面を取り上げており，与えられる情報も理想化されたものでなく，生徒の答えもおよその値は同じであるが，それぞれの立てた仮定によって違う。ここから推測される授業の目標は「現実的な場面を通して比例を考えることができる」，あるいはさらに一歩踏み込んで「現実的な場面を比例であるとみなして問題を解決することができる」と言ったものである。では「現実的な場面を比例であるとみなして問題を解決することができる」ことを目標に掲げた授業ではどのような練り上げをすべきなのだろうか。

相馬 (1997) は「多様な見方や考え方のまとめ方」を大まかに挙げ，目標との対応を示している。

表 2-2　まとめの方法と目標の対応（相馬，1997，pp.72-73 より作成）

まとめの方法	目標
それぞれの考え方を確認して終える	多様な見方や考え方のそれぞれを理解させる 練習問題を通して既習内容の復習をする
どれがよりよい考え方なのかを検討する	よりよい考え方を理解させる
それぞれの考え方について関連や相違を検討する	数学的な見方や考え方を養う

これら以外のまとめ方や目標がないわけでなく，また明確に区別することもできないが，「指導目標を明確にして，それらを基準にしながら，生徒の実態等も把握しつつ，教師が意図的にこれらの場合を選択していく」（相馬，1997，p.73）ことが重要であり，どのような練り上げをすべきかを考える指針となるであろう。

さて，先の課題に戻り，「現実的な場面を比例であるとみなして問題を解決することができる」ことを目標に掲げた授業の練り上げを考えてみよう。それぞれの考え方を確認して終えるだけでは，それぞれの方法は分かるが，深い理解とは言えなさそうである。どれがよりよい考え方なのかを検討することを練り上げとするならば現実に「何分かかかったか」という答えが明らかでないため，どの方法がよいか考えることが難しい。それぞれの考え方について関連や相違を検討するのならば，「おおよそ等しい値が出ている」，「どの方法も予想することはできたから，答えは出ている」，「どの方法も一人あたりといった割合を考えている」などの共通点や「一人あたりの時間が違う考えもある」などの相違点も出てくるであろう。数学的に洗練された意見でなくとも，これらを確認し，意見を練り上げていく中で，より数学的な表現に変えていくことができる。すると「答えの違いは仮定の違いである」ことや，さらに踏み込んで「仮定を置かないと解くことができない」ことなどを練り上げることができるであろう。「比例であるとみなして」を目標とするのなら，この程度まで高めることを求めたい。

発問の検討が不十分で解決が進まなかったり，練り上げに必須だと考えていた予想される生徒の考えが実際には出てこなかったりして，練り上げを十分に行えないこともある。そのときは，練り上げに必要な意見を「あるクラスではこのような意見も出たのだけれど」といって提示する必要がある。また，練り上げでこちらの期待する水準まで議論が深まらず，数学的なアイディアや手法の獲得に至らなそうであれば，さらなる発問を用意しておく必要がある。例えば，先の演習を例にすれば，「これらの答えは値が違っています。なぜ違うのでしょうか。」と言ったように違いの理由に着目させる発問などが考えられる。

練り上げははじめに述べた通り，生徒の考えを元に，より深い議論を行い，より高次なものをつくるために行う。より端的に述べれば，授業目標を達成するために，あるいは「よい授業」を達成するために行う。よい練り上げを行うためには，生徒の考えを発表させ議論の対象を明らかにする必要があり，そのためには，生徒一人一人が十分な自力解決を行う必要があり，そのためには課題をしっかりと検討する必要がある。この点は 2.3 で述べたことである。

一方で教師の想定する練り上げに必要な生徒の考えのみを取り上げ，想定することができていなかった生徒の反応があった場合に，その意見を取り上げなかったり，否定的な反応（例えば，発言したのに意図的であるかどうかに関わらず板書しないなど）をしたりしないよう気をつけなくてはならない。生徒の考えを元に練り上げを行うためには，生徒の考えを尊重する態度を持って，失敗を恐れずに，ときに想定した指導案の流れを離れて議論することも必要である。教師の想定することができていなかった生徒の反応にも，その生徒なりの根拠や考えがあり，ときに，より深い議論を生み，高次なものをつくることに役立つこともある。また，長期的な視点に立てば，生徒の考えを評価し尊重する態度を持ち続けることが，素朴な意見や困っているという思い，誤答を発表することのできる教室文化を創造することにつながり，それが将来の授業のよりよい練り上げや議論につながる。

生徒の考えの取り上げ方として相馬 (1997) は“A.1 つずつ”か，“B. 複数を一度に”か，“a 教師が意図を持って指名する”か，“b. 教師が意図を持たずに挙手させる”かで分類している。例えば Ab の分類では「<u>挙手をさせて指名し，多様な見方や考え方をひとつずつ順に取り上げる</u>」(p.68) ことになる。そして，それぞれの長所と短所を次のようにまとめ，いつも同じパターン

表 2-3　取り上げ方の長所・短所（相馬，1997，p.70）

	長所	短所
Aa	• 教師の意図が反映できる	• 生徒は受身的になりがちである
Ab	• 生徒の意欲を喚起できる	• 予想通りの反応とは限らない • 先に出た考えが次に影響する
Ba	• 教師の意図が反映できる • 考え方の比較ができる	• 時間がかかる
Bb	• 生徒の意欲を喚起できる • 考え方の比較ができる	• 時間がかかる • 予想通りの反応とは限らない

ではなく，目標，問題，生徒，時間などを勘案して総合的に判断する必要があることを指摘している。

4.2　練り上げのための板書

前項では，生徒の考えを元にした練り上げについて述べた。本項では，練り上げのための板書について述べる。

演習 4.1 に挙げた板書において，よい「練り上げ」をするために，どのような点を改善すればよいかを考えてみよう。

藤井 (2016) はこれからの算数数学教育では内容だけではなく，過程を重視するという方向性が明確に提言されたことを指摘した上で，過程の側面は，「数学的な考え方」として明記されてきたこと，一方で授業後の板書を見ると，内容（コンテンツ）の記述は見られるが，過程（プロセス）に関わる記述はほとんど見いだせないことを指摘している。この指摘は数学的な見方や考え方といったプロセスを長い間重視してきたはずの日本の数学教育において，授業においてプロセスを真に重視してきていたのかと投げかけるともに，練り上げに必要な情報を板書に残せているか，あるいは練り上げの過程を板書に残せているか，振り返るきっかけを与えてくれる。

また，相馬 (1997) も，問題の解決過程を重視する板書の必要性を述べている。板書の意義として，板書内容によって生徒は目標と必要感を持ち，問題の解決過程を把握し，思考すること，を指摘し，この三つの意義が問題解決の授業で重視される事柄であることを述べている。そして，「問題解決の過程を重視する板書」の工夫として主な発問を板書すること，考え方のポイントを板書すること，生徒の考えをできるだけ残すこと，色チョークを活用することなどを提案している。

板書に焦点を当てた研究として中村 (2008) は，熟練教師の板書の生成過程の分析を通して，板書の生成過程が生成された項目を参照することであること，板書が生徒を由来として生成されることを明らかにし，参照する行為が重要な役割を果たすことの背景として多様な考えを持った子どもが参加し，そこで学習する一斉授業の持つ基本的な特徴と問題解決型の授業があると考えられることを指摘している。

これらのことを踏まえると，練り上げのための板書は，発問を明確にすること，解法のみでなくそのアイディアや考え方まで書き残すことが重要であることが分かる。発問を明確にすることによって生徒の自力解決は進み，解法のみでなくそのアイディアや考え方まで書き残すことによって練り上げなどの議論の場面において参照され，生徒の考えを元により高次のものを得るような授業とすることができる。したがって，練り上げのための板書とは，端的に述べれば，練り上げに必要な情報が残されている板書である。

前項で指摘したように生徒の考えを尊重する態度を持って板書することもまた重要である。生徒の発言をなるべく変えずに板書することによって，生徒はなるべく数学的に正しい言葉を用いようと努力するであろう。また素朴ながらも，練り上げの対象となり得るアイディアが内在している解法や考えが板書に残り，練り上げにおいて数学的に洗練された解法や考えを見いだす機会を与えてくれる。これこそ練り上げに求められるものであり，また，その練り上げのための板書に求められるものである。

では，演習 4.2 ではどうすべきだろうか。この板書の過程で「五人で 8 分だから同じ割合で増えるとして」や「一人あたりが等しいとすると」といった比例を仮定している考えは発言されていたのではないだろうか。また，「一人で 37.5 秒，余裕をもって 40 秒」とした生徒はなぜ余裕をもとうとしたのだろうか。それに対する発言はなかったのだろうか。「現実的な場面を比例であるとみなし問題を解決することができる」ことを目標とし，それにふさわしい練り上げを行うための情報が残っているものを想定できただろうか。

本節では，授業を実践するためのキーポイントとなる練り上げと，そのための板書に焦点を当てて述べた。どちらも生徒の考えを予想し，また想定されていなかった考えも受け止め評価し，授業に生かしていくことが必須である。そのためには，2 に述べた教材研究，それらを元にした学習指導案の作成が重要であることが明らかであろう。また，練り上げに限らず，教師の働きかけは，いずれも目標を達成するためにあることから，数学という教科に対する教科観，そしてその元となる数学という学問に対する数学観，どのような生徒を育てたいかという教育観について，教師として考え続けていく必要がある。

引用・参考文献

藤井斉亮 (2016).「世界に発信する授業研究と問題解決型授業」日本数学教育学会誌 98(1). p.1.

中村光一 (2008).「数学科授業における熟練教師の板書の生成過程の分析」数学教育論文発表会論文集 41. pp.825-830.

相馬一彦 (1997).『数学科「問題解決の授業」』明治図書.

Shimizu, Y. (1999). *Aspects of Mathematics Teacher Education in Japan: Focusing on Teachers' Role.* Journal of Mathematics Teacher Education, Vol.2, No.1, pp.107-116.

（柴田翔）

5. 授業観察の方法とその実際

5.1 授業観察の目的

教育実習では，事前・事後の指導やオリエンテーションを含め，数学の授業を見る時間が多くの割合を占めるであろう。そのときどきで，授業を見る目的は様々だが，そこには必ず「生徒の数学的活動の把握」，一歩踏み込めば「生徒の数学的思考（見方・考え方）の把握」が含まれる。授業を見ることを「授業参観」と言うことがあるが，生徒の数学的活動の把握を意識し，ここではあえて「授業観察」という用語を用いることにする。

授業観察では，目的を明確に意識しておくことが必要である。一例を挙げよう。

例 1）方程式を利用して問題を解く場面で，生徒が立式する過程でどのように考えているかを把握する。

例 2）生徒が方程式を立式する場面で，文字式をどのように捉えているかを把握する。

例 3）平行四辺形になるための条件などを用いて（図形の性質を）証明する問題を考えさせるにあたり，図を与えずに問題の提示することは生徒に仮定を意識させることにつながったかを把握する。またその後の生徒の考えの発表や共有，練り上げにどのような影響があったかを把握する。

上記の例のように，授業の目標や内容，指導の工夫等の具体に対応させて授業観察の目的を挙げておく。このことは，授業観察の結果として，目的に対応する考察が明確に述べられるようにすることでもある。

5.2 授業観察の方法

5.2.1 授業観察と授業記録

授業観察では，“授業で起きている事実”を把握する。“授業で起きている事実”とは，教師の発問，それに対する生徒の反応，生徒の発話やそれらの相互作用などである。

例えば，観察している授業が次のように始まったとしよう。

教　　師：今日は，こんなことを考えます。5 分前に学校を出て○○駅に向かった人を，走って追いかけたら，駅に着くまでに追いつくか。

生 徒 1：忘れ物を届けるとか……

教師板書：「5 分前に学校を出て駅に向かった A さんを，B さんが走って追いかけた。駅に着くまでに B さんは A さんに追いつくか。」

生 徒 2：先生，それだけですか……？

この生徒 1 や生徒 2 の発話は，はじめから期待されていたものだろうか。この後，駅までの距離や歩く速さなどの条件が決められて問題が定式化されるだろうが，それは誰が行うのだろうか。そして，生徒の問題解決の活動はどのように進むのだろうか，……等々の事柄が頭をよぎるだろう。

何がどのような影響を与えて授業が進むか，また停滞するかは分からない。したがって，観察者は，上記のような教師の発問や生徒の反応，発話，板書，つぶやき等々，授業で起こる事実をできるだけ忠実に記録することが必要である。授業後に振り返ってそのときどきの意味づけをしようとするとき，この授業記録が極めて大きな役割を果たす。

授業の記録方法としては，ビデオ映像や写真，録音，生徒のノートやワークシートの回収などがある。映像や録音などについては場所やタイミングなどの工夫があり，ノートやワークシートについては，生徒が考える過程が残るような工夫が考えられる。

一方，観察者の筆記による記録は，上記のような方法では把握できない生徒の活動を捉えることができる。一人の生徒に焦点をあててビデオをまわし続けることは，生徒への影響を考えればなかなかできるものではないが，観察者の目でその試行錯誤を捉え記録することはできるからである。さらに，観察者自身にとって，授業者となる主体として観察眼を鍛え，生徒の思考を把握する力を伸ばすという独自の役割がある。この意味で，教育実習生にとって，授業観察と授業記録は授業をすることと同じくらい重要な活動である。

5.2.2　教室全体の把握と一人の生徒の活動の把握

授業を観察する際には，目的に応じて，大きく次の2通りの記録の仕方があることを意識しておくとよいだろう。

(1) 授業全体の場にあらわれる教師と生徒の活動全体に着目しそれを中心に記録する。

(2) ある生徒の思考過程に着目し，一人の生徒の活動を追い続けて記録する。

この二つは独立ではない。教室全体の動きを追う場合にも個々の生徒を把握しようとするし，一人の生徒を追い続ける場合にも教室全体の動きとの相互作用を捉えなければならないからである。

一方，いわゆる「自力解決」の時間の観察者の動きは (1) の場合と (2) の場合で異なる。(1) の場合には，教師が机間巡視をしている間，観察者も机間をまわり，生徒がどのように取り組んでいるかをできるだけたくさん記録しようとするかもしれない。(2) の場合は，着目している生徒の取り組みとその変容を追い続けることになるだろう。(2) の場合には，一人の生徒の視点からその授業を見続けるのである。

5.2.3　二つの授業記録例

図 2-13 と図 2-14 は，ある授業を観察した二人の教育実習生の記録である。授業開始から 15 分ほどの部分であり，どちらも左段は教室全体の記録，右段は自分が着目した一人の生徒の活動を捉えようとしている。

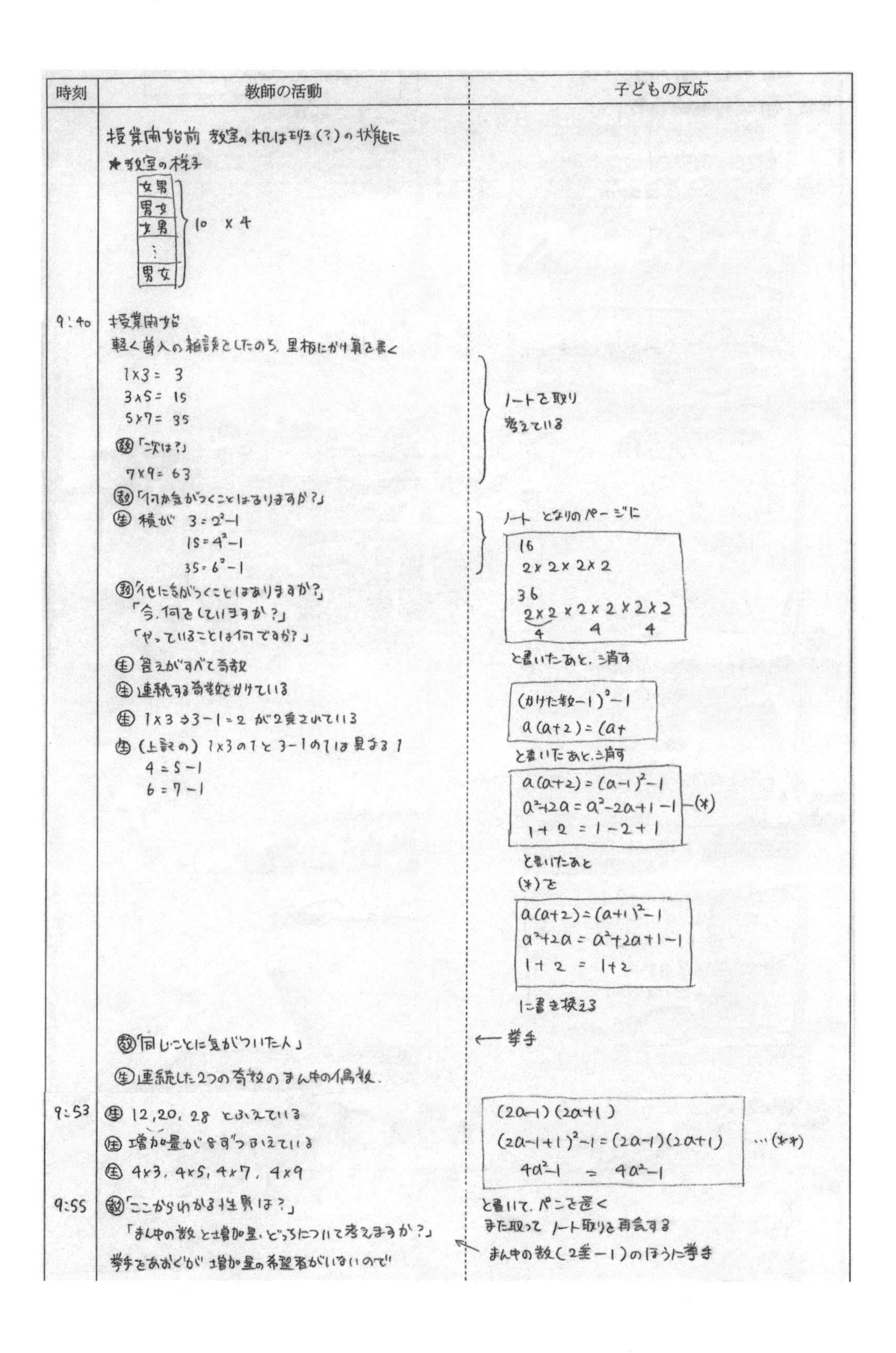

時刻	教師の活動	子どもの反応
	授業開始前 教室の机は列(?)の状態に ★教室の様子 女男 男女 女男 ⋮ 男女 } 10 ×4	
9:40	授業開始 軽く導入の雑談をしたのち、黒板にかけ算を書く $1\times3=3$ $3\times5=15$ $5\times7=35$ 教「次は?」 $7\times9=63$	ノートを取り 考えている
	教「何か気がつくことはありますか?」 生 積が $3=2^2-1$ $15=4^2-1$ $35=6^2-1$	ノート となりのページに 16 $2\times2\times2\times2$ 36 $2\times2\times2\times2\times2\times2$ 4 4 4 と書いたあと、消す
	教「他に気がつくことはありますか?」 「今、何をしていますか?」 「やっていることは何ですか?」 生 答えがすべて奇数 生 連続する奇数をかけている 生 $1\times3 \Rightarrow 3-1=2$ が2乗されている 生 (上記の) 1×3の1と$3-1$の1は異なる! $4=5-1$ $6=7-1$	(かけた数−1)²−1 $a(a+2)=(a+$ と書いたあと、消す $a(a+2)=(a-1)^2-1$ $a^2+2a=a^2-2a+1-1$ —(*) $1+2=1-2+1$ と書いたあと (*)を $a(a+2)=(a+1)^2-1$ $a^2+2a=a^2+2a+1-1$ $1+2=1+2$ に書き換える
	教「同じことに気がついた人」 生 連続した2つの奇数のまん中の偶数.	← 挙手
9:53	生 12, 20, 28 とふえている 生 増加量が8ずつふえている 生 4×3, 4×5, 4×7, 4×9	$(2a-1)(2a+1)$ $(2a-1+1)^2-1=(2a-1)(2a+1)$ …(**) $4a^2-1 = 4a^2-1$
9:55	教「ここからわかる性質は?」 「まん中の数と増加量、どっちについて考えますか?」 挙手をあおぐが増加量の希望者がいないので	と書いて、ペンを置く また取って ノート取りを再会する ← まん中の数(2乗−1)のほうに挙手

図 2-13　授業記録例 (1)

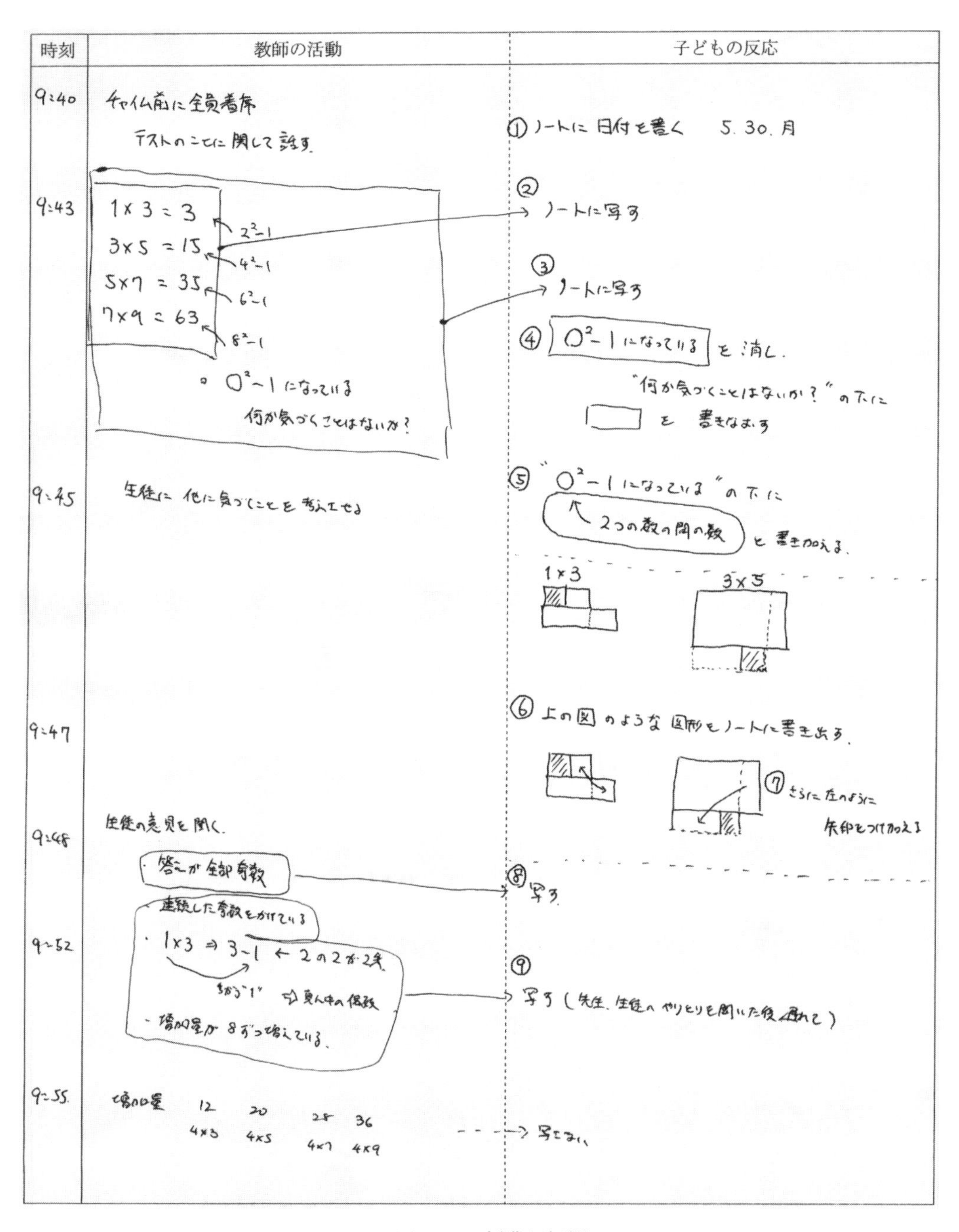

図 2-14　授業記録例 (2)

二つの連続する奇数の積についての特徴を考えさせている場面であるが，それぞれ着目している二人の生徒の活動の違いがよく分かる。

図 2-13，図 2-14 の授業記録について，次の観点で考察しよう。
また，教育実習生どうしで互いの解釈を出し合って検討してみよう。

① 図 2-13，図 2-14 のそれぞれの生徒とも，考える過程で問題の捉え方の変容があったことが推測される。それが読み取れるのは記録のどの部分か。また，どのような変容があったと推測されるか。

② 図 2-13 の生徒の文字式や等式の扱いについて，記録からどのようなことが推測されるか。

③ 図 2-14 の生徒は板書を写す場合と写さない場合があったことが分かる。記録のどの部分から分かるか。また，写さなかった理由についてどのようなことが推測されるか。

図 2-13，図 2-14 の授業記録は，生徒のノートに残らない事実を捉えていることに注目しよう。例えば，図 2-13 の記録には，生徒が書きかけた式を消して考え直したり，式を修正したりした過程が記述されている。このような事実からもこの生徒の思考過程を推測することができる。また，図 2-13 や図 2-14 の左段と右段を比べると，教室全体の動きから影響を受けている部分と，それと異なり，むしろ生徒独自の課題意識で思考が進んでいる部分があることも分かる。観察者にとって生徒の活動から目が離せないことが分かるであろう。

5.2.4　授業記録のとり方

授業観察における留意点や授業記録のとり方について意識すべきことをまとめておこう。

(1) 授業観察の目的を明確にする

先にも述べたように，「教師と生徒の関わりを観察する」とか，「生徒の考えを知る」など，一般的な事柄でなく，内容にも関わる目的をもつことが重要である。いつもとはいかない場合があるが，学習指導案を読んで検討する，扱われる問題について研究する，などの準備をして観察に臨むことが望ましい。

(2) 授業全体の記録をとる

問題解決型の授業は，大まかに，①問題提示，②個人解決，③比較・検討（練り上げ），④まとめ，と捉えることができる。それぞれの場面での教師の活動，生徒の活動，教師と生徒・生徒どうしの相互作用などを，時系列に記録する。

このとき，次の情報を記録に残す。

- 時刻　　教師の発問，生徒の発話や質問などとともに，ときどき時刻を入れておく。生徒についてはプライバシーへの配慮から下記のように座席配置を記号化するとよい。
- 生徒の座席配置　　例えば列を a，b，c，……，とし，b 列の前から 3 番目の座席の生徒を「b3」と表すなどの方法が考えられる。

(3) 事実と解釈を分ける

教師の発問，生徒の発話や質問，板書，生徒のノートは，できる限り言葉通りに記録する。ノートの記述について，生徒が書いたり消したりした場合には，その過程の全てを記録に残すよう努力する。

観察者の言葉に置き換えてしまうと，その段階で異なる意味になってしまうことがあることに注意する。生徒のノートの記述，作業を伴う場合の活動の記述についても同様である。例えば，「ノートにコンパスで円をかき，直径をかきいれた」と言葉で記録しても，どのような大きさの円か，直径はどの向きにかきいれたかが分からないので，図をそえることが必要である。「生徒 a4 は生徒 f2 の説明を理解した」という記述は「理解した」という観察者の主観が表に出てしまう。例えば，「生徒 a4 は生徒 f2 の説明を聞いてうなずき，ノートに○○と書いた。」というように観察した事実を中心に記録する。そのときどきで観察者が考えたことは，これらの記述と分けてメモしておくとよい。一定の主観が入ることは止むを得ないとしても，事実は変わらない。これに対して，解釈は変わり得るからである。

(4) 生徒の活動が見える場所で授業をみる

図 2-15，図 2-16 は教室を真上からみたところを示している。教師の位置を「T」，観察者の位置を「A」「B」「C」「D」と例示している。

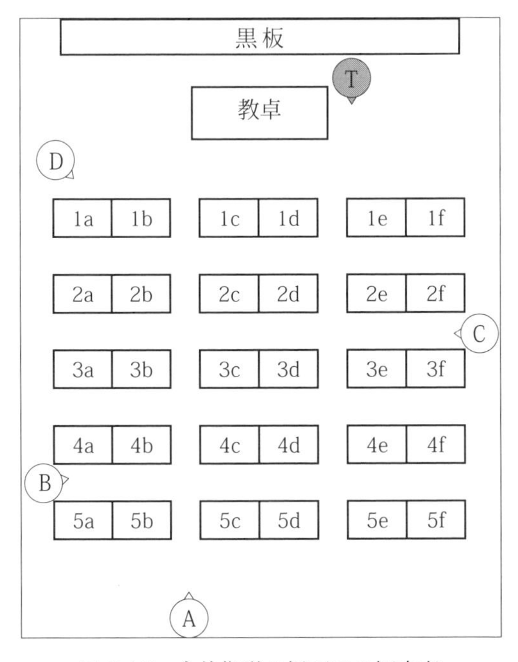

図 2-15　全体指導の場面での観察者

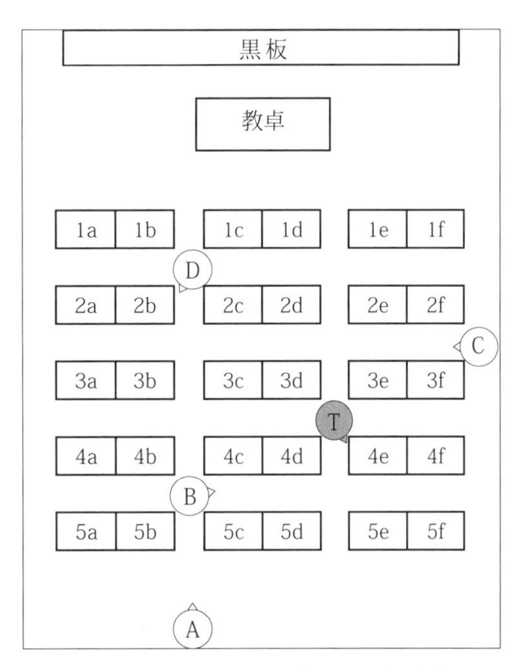

図 2-16　机間巡視等の場面での観察者

「A」の位置，すなわち教室の後ろで授業観察に臨んでも，生徒をみることができない。これは図 2-15 の場合も図 2-16 の場合も同じである。

全体指導の場面で生徒を観察する位置としては，図 2-15 の「B」「C」「D」のように，生徒の表情や，生徒のノートが見える場所を選ぶべきである。そして，自力解決やグループ活動など，教師が机間巡視をする場面では，できるだけ多くの生徒の活動を把握したい場合は図 2-16 の「B」「D」のように机間に入っていろいろな生徒の活動を把握する。また，一人の生徒の活動を追い続ける場合には，図 2-16 でも「C」の位置で生徒の試行錯誤を記録し続けることになる。

なお，机間巡視の時間に観察者が机間に入ってよいかどうかについては，あらかじめ依頼して許可を得ておくとよいだろう。

もう一つ，注意すべきことがある。例えば生徒の活動を追っているとき，その生徒が想定外の考えをしだしたり，行き詰まったりしたときに，生徒に声をかけないことである。その生徒に考えを聞くことでさえ，思考に影響を与える。「「個別指導は，指導内容の抵抗を少なくしたり，ステップを細かくして，早くステップを登らせるために手助けすることである」という誤った議論」（松原，1987，p.188）に陥ることがないようにしなければならない。机間巡視は教師にとっても生徒の考えを知るための場である。教育実習生どうしの場合でも，授業中の指導は指導者に任せ，授業後の協議の場で，捉えた生徒の思考を共有し振り返ることが重要である。

5.3　一人の生徒の活動を追う

5.3.1　授業観察者の役割

授業記録は，授業後の振り返りや協議において，問題やその提示方法，発問等の妥当性，生徒の考えの取り上げ方や深め方の可能性等を検討する際の根拠として用いられる。このとき，授業で表にあらわれた生徒の発言や発話，質問だけでなく，表に出なかった反応の事実は重要なデータである。授業者も机間巡視等で生徒の考えの把握に努めるが，物理的に限界があるのは明らかであろう。この点で，参観者が生徒の活動の事実を把握し，授業者と共に共有できることの価値は大きい。

授業観察の目的に関連するが，特に，一人の生徒を追い続けるという観察の方法を試みてほしい。授業を通して一人の生徒から目を離すことができないが，複数の観察者で分担して記録をとり，後の協議の場でそれらを共有して授業について検討することができる。観察者であるからこそ可能な方法であり，対象生徒の活動が活発であるにせよそうでないにせよ，学習とは何か，授業とは何かについて，一人の生徒の視点を通して考えることができる。授業観察の機会が多い教育実習中であるからこそ，ぜひ試してほしい方法である。

5.3.2　ある中学 1 年生の記録から

ここに紹介するのは，中学校 1 年の授業で，問題が提示されてから自力解決の間，数分間のある生徒の記録である。授業者は教育実習生であった。

授業は「方程式の利用」の場面で，授業者は次の問題を提示し，まず自分で考えてみるよう指示して机間指導に入った。

問題　弟が家から歩いて駅に向かいました。その 12 分後に兄が自転車で追いかけました。弟の速さは毎分 50m，兄の速さは毎分 110m とするとき，兄は何分後に弟に追いつきますか。

図 2-17 は，個人解決におけるある生徒の記録である。

①〜⑥は整理するためにつけた番号であり，この間の時間は約 6 分間であった。

① ノートの端で計算をした

$$\begin{array}{r} 50 \\ \times)\ 12 \\ \hline 600 \end{array} \qquad \begin{array}{r} 5.5 \\ 110\overline{)\,600} \\ 550 \\ \hline 500 \end{array}$$

② 少しして，何か式を書いたがすぐ消した。（見えなかった）

③ $50 \times (12 + x) = 110x$ と書き，解いていったが，全て消した。

④ 2 分ほど動きが止まった。

⑤ 「あっ！」と小さな声をあげて，次の式をかいて解いた。

$$\begin{aligned} 50(12 + x) &= 110x \\ 600 + 50x &= 110x \\ 60x &= 600 \\ x &= 10 \end{aligned}$$

⑥ 最初の①の計算のメモを消した。

図 2-17　ある生徒の問題解決過程の記録

図 2-17 の記録から，この生徒の思考過程を推測しよう。

また，教育実習生どうしで，互いの解釈を説明し合い比較してみよう。

以下で，図 2-17 の記録について解釈を試みる。

① 最初の $50 \times 12 = 600$ は，兄が家を出る前に，弟が 12 分間で 600m 進んでいることを表している。

次に，600 を 110 で割っているのは，兄が 1 分あたり 110m ずつ近づくと考えたものと思われる。兄が追いかけている間にも弟も進むから，正しくは，毎分 $(110 - 50) = 60$m ずつ近づくから，ここでは関係の把握を間違えていることが分かる。

③ この生徒は正しく方程式を立式したが，消してしまった。④以下の記録からの推測だが，おそらく $x = 10$ まで解いたと思われる。

生徒のノートには書かれていないが，兄が家を出てから x 分後に追いつくとすると，弟は $(12 + x)$ 分歩いていることになり，この関係をきちんと捉えているように見える。

しかし，この生徒は，正しく解いたにもかかわらず，この方程式も消してしまった。

後で分かることだが，この生徒にとって，この段階では①の計算の方が優位にあったからではないかと思われる。③で求めた x の値と，①の計算とが異なったが，①の捉えが優位にあり，むしろ方程式には自信がなかったのではないかと推測できる。

④　この2分間は，自分の思考を振り返っているのであろう。

⑤　再び③と同じ方程式をつくって解き，こんどはこれを解答にしている。

「あっ！」という声は，①の誤りに気付いた瞬間であろう。この後は迷いがなく，方程式の解を解答としている。⑥ではじめて，最初の①の計算のメモを消したことは，この段階までは①が優位にあったことを示していると推測される。

図2-17の記録で,⑤の立式では,③で $50\times(12+x)$ と表現していたのに対し,「×」の記号が省略されている。この表現の違いから，生徒の思考に関してどのようなことが推測されるか考えてみよう。

5.3.3　生徒の活動から授業について考える

図2-17の記録から，一人の子どもの思考を把握することの意義を見いだしたい。

この生徒の活動の記録は，中学校1年生の生徒の思考を端的に表していると思われる。このように立式できる生徒でも，最初から文字式による表現に進むのではなく，まず数値に頼って考え，解を想定してから方程式の立式に向かっているのである。中学校における「文字式」や「方程式」の授業では，内容としての文字式や方程式の扱い，例えば文字式による表現，方程式の解法などに指導の焦点があてられ,数量関係の把握には光があてられないことはないか。図2-17の①のような，数値や表などを用いて解を探したり，方程式を用いずに算数で解いたりする活動は,最初から排除されたり,取り上げられるとしても不十分なものと位置づけられ,価値づけられずに終わることがあるように思われる。これは，方程式が学ぶべき数学として位置づけられているものの，数量関係を把握する活動は，指導すべき数学の方法として位置づけられていないことを意味する。しかし，新しい場面に出会ったときこそ，自分にとって既知の土俵に問題を持ち込み，具体的な数値で計算してみたり，自ら表にして調べてみたりする活動を選択することが必要であり，生徒にとって身につける数学の方法として位置づけていくことが必要であることを示している。

生徒の活動を追い，思考過程を捉えることで，授業やカリキュラムへの示唆が得られる。生徒の考えを把握しながら授業を進めること，授業を振り返ることの重要性をこのような事例を通して共有し，授業観察や授業記録の役割に気付いていけるようにしたい。

引用・参考文献

太田伸也ほか (2012).『数学的に考える過程に焦点をあてた教員養成及び現職教員研修プログラムのための教材と実践事例』. 平成 21 年度～平成 23 年度 科学研究費補助金基盤研究 (C)「数学的に考える過程に焦点をあてた教員養成及び現職教員研修プログラムの開発」課題番号 21500819 研究成果報告書

松原元一編著 (1987).『考えさせる授業 算数数学』. 東京書籍

（太田伸也）

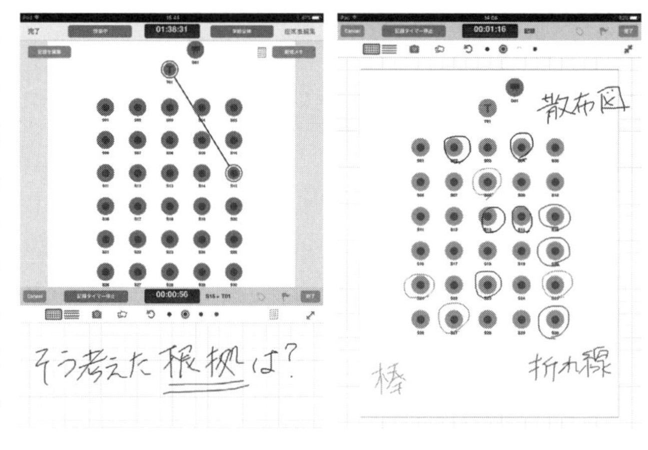

“LessonNote” は，iPad 上で使用する，授業観察用シートである。右図のように，座席表で対象（生徒，教師，黒板）を選択すると，画面下側にノート記述画面が現れ，ここに，文字や図を手書きで入力することができる。カメラで生徒のノートの記述や板書等の写真を撮り，即座に取り込み，それにメモを書き加えることもできる。また，教師と特定の生徒間や生徒同士の会話ないし動作のつながりは，その対象間を結ぶことによって記録できる（右図では生徒と教師を結んである）。座席表上に手書きのメモを加えることもできる。さらに，「個人解決」「学級全体」などの学習形態もボタン一つで記録できる。

入力を終えた記録は，下図のように，1 列または 3 列で表示できる。対象（生徒，教師，黒板）別のノート入力回数やどの学習形態を行ったかを示すタイムラインの表示，ノートの絞り込みもできる。

“LessonNote” ユーザーからは，「自力解決での子どもの操作を，リアルタイムで動画や写真で記録し，それについて自分のコメントや子どものつぶやきなどを書き込めるところが，

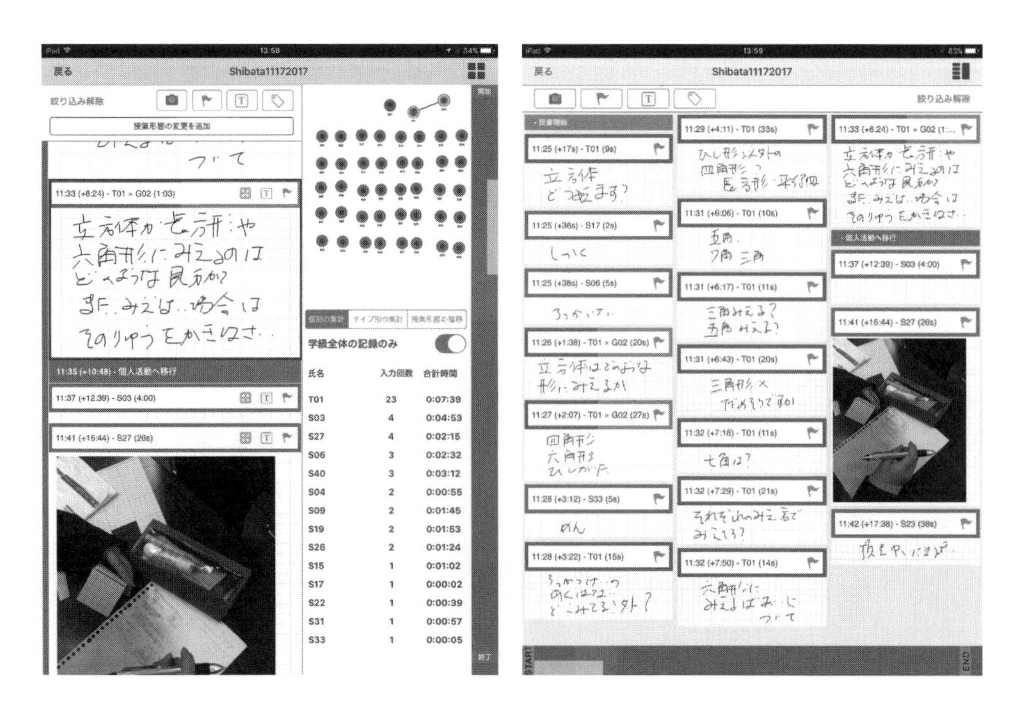

後で授業を分析するのに大変役立ち，便利。」「授業を振り返る際，子どもの視点から授業を考えられるようになった。」という声が届いている。実際に教育実習で“LessonNote”を用い，実習生の授業観察記録の分析を行った結果，「どの学生の記録も教師の行為を見るのではなく，教師と児童，児童同士のやり取りの詳細を記述していた」ことが確認され，“LessonNote”を実習生の指導に生かすための研究も進んでいる（永山ら，2015など）。

“LessonNote”は，工夫次第で日々の授業でも活用できる。例えば，机間巡視の際に生徒の記述を座席表に基づき記録していけば，クラス全体での比較検討のためにその記録を参照したり，ノートの写真を直接プロジェクターで映したりすることもできる。また，毎授業の生徒のノートやプリントを，授業後に座席表に基づき写真を撮って蓄積していけば，形成的評価のために活用することもできるだろう。

LessonNoteについての詳細URL；　http://lessonnote.com/jp/

引用・参考文献

永山香織，稲垣悦子，越後佳宏，栗田辰一朗 (2015).「自力解決に焦点を当てた教育実習生の算数授業観察記録の分析 : “LessonNote”を活用して」. 日本数学教育学会誌数学教育学論究97（臨増）. pp.145-152.

西村圭一他5名 (2012).「数学教育における授業観察支援ツール“LessonNote”の活用」，日本数学教育学会誌94(5). p.45.

（松田菜穂子）

6. 授業後の省察とその実際

6.1 教育実習における「授業後の省察」の位置付け

教育実習における授業後の省察において，どのようなことをねらっていくべきであろうか。本節では，まず，その位置づけから考えていくことにする。

授業後の省察は，授業研究の一部であるという認識のもとに行われるべきである。太田(2009a) は，「授業研究は，教師が自らの授業を創造する力を高める場である。」(p.30) と述べており，授業研究は教師が自らの成長・発展を支えるものであるということができる。授業研究は，「研究主題の設定」，「学習指導案の作成・検討」，「研究授業の実施」，「研究協議会」，「総括と反省およびそれらを踏まえた研究紀要等の執筆」という 5 段階の過程によって深められていくもの（藤井，2014，p.3）であり，「授業後の省察」は，上の授業研究の第 4 段階と第 5 段階に当たるということができる。教育実習においては，授業後の反省会（協議会）と本時の学習指導案の改善及びその後の授業設計にあたると考えられる。

授業研究という視点を意識すると，教育実習は上記の一つ一つの段階を丁寧に経験し，授業実践力を高めると共に，自ら成長・発展していくことのできる自立した教師としての基本的な考えや態度を身に付ける場であるということができる。

例えば，授業後の省察によって，次のようなことをねらいたい。

- 生徒の活動を価値付け，生徒の実態に応じた指導の意思決定をする力を身に付ける。
- 生徒の実態に応じた授業設計をする力を高める。
- 自分だけの経験や考えに偏らず，仲間の意見や先行実践・研究に学ぶ姿勢を身に付ける。
- 将来，授業研究を通して教育実践力を向上させていく基本的な姿勢を学ぶ。
- よい授業をするには，どのような努力が重要・必要なのかという問題意識をもつ。

以下で，教育実習における「授業後の省察」について考えを進めていく。

6.2 「授業後の省察」の視点と留意事項

教育実習においては，指示の出し方や話す速さ，声の大きさや立ち位置等，教員としての基本動作に関する指導も少なくはないが，ここでは数学科の教科指導に関することを取り上げることにする。

6.2.1 授業後の省察の視点――授業中における教師の評価活動の重要性を意識して――

授業後の省察では，授業中の教師の判断について，子どもの活動の価値付けを根拠にして見直すことが中心となる。太田 (2009a) は，授業を子どもの数学的活動の場，多様な考えを交流し合う場であると捉えるときの教師の役割について「教師は授業の中で子どもの活動を読み取り，子どもの考えを価値付けながら整理し，それに基づいて多様性の中から授業の展開についてある選択をする。これは，授業中の教師の評価活動にほかならない。（中略）授業中の評価活動の力を付けるために授業研究に取り組むのである。」(p.31) と述べ，授業において子どもの活動を価値付ける評価活動の重要性を指摘している。

教育実習生の中には，「評価」と聞くとテストの点数をもとに評定をつけることと思っている者も少なくないと予想される。しかし，テスト等は評価のための資料を得る一つの手段に過ぎず，評価活動の一部分でしかない。発問に対する反応の確かめや机間巡視による観察等によって，生徒の反応のよさを価値付け，指導の問題点を修正し，授業の目標に沿った学習を進行するための活動である。このような認識に変えていくことが，教育実習中の重要な課題であるといえる。授業の進行等に関わる指導の意思決定において，学習指導の途中に行われる評価（形成的評価）は，無くてはならない重要なものであるという認識を深めていくことが大切である。

太田 (2009a) は，このような授業中の子どもの活動の把握を柱とした授業研究の視点を，次のように示している。（以下，筆者により項目のみを列挙。③授業後の研究の視点については重要と思われる事項も引用した。pp.32-34）

①授業前の研究の視点
　ア　目標とカリキュラム上の位置付け
　イ　教材とその数学的な内容
　ウ　子どもの現状
　エ　指導法
　オ　授業を観察する視点
②授業中の研究の方法
　カ　授業全体の記録
　キ　子どもの活動の記録
　ク　参観者が考えたことのメモ
　ケ　授業者自身のメモ
③授業後の研究の視点
　サ　捉えた子どもの活動を出し合い，情報を共有する
　　「「課題をどのように把握したか」「試行錯誤の様相」「変容が見られたところとその様相」など，授業の目標との関係で特に重要なところに焦点を当て，（中略）共有する。」
　シ　子どもの活動を解釈しその価値を検討する
　　「実際の協議では，上のサと並行して進められることが多い。数学の内容だけでなく，数学の方法の視点からもその価値を検討」
　ス　指導法を検討する
　　「子どもの課題意識と問題提示の工夫，子どもへの働きかけ，子どもの発言への対応，子ども同士が考え合う場面のつくり方，生徒に考えさせる時間と全体での議論の組み

立て方，予想とのずれやそのことへの対応等」

セ　教材を再検討する

「予想外の子どもの考えが見られたときなど，そこから教材の新しい側面が見えてくることがある。また，教師が視野に入れていなかった新しい数学的な発展の可能性がひらけることもある。」

これらの項目や藤井 (2014) の示した授業研究の五つの段階からも分かるように，授業後の省察は，授業前や授業観察の過程と密接に関連しており，授業自体の評価や次の授業の計画にも生かされる。また，教育実習では，実習生の授業後の新たな認識や態度の変容が，ただちにその後の授業研究の質の高まりに影響する重要な過程であると分かる。

6.2.2　授業後の省察の留意事項

（1）記録した事実に基づいて議論すること

授業の反省会においては，単なる感想ではなく，具体的な事実に基づいて議論を深めていくことが大切である。例えば，「発問があいまいだった」「時間配分が計画通りいかなかった」などのような抽象的な感想や意見が出されることがあるが，前者であれば，あいまいであることにより生徒がどのような活動になったのかを事実を示して議論するようでなければならないし，後者であれば，時間通りでないことが生徒の活動や授業全体のねらいにとってどのような影響を及ぼしたのかを示す事実を提示することが必要であろう。事実に基づかなければ的確な改善を考えることはできないからである。

授業を担当した場合には，授業中に把握した生徒の活動を，座席表に書き込んだメモなどをもとに示すことや，また，授業の展開に関する授業中の様々な迷いや判断の理由を説明することが重要である。授業観察者の場合には，自分が把握した事実と，それに対する解釈や疑問などを出し合い，共有することが必要である。

（2）授業後の反省会の形式について

反省会の形式は，例えば以下のようにして行う。

①授業者の自評

②（複数の実習生がいれば）具体的な事実の記録に基づいた質疑応答・生徒の反応の共有・意見も取り混ぜた協議

③指導教諭との振り返り

①は，授業前の検討や授業観察の視点，授業の目標について，授業の事実に基づいて振り返る過程である。この過程は授業を重ねるほど省察の鋭さが増し，言葉遣いや用語も的確になっていくことを目標としたい。上述したように，生徒の反応をどのように把握し，価値付け，指導を選択したのかということや，生徒の反応の価値について議論することを中心として，授業中の評価活動の力を高めていくようにする。また，授業をするまでは気が付かなかったことや，明確ではなかったことを言語化するということも大切にしたい。

教育実習生が複数名いれば，指導教諭が部活動や校務に当たっている間に，②の段階を済ませてから反省会を始めることも可能である。異なるクラスで同じ内容について担当していれば，お互いに当事者意識をもって子どもの実態や教材について議論し，学び合うことができる。また，授業者と観察者の両方を経験することもでき，指導教諭と二人だけの場合とは比べものにならない深まりが期待できる。このような学び合いは，教員になってからはほとんど行うことのできない貴重な経験となる。

次のような視点で，観察した授業について省察してみよう。
・問題の提示は生徒にとってどうであったか。
授業の導入で，問題は生徒にどのように伝わったか。
・問題について生徒は予想通りの活動をしていたか。
自力解決の時間の生徒の活動はどのようであったか。
予想していなかった活動やその可能性はなかったか。
・発表や議論を通して生徒の考えは深まったか。
生徒の活動を受けての発表のさせ方，議論のさせ方，深めるための手立てはどうであったか。
・生徒は授業を通して何をつかんだか。

以下で述べる授業後の省察の実際は，主に③に関わる想定で述べるが，①や②の段階でも行われる内容でもある。

6.3　授業後の省察の実際

6.3.1　「その時間の生徒の課題は何であったか」

導入については，導入の課題が目標に結びついていたか，導入の問題提示の仕方や発問が生徒の課題意識を高め思考を十分に促すものになっていたかという視点で振り返ることとなる。

例えば，その時間で考えさせるべき本質的な課題（以下，「主課題」とする）を生徒に伝えられていないために，授業中の生徒の活動が何のために行われているのかはっきりとしない場合がある。教師が主課題の吟味をできていなかったり，授業の目標に基づいて生徒の反応を価値付けることができなかったりするために，平坦な一問一答式の授業に陥ってしまうことがある。

例えば，中学校第 1 学年の比例の授業において，「表から比例といえますか」，「表を横に見るとどのように変化していますか。」，「2 ずつ増えることが，式のどこに表われているでしょうか。」等と，何のために表や式に着目するのかが分からないまま，一問一答を繰り返すような授業になることがある。

このようなとき，授業後に「その時間の子どもの課題は何であったか」と振り返ることは有効である。授業者の考えさせたかった主課題を明確にし，その主課題を視点として生徒の活動を評価し直したり，導入課題で問う事柄や数値設定，問題提示の方法等を見直したりすることとなる。

他にも，多様な考えを共有して学びを深める場面において，主課題や発問が明確でないために，ただ発表し合うだけの授業になってしまうことがある。

そして，この点を自覚することができたら，主となる発問や授業の目標等を吟味し，その後の学習指導案に反映していくことが大切である。

6.3.2 目標を観点として子どもの反応や教師の対応を振り返る

太田 (2009b) は，子どもの活動の把握と価値付け方で授業の方向性が変わること，子どもの活動の把握と価値付け方は授業のねらいに依存することを指摘している。

このことは例えば,「導入ではもっとこのような課題意識を高めるべきだった」,「この反応をもっと生かせたはずだ」,「机間巡視でこの反応を意識して観察するべきであった」,「この反応を授業中の議論にのせればもっと学びを深められた」,「この意見を先に出した方が生徒は理解しやすかった」,「授業の目標をもっと具体的に設定するべきであった」等と，授業の目標を視点にして生徒の反応と教師の対応について検討することの重要性を指摘している。

例えば，速さに関する文章題で，生徒が「信号は無視しますか。」と教師に質問した際に，教師は「ごめんね。考えないことにします。」と答えた。授業後に，このように対応したことについて説明を求めると,「事前の吟味がたりませんでした。こういう反応を予想して，もっと条件を具体的に設定しておけばよかったです。」と説明した。授業の目標には,「事象を数理的に考察し……」とあり，この点から振り返ると，生かすべきであり，少なくとも「速さが一定であるという仮定を意識している」ということを価値付ける対応が求められていたとことを確認した。数学的モデル化の観点から考えると，このような発言は，仮定に関する議論の発端となったはずである。そしてまた，授業の目標をより具体的に吟味する必要も確認された。このように，教材研究不足や目標の吟味の不足により生徒の活動のよさを生かすことができないことがある。

6.3.3 生徒同士で考えあう場面のつくり方

前でもふれたが，生徒に考えさせた後，何を考えさせるか，あるいは何を学ばせるかが明確でないと，生徒同士で考えあうはずの場面が，ただ発表し合うだけで終わってしまうことがある。

例えば，1 次方程式の利用の学習では，方程式を使わずに算数で解決するという反応は少なくない。このとき，発表だけで授業が終わってしまっては，生徒の学ぶ内容に個人差が出てしまう。授業者はこのことを十分に分かっていても指導の手立てを考えることは容易ではない。例えば，次のような点について振り返ることが有効と考える。

一つ目は，発表の順序についてである。先に算数による解き方を扱う方が，数量関係の把握から方程式の立式へとつなげやすくなることが多い。授業で得た見方・考え方で問題を見直すことで，今までとは違った新たな見方ができるようにしたい。そのためには，発表の順序に関する事前の検討，そして机間巡視による観察が重要となる。必然的に，学習指導案の発問や反応予想，留意点をどれだけ明記していたのかも振り返ることとなる。

二つ目は，何を問うかである。それぞれの方法の特徴や共通点に焦点を当てて発表させることが重要である。算数と方程式では共に同じ数値が出てくるが，算数では数値自体が意味をもち，方程式では偶然数値が出てくるだけで意味をもたないこと等を取り上げることが重要である。

三つ目は，どのようにまとめるかである，換言すれば生徒の数学的な満足をどこにおくかである。方程式の利用ならば，それぞれの解法のよさや特徴を議論させる際に，考え方に関わる発言を板書しておくことが大切である。生徒の言葉をもとにして，数学的な考え方や方法に関する発言を板書しておきたい。

また，授業の前に，「算数の方が簡単なのに，なぜ方程式を使わなければならないのだ」と思っている生徒がいるので，そのような気持ちを否定するようではいけないということを教えてあっても，適切にまとめることは簡単ではない。このような問題に直面したときには，授業前に調べた学習指導要領解説や指導書，先行実践等の文献を再読することも有効である。授業後に子どもの姿をイメージしながら読めるようになると，多くのことを読み飛ばしていたり，真意をつかみ切れていなかったりしたことに気が付き，自分の経験や知識の範囲にとどまらずに調べたり考えたりすることの大切さを実感することができる。いくつかの文献に当たると，方程式を学習する以前に比べて，問題の解き方が豊かになったと感じさせることが重要であるということ等が分かってくる。このような立場で指導することで，生徒の反応に対して，方程式の便利さを強調するだけの指導とはまったく違った価値付けをすることができる。例えば，松原ほか (1987) の 204 ページから 209 ページを一緒に読み，上記のような考えを得ることができる。

このような機会をつくることで，やる前から「教えてもらおう」という受け身の姿勢から脱却し，「自分でつかみとろう」，「自分の考えや疑問，問題意識をもって学び取ろう」と努力する主体的な姿勢・謙虚に学ぶ姿勢へと転換していくことが期待できる。

6.3.4　生徒の反応に対する対応

以下で取り上げることは数学科の授業に限ったことではないが，基本的で重要な指導事項について触れておく。

一つ目は，生徒の発言の後，安易に説明を繰り返さないことである。生徒の説明をいつも教師が繰り返していると，「後で先生が繰り返してくれるから，よくきかなくていい」という生徒が出てくる。一人の説明で十分ではない場合には，他の生徒に説明させるという方法を教え，教師は「考え」を板書に残したり，用語をさりげなく正してみせたり，発表のよい点を評価したりする指導についてふれることも大切である。

二つ目は，生徒の言葉や記述による表現の背後にある考えを顕在化させるために生徒の発言をよくきくことである。表現が同じように見えても考えが違ったり，生徒同士で同じ考えであると言っていても表現が違ったりすることもある。このように思考と表現は必ずしも一致しないということをいつも念頭において生徒の発言をきく姿勢が問題となる。授業後の省察で，「ここの意味は？」，「要するにどういうこと？」等とつっこんできいたり，他の生徒に説明させて確認したりすることで学びを深められる機会があったことに気が付かせたり，さらにどのように価値付けるべきだったかを考えたりすることが重要である。

三つ目は，生徒の反応が思ったようではなかったり，数秒の沈黙があったりしたからといって，簡単に何度も発問を変えないことも大切である。発問を２度・３度と変えると，生徒はその分だけ同時に複数の事柄を問われることとなり，混乱してしまうこととなる。学習指導案に，発問と共に補助発問や反応予想をしっかりと反映し，生徒の実態を正しく捉える努力が重要である。また，授業中には，発言している生徒や黒板に目がいきがちだが，教師にとってはそれをきく生徒の表情から得られる情報が授業の進行において大切な評価活動である。

四つ目は，何気ない発言を正していくことである。例えば，「いいこと言ってくれましたね」，「そうだね」等の発言は，正していく必要がある。授業は生徒のものである。「いいこと」，「そうだね」等と教師が勝手に決めつけたり，「くれましたね」と教師のために発言したわけでもないのに言ってしまったりしてはいけないという事も自覚させたい。（半田 (1987) に詳しく記述されている）言葉遣いを一つ正すだけで，授業に臨む姿勢が大きく変わってくる。

6.4　まとめ

授業後の省察は，生徒の活動を価値付け，その場で的確に指導の選択をする力を高め，生徒理解や教材研究に対する問題意識をもつことのできる重要な機会である。生徒の事実から学ぶことを通して，教育観や教材観を見つめ直し，生徒の実態に応じた授業設計ができるようになるための場であると言うことができる。そして将来，授業研究を日常的に行い，自ら成長していくことのできる「自立した教員」になることを目指したい。

引用・参考文献

内海淳，京極邦明，半田進 (1987).「教育実地研究生指導のカリキュラム」．東京学芸大学附属小金井中学校研究紀要第 25 号．pp.71-102.

太田伸也 (2009a).「授業研究――数学の授業をよりよくするために――」．長崎栄三ほか『新たな数学の授業を創る』．明治図書．pp.30-39.

太田伸也 (2009b).「授業中に子どもの活動を把握し価値付ける評価」．数学教育論文発表会「課題別分科会」発表集録及び要項 42．日本数学教育学会．pp.94-99.

藤井斉亮 (2014).「授業研究における学習指導案の検討過程に関する一考察」．日本数学教育学会誌 96(10).

pp.2-13.
半田進 (1987).「『生徒理解と授業』指導の一つの試み」. 東京学芸大学附属小金井中学校研究紀要 25. pp.117-122.
松原元一編著 (1987).『考えさせる授業 算数数学』東京書籍.

（樺沢公一）

第3章　質の高い授業づくりの手立て

1．教科書をどう使うか

まず，はじめに授業づくりの基盤とも言える教科書の扱い方について考える。日本の数学科の教科書の構成は，中学校と高等学校で大きく異なるので，以下では，中学校と高等学校に分けて，教科書の使い方について見ていく。互いの長所を取り入れ，短所を補うような教科書の扱い方について考えてみよう。

1.1　中学校における教科書の使い方

1.1.1　教材づくりに生かす

（1）教科書の問題の扱いを検討する

教科書には例，問，練習問題など，教科書会社によって異なるが様々な種類の問題が掲載されている。それらは限られた紙面の中で，できるだけ生徒たちに意味のあるものとなるように吟味された問題である。このような教科書の問題を，どう扱うかを検討することは，授業づくりにおいて不可欠である。

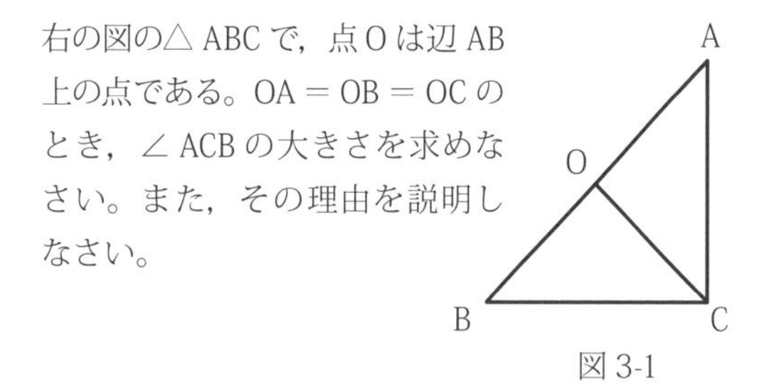

右の図の△ ABC で，点 O は辺 AB 上の点である。OA ＝ OB ＝ OC のとき，∠ ACB の大きさを求めなさい。また，その理由を説明しなさい。
A
O
B
C

図 3-1

例えば，ある教科書では中学２年生の二等辺三角形の底角が等しいことを利用する場面として図 3-1 のような問題を扱っている。この問題を次のような手順で扱ってみたらどうだろうか。

- まず，コンパスと定規を用いて OA ＝ OB となる二等辺三角形 OAB を作図する。
- △ OAB の辺 OA を O の方向に延長し，

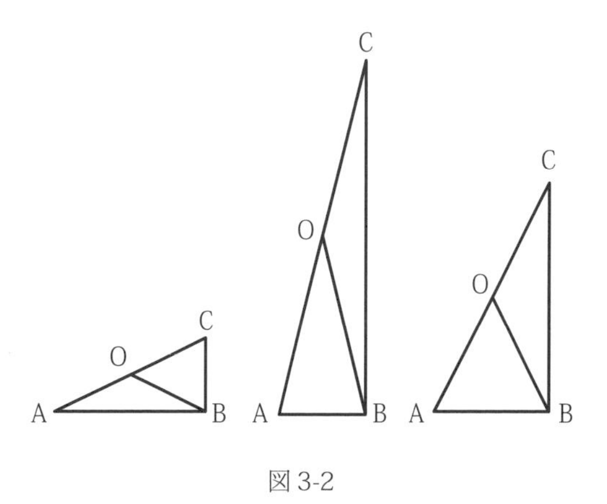

図 3-2

OA ＝ OC となる点 C をとる。

• 点 C と点 B を結ぶ。

このような手順で作図をさせると，最初にどのような三角形をかいたかによって，いろいろな形の△ ABC ができる（図 3-2）。できた三角形を比較する場面をつくると，最初の三角形は異なる形をした二等辺三角形なのに，作図された△ ABC はどれも直角三角形になっていることに気付くであろう。気付いた事柄を予想としてまとめ，それを証明するような授業をすることができる。

このように，教科書の問題の扱いを検討することにより，教材づくりに生かすことができる。

（2）学年間のつながりを捉える

数学の学習は，既習事項を利用して新しい学習内容を構成していく形で進められることが多い。ある内容を指導しようとするときに，その内容と関係する事柄についてどのようにして学習してきているかを押さえておくことは授業をする上で大切なことである。例えば，中学校第 3 学年の三平方の定理の空間図形への利用の場面では，錐体の高さを三平方の定理を利用して求めることが扱われる。第 1 学年でも錐体の体積について扱っているが，このことについて中学校学習指導要領の B 図形 (2) ア（イ）では「扇形の弧の長さと面積，基本的な柱体や錐体，球の表面積と体積を求めること。」（文部科学省, 2017, p.78）としている。この記述からでは，どのような錐体についてどのようにして体積を求めることを学習してきているかはつかみにくい。そこで教科書を見ると，第 1 学年では主に四角錐や円錐について，その体積を求めることを学習していることが分かる。また，回転体である直円錐の体積を求める場面では，回転させる直角三角形に着目させ，底面の円の半径や高さを円錐の中に見いだし，体積を求めるようなことが扱われている。錐体の体積を求める際には，高さにあたる部分がどこかを見つけることが必要となるが，1 年生での回転体についての学習を基にして，三平方の定理を利用し円錐の高さを求める学習へとつなげることも考えられる。

（3）教材についての理解を深める

現在中学校の教科書は 7 社から出版されている。各社によって指導順序が異なっている単元もいくつかある。例えば，1 年生の作図が扱われる位置は，出版社によって，作図を学習し移動を学習する場合と，移動を学習し作図を学習する場合とに大きく分けられる。作図を先に位置づけている教科書では，既習事項である対称な図形の学習をもとにして作図の方法を見いだし説明させるような意図が読み取れる。他にも，2 次方程式の指導順序は，「平方根の考えを利用した解法，解の公式，因数分解による解法」の順で指導する教科書と，「因数分解による解法，平方根の考えによる解法，解の公式」の順で扱うものとある。それぞれに意図があり，その意図を教科書を比較し読むことを通して，教材に対する見方が広がり，理解も深まる。

1.1.2　問題の利用や解決のきっかけづくり

教科書で扱われている問題は，出版社によっても異なる。いろいろな出版社の教科書を見ることで，授業の中で扱うことができるような多様な問題に出合うことができる。また，授業の中で解決のきっかけを生徒たちに与えるために使うこともできる。

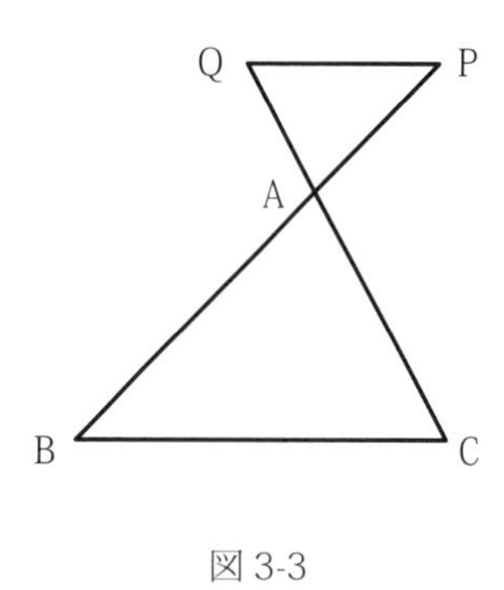

図 3-3

例えば，点P，Qがそれぞれ辺AB，AC上にあるとき，PQ∥BCならばAP : PB = AQ : QCであることを学習した後，点P，QがAB，ACの延長上にあった場合について考える問題(図3-3)がある。このとき，教科書に示されている点P，Qが辺AB，AC上にあるときの証明（図3-4）をもとにして考えるようにさせることができる。図3-4の証明を読むと，補助線をひき，△APQと△QRCの相似に帰着し，解決していることが分かる。では，図3-3ではどのようにすればよいだろうか。図3-4では補助線を，点Qを通り，辺ABに平行になるようにひいている。図3-3でも同じように補助線をひくことができないかと発問し，考えさせることが解決のきっかけとなる。

点Qを通り，辺ABに平行な直線をひき，辺BCとの交点をRとする。
△APQと△QRCで，平行線の同位角は等しいので，
PQ∥BCより　∠AQP =∠C　…①
QR∥ABより　∠A =∠RQC　…②
①②から，2組の角が，それぞれ等しいので，
△APQ∽△QRC
よって，AP : QR = AQ : QCとなる。
四角形PBRQは平行四辺形だからQR = PB
したがって，AP : PB = AQ : QC

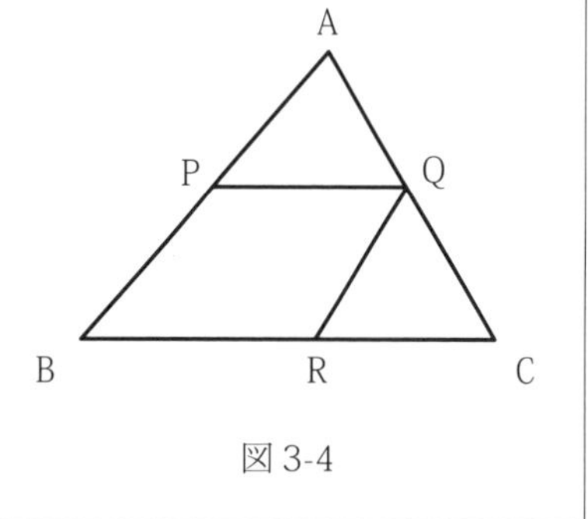

図 3-4

また，ある問題を解決するために必要な基本的な事柄を，教科書を利用することで振り返らせ，解決のきっかけをつくることもできる。授業を行う際に，問題をワークシートにまとめ配布し利用するようなこともある。ワークシートを作る際には，授業のねらいが達成されるように工夫する必要がある。よく，穴埋め式のようなワークシートや解決が1通りしか扱えないようなワークシートを目にすることがある。そのようなワークシートを用いると，授業がスムーズに進むように感じられるが，数学の持つ自由さを損ない，考える力も養われないということにつながっていく。生徒たちに考える力がつくようなワークシートになっているかという視点で，ワークシートを作る際には検討することが必要である。

1.1.3　解決する課題の例として読む

多くの教科書では，単元の内容の理解において重要な問題を例や例題としている。例や例題を読み，その後，類似の問題を解決させることが考えられる。その際には，教科書の例や例題を漠然とよませるのではなく，解決の過程でどのような知識を用いているか，解決のカギとな

るのはどのように考えることかなどについて生徒にまとめさせ，それを全体で共有し確認した後で自力解決させることが大切である。

1.1.4 別解を得る

数学の問題には多様な方法で解決できる問題が多い。生徒が考えなかった解決の方法が教科書で扱われていることもある。そのような場合には，教科書を読むことを通して，別解を得るような使い方が考えられる。また，別解ではなく同じ解決の方法で解かれている場合にもその記述の方法は参考になる。どのような方法で解決したのかを表現したり，なぜそのようになるのかを説明したりする力は数学の授業で養われる大切な力である。答えが正しければよいとするのではなく，解決に至るまでの過程をどのように記述しているかを教科書の記述と比較することで評価・改善するような使い方も考えられる。

1.1.5 得られた数学的な内容について確認する

探究的活動を通して見いだされた事柄を確認するために用いる。例えば，関数 $y = ax^2$ で a の値を変化させていくつかグラフをかき，そのグラフを観察することを通してグラフがどのように変化するのかを調べる活動を行う場合を考える。活動をさせる方法は個人解決やグループ活動などいろいろと考えられる。そのため，発見される事柄やその表現方法は，個人個人やそれぞれのグループで多様である。これらの全ての反応について授業の中で評価することは難しい。例えば「a の値が大きくなると，グラフの開き方が小さくなる。」というように，本当は「a の絶対値が大きくなると」であるべきところを「a の値が大きくなると」というような誤りであることを性質としてまとめていることも考えられる。このような反応を意図的に授業の中で取り上げ，正しく改善するような場面を授業の中につくることも大切である。しかし，全ての反応を適切に評価し，手立てをうつことは難しい。そこで，図 3-5 のような記述がある教科書が多いので，それを利用して確認する。そのようにすることで，知識が学習内容として位置づけられ，誤ったことを知識として身につけてしまうことを防ぐこともできる。

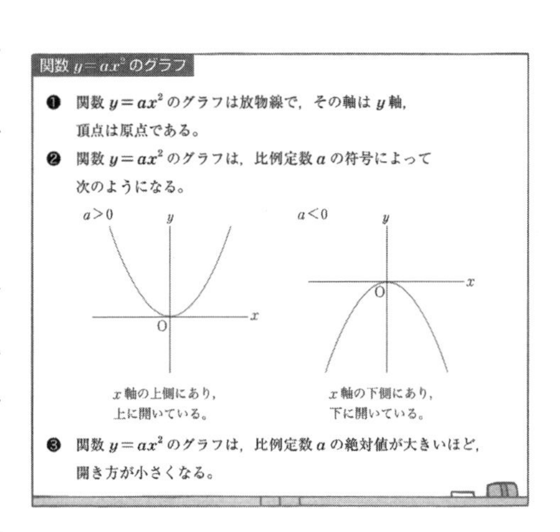

図 3-5　$y = ax^2$ のグラフの特徴
（岡本ほか，2015，p.97）

1.1.6 適用問題や個に応じた指導での利用

教科書では様々な問題が扱われている。教科書会社によって異なるが，重要な内容を扱う例題，学習した内容の定着のための問，学習した内容をさらに深める練習問題，学習内容をさらに深めたり，総合的に学習内容を活用したりする章末問題などがある。これらの問題を，授業のねらいとの関わりの中で検討し，計画的に扱うことが大切である。学習した内容について，問題を解決することで確認したり，いくつかの問題を解決したりすることで定着を促すことも授業の中では大切なことの一つである。このような場面では，問や練習問題を解決することが有効となる。

また，数学の力は個人差が大きい。学習内容によっては，早く学習を終えてしまうような生徒も出てくる。このようなときに教科書の問題を利用し，個に応じた指導をすることができる。

1.1.7　言語活動を充実させることに利用する

伝えよう

問 2　次の方程式の解き方には間違い(まちが)があります。どこが間違っているかを説明し，正しく方程式を解きなさい。

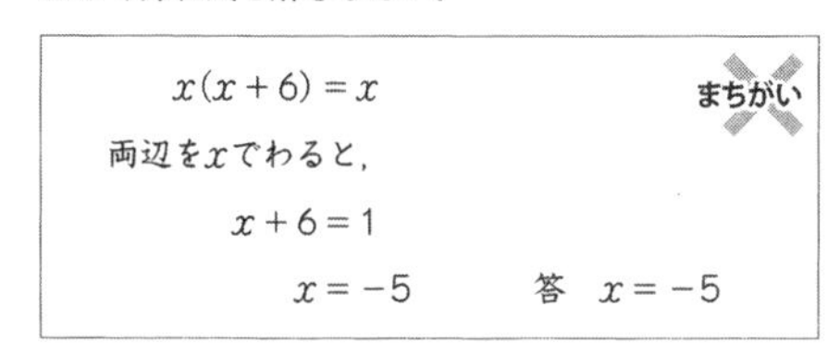

図 3-6　言語活動を意図した紙面（澤田ほか，2015b，p.80）

教科書には，「伝えよう」（図 3-6）や「自分の言葉で説明してみよう」というように，言語活動を意図した場面が示されているものが多い。このような問題を利用し，説明する活動に取り組ませることが考えられる。説明させる際には，予想した事柄などのような事実を説明するのか，方法を説明するのか，理由を説明するのかを明確にする。事実を説明させるのであれば「～ならば……である」というような形で説明することを意識させる。方法を説明するのであれば，何を，どのように用いるのかを説明させるようにする。理由を説明するのであれば，何を根拠としているのかを明確にさせ，説明させるようにする。教科書に従って，ただ説明させたり，書かせたりすればよいのではなく，どのように説明させるのか，記述させるのか，意図をもって活動させるようにしたい。

1.1.8　宿題としての利用

学習した内容の定着を図ることが必要な場面もある。授業中に十分適用問題を解決し，定着することまで保証できればよいが，なかなか難しい。家庭学習にその部分を任せることが必要な場合もある。その際に，教科書傍用問題集を全員が持っていればそれを用いることも考えられるが，ない場合には教科書を利用するとよい。すでに述べたように教科書には程度の異なる種類の問題が収められている。生徒の習熟度に応じた宿題を出すこともできる。また，教科書に解答が示されている問題もある。そのような問題を宿題として扱い，正誤の確認までさせ回収し，生徒たちの理解の様子を把握することもできる。また，次に学習する内容で必要な既習事項を確認するために教科書の問題を宿題とすることも考えられる。反復練習により技能の定着を目的とするような宿題とともに，学習した内容を利用することで解決できるような課題をレポート課題として与えることも考えられる。教科書では図 3-7 のような「自由研究」のページを設け，レポート課題として利用できるような問題が各社の教科書に用意されている。

1.1.9　興味や関心を高めるために利用する

教科書には日常生活の中で数学が使われている場面についての読み物や，用語や記号の成り立ちなど，数学への興味や関心を高めるのに使えるような話題も掲載されている。内容との関わりでそのような教科書の箇所を読んだり，そのような題材から内容へとつなげたりしていくことも考えられる。

また，クイズ的な問題やパズル的な問題，いくつかの内容を総合的に用いて現実場面の問題を解決するような問題も扱われている。このような問題を授業の中で利用することは生徒たちの数学に対する固定的な見方を打ち壊すことにつながる。また，各学年に適切に位置づけるように学習指導要領において規定されている「課題学習」の題材としてもこのような問題を用いることもできる。

自由研究　点字のしくみ

点字は，1825 年にフランスのルイ・ブライユ(1809～1852)によって考案されました。このとき考案された点字は，今でも世界各地で使われています。日本では，盲学校の教師であった石川倉次(1859～1944)が考案した点字が，1890 年に日本の点字として正式に採用されました。これらは，アルファベットの点字とは異なる独特の表現方法がとられています。

点字のしくみについて調べてみましょう。

点字は，縦 3 点が 2 列に並んだ 1 ますの 6 つの点に，突起があるかないかで，1 つの文字がつくられています。

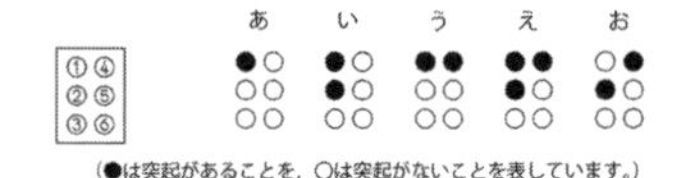

(●は突起があることを，○は突起がないことを表しています。)

1　6 つの点で，何通りの文字が表現できるでしょうか。

2　下の例を参考にして，次ページの点字の五十音表を完成させましょう。

わ　た　し　　な　か　ま　　こ　う　え　ん

図 3-7　自由研究のページ
(澤田ほか，2015a，p.210)

1.2　高等学校における教科書の使い方

1.2.1 教科書を精読する

自分が担当する単元について，教育実習が始まる前に，必ず学習指導要領及び学習指導要領解説と教科書を対応させて読む。教科書は学習指導要領を受けて作成されているので，その記述がどのようになっているかを学習指導要領に照らし合わせて読みこむことが出発点となる。教科書は当然自分が高校生であったときにも読んでいるが，当時は学習指導要領を意識することはなかっただろう。学習指導要領と見比べながら読むことによって，新たな発見があるに違いない。

さらに，教育実習で実際に使用する教科書だけでなく，他社の教科書についても目を通す。細かく比較すると，単元，内容の配列や，記述内容や扱う問題に違いがあることが分かる。その理由を考えてみることも大切である。

また，教科書には教師用指導書があり，教科書の問題の解答が記載されている他に，単元に関係するトピックや発展的な内容，練習問題などが収録されている。さらに，可能であれば，教師用指導書も読むようにしたい。

単元を決め，教科書を，学習指導要領解説と見比べながら読み，学習指導要領の目標等が教科書でどのように実現されているかを検討しよう。

1.2.2　自分の理解を確かめる

学習指導案を作成する前に，教科書の内容について，自分がどのように理解しているのかを確かめる。大学受験のための勉強のように，与えられた問題を限られた時間で解くことと，数学の本質的な事柄を理解していることと，また，それを生徒に授業をすることとの間には大きな違いがある。問題を解くときにはいわゆる公式や定理を当てはめることが多かったと思うが，その公式や定理はどうやって導かれたのかを分かっているだろうか。

例えば，次の「三角関数の合成」は，加法定理の応用の一つとして，数学Ⅱのほとんどの教科書にも掲載されている。

$$a\sin\theta + b\cos\theta = \sqrt{a^2+b^2}\sin(\theta+\alpha)$$

（ただし，αは，$\sin\alpha = \frac{a}{\sqrt{a^2+b^2}}$，$\cos\alpha = \frac{b}{\sqrt{a^2+b^2}}$を満たす）

この公式を使いこなすことができても，どのようにしてこの式が導き出されたかをすぐに答えられる人は多くはないのではないだろうか。

また，$\sin(\theta+\frac{\pi}{3})+\sin\theta$を$r\sin(\theta+\alpha)$の形に変形させる問題を章末問題に掲載している教科書がある。標準的には

$$\begin{aligned}\sin\left(\theta+\frac{\pi}{3}\right)+\sin\theta &= \sin\theta\cdot\cos\frac{\pi}{3}+\cos\theta\cdot\sin\frac{\pi}{3}+\sin\theta\\ &= \frac{3}{2}\sin\theta+\frac{\sqrt{3}}{2}\cos\theta = \frac{\sqrt{3}}{2}(\sqrt{3}\sin\theta+\cos\theta)\\ &= \sqrt{3}\sin(\theta+\frac{\pi}{6})\end{aligned}$$

となる。ここで，「三角関数の合成」をよくみてみよう。

$$a\sin\theta + b\cos\theta = \sqrt{a^2+b^2}\sin(\theta+\alpha)$$

の$\cos\theta$は$\sin\left(\theta+\frac{\pi}{2}\right)$なので，この問題と合わせて考えると，三角関数の合成は，同じ周期の正弦波は振幅や位相が異なっていても，重ね合わせると同じ周期の正弦波（振幅や位相のずれは元の正弦波に応じて変化する）になるという事柄を，特に位相差が$\frac{\pi}{2}$の場合について述べていると捉えることができる。このことを生徒に直接教えないとしても，授業者がこういう理解を持っているか否かは大きな違いである。

また，分かりにくいなと感じたり，理解に時間がかかったりしたところなどは，おそらく多くの生徒にとっても理解が難しいところである。それについては，授業においてどのように指

導するかを慎重に検討することが大切である。

1.2.3　学習指導案を作成するにあたって

学習指導案を作成するにあたって，教科書の該当部分を参考にするとよい。ただし，教科書通りに授業を行っても，学習指導要領の数学科の目標にあるように「数学的活動を通して」学習が行われるという保障はない。それどころか，天下り的に事実を伝達するだけの授業に陥ってしまう可能性がある。

教科書は，多くの学校で多くの教員によって使われるという性格上，網羅的に整理した形で書かれていることが多い。そのため，教科書の記載通りに授業を行うことが，必ずしも目の前の生徒たちが興味を持って学習するために最善とは限らない。例えば，先ほどの三角関数の合成の例では，ほとんどの教科書が，冒頭で，「三角関数の加法定理を応用すると $a\sin\theta + b\cos\theta$ が $r\sin(\theta+\alpha)$ の形に変形できる。」と記述している。しかし，なぜ変形する必要があるのか，またそれがどうして sin の形になるのかについてはほとんど言及されていない。

1.2.4 内容の配列を変える

教科書を参考にしつつ，生徒の実態にあった授業をつくりあげることが必要となる。そもそも，教科書の通りに授業が進むのであれば，教員の個性が発揮される場がないということにもなる。生徒の活動や理解の様子を考えながら，自分なりの授業をつくりあげることが求められる。教科書の内容はそのままでも，扱う場面を変えることで，生徒の学習はまったく異なる様相になる。

例えば，数学Ⅰの2次関数の単元では，2次関数の最大値・最小値を求める節で，次のような例題がある。

幅 12cm の板がある。これを右の図の形になるように両端を折り曲げて，深さ x cm の溝を作る。右の図の断面積を y cm^2 とするとき，y の最大値を求めよ。また，そのときの x の値を求めよ。

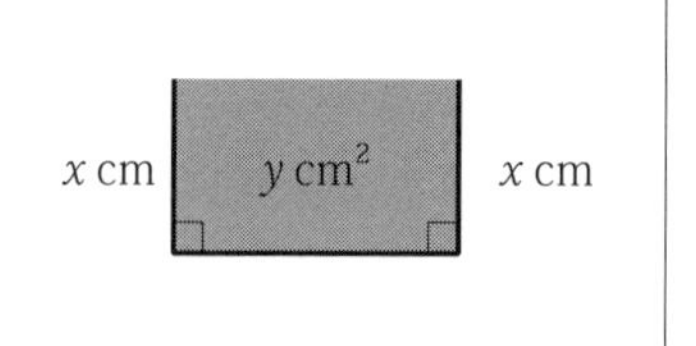

図 3-8　2次関数の最大・最小問題

この問題は，2次関数について一通り学習した後にあり，2次関数の最大値・最小値を求める応用問題として位置づけられていることが多い。したがって，これまでに学習した事柄を比較的簡単にあてはめることによって解決できる生徒も少なくない。

これに対して，この問題を2次関数の学習の導入として扱うとどうなるだろうか。生徒は，

$$y = x(12 - 2x)$$
$$y = -2x^2 + 12x$$

と表すことはできるが，この後，式変形が進まない。また，中学校で $y = ax^2$ のグラフは既習だが，一般的な 2 次関数 $y = ax^2 + bx + c$ のグラフは未習なので，グラフがどうなるかも分からない。しかし，中には，具体的な x の値 $x = 1, 2, 3, 4, 5$ 等に対して，$y = 10, 16, 18, 16, 10$ を計算してグラフにプロットし，グラフの概形をかき，このグラフが $x = 3$ に関して対称性を持っていることに気がつく生徒がいる。また，中学校の 2 次方程式の学習を思いだし，平方完成する生徒がいるかもしれない。

このような，生徒の不確実な反応に応じて授業をすることは難しいことだが，2 次関数の変化の様子をグラフに表して知ろうという動機付けができ，また，様々な数学的活動を通して 2 次関数を学習する可能性が高まる。

このように，扱う位置を変えるだけで，生徒に要求されることが変わり，学んだ事柄をあてはめて解決することとは，質の異なった資質・能力を育成することができる。

もちろんこのような授業展開が，全ての生徒にとって最善であるわけではない。また，与えられた時間数や生徒の状況を考慮すると，最終的には教科書と同じような学習指導案ができあがるかもしれない。実際，多くの実習生が，教科書とは違った展開にしようと様々な工夫を考えた末に，教科書とほぼ同じ学習指導案に落ち着くということはよくある。しかし，それは，最初から深く教材研究をせず，教科書通りの学習指導案を作成することとは全く異なる，授業者にとっての大きな学びがある。

引用・参考文献

澤田利夫ほか (2015a).『中学数学 2』，教育出版，p.210.

澤田利夫ほか (2015b).『中学数学 3』，教育出版，p.80.

岡本和夫ほか (2015).『未来へひろがる数学 3』，啓林館，p.97.

俣野博ほか 編 (2015).『数学 I』，東京書籍，p.85.

文部科学省 (2017).『中学校学習指導要領解説数学編』. http://www.mext.go.jp/component/a_menu/education/micro_detail/__icsFiles/afieldfile/2017/07/25/1387018_4_1.pdf（2018 年 1 月 31 日閲覧）

（1.1 鈴木誠，1.2 大谷晋）

2.「練習」はどうするか

2.1　中学校における「練習」

2.1.1「練習」の授業の内容とその目的

教育実習で，1時間を丸々使って「練習」の授業をすることは，あまりないかもしれない。しかし，新たな知識や技能に習熟するために，1時間の授業の途中で数題の練習問題を課すことはよくある。

まず，ここでは「練習」の授業の内容を次の三つのタイプに分け，それぞれの目的について考えることにしよう。

- 技能の習熟のための練習
- 既習事項の利用のための練習
- 新たな学習内容へ繋げるための練習

（1）技能の習熟のための練習の目的

技能の習熟のための練習としては，数と式領域における数学的に思考するための道具として計算や式変形などが自由にできるようになるために行う練習が代表的である。これ以外にも，例えば，図形領域における，定理にあてはめて辺の長さや角の大きさを求めることができるようになるための簡単な計量問題や，数量関係領域における，関数の式を立式することができるようになるための練習なども，これにあたる。

「練習」の授業でも普段の授業と同様に，目標に沿って学習のゴールを適切に設定することが大切である。特に，技能の習熟のための練習の授業で大切なことは，その後に続く学習内容を把握し，それを学習するのに必要な技能を習熟させるように，ゴールを設定することである。

例えば，1年生の文字式の計算練習であれば，後続の1次方程式の解法や比例・反比例における式変形に必要な計算ができればよいので，$a(bx+c)+d(ex+f)$ の形の式の，$a \sim f$ の値が整数の場合の計算を全員が目指すゴールとし，さらに，せいぜい $a \sim f$ の値が簡単な小数や分数までの式の計算ができれば十分満足であると考えられる。

ただし，いくらゴールを設定したといっても，生徒たちの理解の様相や習熟の度合いは様々である。教えたことがすぐできるようにはならない生徒もいる。中学校3年間をかけて習熟させればよいというくらいの，ゆとりのある態度で指導に臨むことが大切である。

（2）既習事項を利用するための練習の目的

既習事項を利用して問題を解決するための練習としては，数式領域の方程式の利用や，数量関係領域の関数の利用，図形領域の証明問題などが代表的である。この練習のゴールは，教材ごとに具体的に決めていくことになる。

例えば，1次方程式の利用の場面における，次のような問題の場合を考えてみよう。

> 山登りに出かけるので，参加者にあめを配ることにしました。1人に3個ずつ配ると20個余り，1人に5個ずつ配ると8個たりなくなります。参加者の人数を求めましょう。（相馬ほか，2015，p.113）

この問題は，「一つの数量が2通りの方法で表せる」ことから方程式を立式し，それを解くことによって，解決することができる。未知の数量としてである，「参加者の人数」と「あめの個数」の一方の数量を文字 x で表すと，他方の数量が x を使った式で2通りに表現できることから方程式を立式することができる。

参加者の人数		あめの個数
x（人）	→	$3x+20$（個），$5x-8$（個）
		↓
		$3x+20=5x-8$

あめの個数		参加者の人数
x（個）	→	$\frac{x-20}{3}$（人），$\frac{x+8}{5}$（人）
		↓
		$\frac{x-20}{3}$　$\frac{x+8}{5}$

本来ならば，「参加者の人数」と「あめの個数」のどちらを文字で表しても方程式を立式できて，問題が解けるようになることが理想だが，「あめの個数」を文字で表した場合は，立式が難しいことに加えて，方程式を解くこと自体も難しくなる。したがって，「参加者の人数」を文字で表す場合を全員が目指すゴールとし，「あめの個数」を文字で表す場合は，より興味・関心の強い生徒の目指すゴールとすればよい。

このように，このタイプの練習のゴールは，その教材を教える目的に沿って適切に決めていくことになる。

（3）新たな学習内容へ繋げるための練習の目的

問題練習を通して，既習事項をもとに，新たな性質を見いだしたりいくつかの性質を統合的に捉えたり，次の学習へとつなげたりする場合がある。

例えば，右の図のような円周角の定理に習熟させるための求角問題で，∠Aの大きさを72°から一般的な a°にすることで，内接四角形の定理へ繋げることができる。

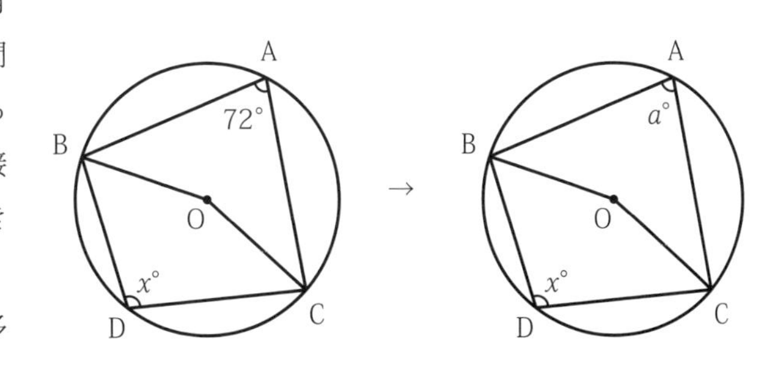

また，$(x+a)(x+b)$ の形の多項式の展開の練習問題で，$b=a$

とすることで平方公式 $(x+a)^2$ へとつなげることができる。

このタイプの練習の主な目的は，既習事項に習熟することに加えて，新たな事柄の学びにつながっていることに気付かせることである。したがって，ゴールとして，特殊と一般の関係を理解させることや，統合的にみる見方を養うことなども設定する。そうすることによって，既習事項に習熟することを越えて，数学の系統性にも目を向けさせていくことが可能になる。

2.1.2「練習」の授業の指導方法

次に，「練習」の授業をする際の指導方法について考えてみよう。

生徒たちが問題を解くことが中心なので，教師が説明したり，発問したりする時間は多くない。答え合わせをするときに，生徒の説明を補完するために説明したり，新たな事柄の学びにつながっている場合はそのことに気付かせたりする程度であろう。それでは，教師は「練習」の時間をどのように進めたらよいだろうか。

「練習」の時間は，教師が，生徒たちが問題を解いている様子を観察しながら，一人一人の理解の様相を捉え，個別に直接，適切な指導を行うことができる数少ない時間である。すなわち，個に応じた指導ができ，個に向き合える授業なのである。普段の授業で反応が気になっていた生徒や，机間指導をして気になる反応をしている生徒を，細かくチェックし，どうしてそのような反応をしたのかを問い，誤りの原因を指導する。机間指導の際には，座席表を用意し，生徒の反応をメモしておくことも有効である。また，似たような誤答を何人かの生徒がしているのを見つけたときは，一旦，問題を解く手をとめさせ，一斉指導の形にし，皆でその原因を探っていくことも考えられる。

答え合わせについては，事前に，どの問題を生徒に板書させ，どの問題を口頭ですませるかを考えておく。その上で，机間巡視をしながら生徒の反応を確かめ，どの問題をどの生徒にあてるかを決めていく。

以下，2.1.1 で言及した「技能の習熟のための練習」と「既習事項の利用のための練習」についての特徴的な指導方法について考えてみよう。

（1）技能の習熟のための練習の指導方法

技能の習熟のための練習では，スモールステップに区切った学習が効果的であることが多い。事前に中学生になったつもりで問題を解き，その解法のために必要な事柄を整理し，易しい問題から難しい問題まで，徐々に難易度を上げるように問題を配列しておくとよい。生徒が学習しやすいのと同時に，誤答が生じたときにどのステップで間違えたのかが分かりやすいからである。

ただし，例えば，因数分解の練習では，学習の初期には，学習した公式の順番にタイプ別に練習するが，最後には，それらが混ざった状態の問題も取り扱わないと，どのような場合にどの公式を使えばよいかが判断できなくなる。生徒たちの学習がどこまで進んだ場合の練習かによって，問題の与え方にも工夫が必要となる。

また，事前に予想される誤答例を考えておき，その誤答が生じた理由を指摘してあげるとよい。さらに，生徒たちの誤答分析を積み重ねていくことで，主にどこでつまずきやすいかが分かるようになる。

なお，技能の習熟のための練習は，ある程度の量をこなす必要があろう。代表的な計算や式変形の練習は，数学的に思考するための道具として，早く正確に使いこなせるようになっている必要があるからである。一方で，授業時数には限りがあるので，授業内だけで十分な練習をさせることには無理がある。練習が足りない場合は，家庭での復習に任せざるをえない。家庭での学習習慣をつけさせておくことも併せて指導していくことが大切となる。

（２）既習事項を利用するための練習の指導方法

既習事項を利用するための練習では，生徒によって，どの既習事項をどのように利用するかが多様になる場合がある。その結果，多様な見方や考え方による反応が期待できる。このことは，例えば，図形の証明問題などで顕著に表れる。

あらかじめどのような反応が期待できるのか，それらのうちどの反応を発表させるのかについて考えておくとよい。さらに，机間指導の際に，面白い着眼点をもつ反応を見つけたら，加えて発表させるとよい。ともかく，生徒たちの多様な見方や考え方を尊重するような答え合わせの方法を工夫し，それらの反応を共有できるようにしたい。

2.2　高等学校における「練習」

2.2.1　練習に対する考え方

数学を学習するにあたって練習が不可欠であるのは論をまたないであろう。例えば，小学校で学ぶ九九の計算の授業を想像すると分かりやすい。その授業においては，数学的活動を通して既習の事柄をもとに九九をつくりあげるとともに，性質の発見などが行われる。しかし，それをもって九九の学習を終えるということはできない。教室全体で見いだした九九の計算を，個々で行う練習によって自らが使えるようにしていかなければならないし，練習によって九九への理解が深まることにもなろう。全く同様にして，高等学校における授業においても，個々の技能を高め，学習したことに対する理解を深めるために練習の機会は不可欠である。

その一方で，練習によって得られる「この問題はこのように解く」といういわゆる「問題を解く技術の習得」こそが数学の学習であるという数学観を植え付けてしまっているとしたら，それは練習の授業の弊害であるともいえよう。特に高等学校においては，そのような数学観をもつ生徒が多いようである。練習は大切であるが，単に授業で扱った問題を解く技術が大事であるという考えを生徒に植え付けてはならない。いくら数学的活動が豊かになされた授業を行っても，それに続く練習の授業がただの手続き的な知識の再生に終始してしまえば，結局上記のような数学観を生徒に育むことになってしまう。練習の授業の中にも，新たな気付きや知識の獲得，数学的な思考の広がりの可能性を内包させておき，技能を高め理解を深めながらも数学的に考える力を伸ばすようにしたい。杉山の言葉を借りれば「数学を技術の寄せ集めと考える数学観を改めたい。羅列的な知識，孤立したばらばらの知識の集まりでなく，互いに関連づいたものとなっていてほしい」（杉山，2009，p.332）からこそ，練習の授業にも工夫が求められるのである。

また，特に高等学校においては，学習すべき事柄が多く，教科書だけを見ても全ての問題をじっくりと授業で扱うことは難しい。そこで，数学的活動を通して教室全体で時間をかけて扱うべき内容と，ある程度生徒の練習に委ねる内容とのすみ分けも必要となる。生徒全体に習得させたい新たな学習内容が含まれているような問題であっても，練習の中の一題として扱うことが必要になることもあるのだ。このような視点でも，練習の授業に対する工夫が求められる。

以上のように，授業で行う練習をただの手続き的な知識の再生にしないために，また限られた時間の中で行う練習を数学的活動と結びついた有益なものとするために，練習の授業にも様々な工夫が求められる。練習を通して生徒の数学的に考える力を伸ばせるよう十分な教材研究を行うようにしたい。

2.2.2　練習で扱う問題の工夫

授業で練習を行うときに最も工夫が求められるのは，扱う問題についてであろう。問題の解き方の習熟だけを目的にするならば学級全体で時間をかけて取り組んだ問題の数値をかえればよいということになるが，そのような練習問題だけを扱っていれば，「問題の解き方を覚えることが大切だ」というメッセージを送ることになってしまう。そこで，技能を高めながらも，数学的な考え方の深まりや広がりがあるような問題を含めておくことが求められる。ここでは，練習として生徒にどのような問題を与えるかを考えるためのいくつかの視点を具体例とともに述べる。

（1）数学的な見方を豊かにする

既習事項の練習の中に新たな事柄への気付きがあり，それによって数学的な見方が豊かになるということがある。例えば，2 次関数の単元において平方完成してグラフをかくことを学んだ後に，その練習として，関数 $y = 3(x - 1)(x - 5)$ のグラフをかく問題を含めておく。すると，右辺を展開し，平方完成をしてグラフをかく生徒が多いが，中にはグラフが $x = 1$，5 において x 軸と交わり，放物線の軸がそのちょうど中央である $x = 3$ であることを見いだしてグラフをかく生徒もいるであろう。このような見方をすることを平方完成とは別の文脈で問題解決的に扱うことも考えられるが，時間数の制限も考慮すれば，平方完成の練習の中に含めて新たな気付きを生むという展開もよい。

別の例を挙げよう。条件付き確率を学んだ後で，例えば，当たり 3 本を含む 10 本のくじを三人がもとに戻さずに順にくじを引くとき，それぞれの人が当たりくじを引く確率を計算するという練習を行う。これはもちろん条件付き確率の計算の練習にもなるが，どの確率も等しくなることから，当たる確率にくじを引く順序は関係しないのではないかという気付きが生まれ，事象の見方が豊かになる。

単元「場合の数」で，n個からr個取った組合せの総数 ${}_nC_r$ の計算方法を学習した後，${}_nC_r$ の計算の練習にどのような問題を含めることによって，どのような気付きを生むことが期待できるかを考えてみよう。

（2）未知の定理を導くきっかけとする

生徒に会得させたい新たな定理を，練習問題をきっかけにして導くということも考えられる。例えば，データの分析の単元において，分散の定義を学んだ後に，以下のようなデータの分散を求める問題を扱う。

1，2，2，3，3，3，4，5，6

このデータは平均が $\frac{28}{9}$ となるから，定義にしたがって分散を求めようとすれば，

$$\frac{\left(1-\frac{28}{9}\right)^2+\left(2-\frac{28}{9}\right)^2+\left(2-\frac{28}{9}\right)^2+\left(3-\frac{28}{9}\right)^2+\left(3-\frac{28}{9}\right)^2+\left(3-\frac{28}{9}\right)^2+\left(4-\frac{28}{9}\right)^2+\left(5-\frac{28}{9}\right)^2+\left(6-\frac{28}{9}\right)^2}{9}$$

を計算することになり，分数の2乗の計算を繰り返し行わなければならず煩わしい。そこで，この式の分子を展開し，$\frac{28}{9}$ が関係する項の計算をまとめてうまく処理しようとする生徒が出てくるであろう。これは，データの2乗の平均から平均の2乗を引くという新たな分散の計算の手法につながる考えである。このように練習問題に取り組むことが，未知の定理を導くきっかけとなることもある。

単元「三角関数」の学習を一通り終えた後，三角関数の和と積の変換公式を導くきっかけとするためにどのような練習問題に取り組ませることが考えられるか。

（3）一般化を志向する

練習問題を通して一般化を志向するということも考えられる。「微分」の単元で導関数の定義を学んだ後に，x，x^2，x^3，……の導関数を求める練習を行い，一般化した x^n の導関数の式を予想させるというのは典型的な例である。また，別の例としては，「数列」の単元で自然数の累乗の和の計算方法を学んだ後で，$\sum_{k=1}^{n} k(k+1)$ や $\sum_{k=1}^{n} k(k+1)(k+2)$ で表される数列の和を求める練習を行うことがあげられる。$k(k+1)$ や $k(k+1)(k+2)$ を展開し，学習した公式を用いて和を計算することもできるが，計算した結果を見れば一般化した $\sum_{k=1}^{n} k(k+1)(k+2)\cdots\cdots(k+l)$ の和を予想することができる。

単元「数列」で，$\sum_{k=1}^{n} \frac{1}{k(k+1)}$ の計算方法について学んだ後，どのような練習問題を扱うことで，どのような一般化をすることが期待されるかを考えてみよう。

（4）定理の拡張を行う

練習問題を通して定理の拡張を行うということも考えられる。鋭角に着目した正弦定理を学級全体で学んだ後に，練習問題として鈍角に着目した正弦定理の証明を扱うというのは典型的な例である。これにより鋭角のときの正弦定理の証明のプロセスを確認し定理への理解を深めることになるのと同時に，この結果をもって正弦定理の適用範囲が拡張されたとみることもできる。このように，ある条件のもとで定理が成り立つことを学級全体で数学的活動を通して学んだ後に，その証明の練習として条件をかえた場合を扱うことで，定理の拡張を同時に行うことができる場合がある。これは特に図形の性質を学習する際に有効である。

単元「図形の性質」でメネラウスの定理あるいはチェバの定理を学習する際に，まず学級全体でどのような条件のもとで証明を扱い，練習問題としてはどのような条件のもとで証明をさせることが考えられるか。定理の拡張という視点から考えてみよう。

（5）見かけは違うが本質が同じ問題を扱う

時間数の制限で全ての問題にじっくりと時間をかけることが難しい以上，見かけは異なるが本質的には同じ問題，すなわち構造の同じ問題については練習の中で扱うことも考えられる。例えば，2次関数の最大最小の応用問題で，定義域に文字が含まれているものと，軸の式に文字が含まれているものがあるが，軸と定義域の関係によって場合分けをするという本質は同じである。そこで，一方をじっくりと時間をかけて学んだ後に，他方を練習問題として扱うようにしてもよい。

また，見かけは異なるが本質的に同じ問題というのは，しばしば単元をまたぐこともある。例えば，三角関数を含んだ式の最大最小を求める際に，適当なものを文字でおいて多項式関数の最大最小に帰着して求めた経験があれば，指数関数や対数関数を含んだ式の最大最小も全く同様に考えられる。したがって，単元をまたぐことにはなるが，前者をじっくり扱っておいて，後者は練習問題として扱うということも考えられる。

「$x+y=7$，$xy=5$ のとき，x^2+y^2 の値を求めよ」というような2変数の対称式の計算についての学習を終えた後に，それを踏まえてどのような練習問題を扱うことが考えられるか。単元をまたぐことも念頭に置いて考えてみよう。

2.2.3　練習問題を扱う際の留意点

練習で扱う問題に工夫が必要であることに加えて，その扱い方にも注意が必要である。練習として扱う問題である以上，原則としてその解き方は既知である。これが，解き方を学習していない問題に対して問題解決的に授業を行う際との決定的な違いである。したがって，学習した方法を使って問題を解くことができた生徒に対して，まずしっかりと評価すべきである。例えば，2.2.1で紹介した2次関数 $y = 3(x - 1)(x - 5)$ のグラフをかく問題においては，左辺を展開し平方完成してグラフをかいた生徒に対して，きちんと評価をしなければならない。その上で，生徒の実態に応じて，「他にやり方はないか」，「グラフを見て気がついたことはないか」などと投げかけ考えさせる。そして，既習の方法とともに工夫してグラフをかいた生徒の考え方を取り上げるとよい。このような練習の授業を展開していき，ゆくゆくは既知の方法で解くことができた問題に対しても「もっとよい方法はないだろうか」，「一般化するとどのようなことがいえるのか」などということを自ら考えるようになる生徒を育てたい。

特に練習の授業では，個による習熟の差が顕著にあらわれる。そうであるからこそ，問題を早く解き終えてしまった生徒が2.2.2に挙げたような別の視点からも考えられるような問題を含めておきたい。練習問題を通して学級全体に対して技能の習熟をはかりつつ，いかに数学的な見方・考え方の伸長を図ることができるかは教師の力量にかかっている。極論をすれば，機械的な技能の習熟であれば個人で行うこともできる。そうではなく，集団の中で，また教師がいる中で練習をするのであるから，「学級で学んでよかった」，「教師がいてよかった」と思わせるような練習の授業にしたいものである。

参考・引用文献

相馬一彦ほか (2015).『新版　数学の世界 1』. 大日本図書.

杉山吉茂 (2009).『中等科数学科教育学序説』. 東洋館出版社.

（2.1 鈴木裕，2.2 野島淳司）

3．ノートと振り返りの指導

3.1　何のためにノートや振り返りを書かせるのか

ノートや振り返りの指導を行うにあたって，はじめに，その目的について検討しておこう。

ノートや振り返りを書かせることは教育活動の一環であるから，当然ながら数学科の目標を踏まえた指導がなされるべきである。平成 29 年 3 月に告示された学習指導要領（文部科学省，2017）における中学校数学科の目標では，「数学的に考える資質・能力」が，資質・能力の三つの柱である，(1) 知識及び技能，(2) 思考力，判断力，表現力等，(3) 学びに向かう力，人間性等，の観点から記述されている（図 3-9）。ここでは，ノートや振り返りを書かせることの目的を，これら三つの観点を踏まえた「数学的に考える資質・能力」を育成するためであると捉えることにする。このように捉えると，ノートは単に計算練習などの手続き的知識の習熟のためや，定義や定理などの事実的知識の記録のためだけに書かれるわけではないこと，また，振り返りは単にその日の授業で分かったことを記録しておけばよいものではないことが分かる。

数学的な見方・考え方を働かせ，数学的活動を通して，数学的に考える資質・能力を次のとおり育成することを目指す。

(1) 数量や図形などについての基礎的な概念や原理・法則などを理解するとともに，事象を数学化したり，数学的に解釈したり，数学的に表現・処理したりする技能を身に付けるようにする。

(2) 数学を活用して事象を論理的に考察する力，数量や図形などの性質を見いだし統合的・発展的に考察する力，数学的な表現を用いて事象を簡潔・明瞭・的確に表現する力を養う。

(3) 数学的活動の楽しさや数学のよさを実感して粘り強く考え，数学を生活や学習に生かそうとする態度，問題解決の過程を振り返って評価・改善しようとする態度を養う。

図 3-9　平成 29 年 3 月告示の学習指導要領における中学校数学科の目標（文部科学省，2017，p.20）

では，「数学的に考える資質・能力」を育成するためには，ノートや振り返りに「何を」，「どのように」書かせるべきだろうか。以下では，特にイメージがわきにくいと考えられる，「思考力，判断力，表現力等」及び「学びに向かう力，人間性等」の育成を目指したノート・振り返り指導について検討していくことにする。

3.2　何を，どのようにノートや振り返りに書かせるのか

「思考力，判断力，表現力等」及び「学びに向かう力，人間性等」の育成を目指したノート・振り返り指導では，何を，どのように書くよう指導すべきか。この検討は，「どんな授業を実

現すべきか」という問いと密接に関係する。ここでは，実現すべき授業として，問題解決型の授業を想定する。問題解決型の授業は基本的に，教師による問題の提示，生徒個人による自力解決，小集団や教室全体での比較・検討（練り上げ），まとめ，という段階を経る（藤井，2015）。以下では，これらの段階に沿って，何をどのように書かせるかを検討していく。

3.2.1　問題提示時

教師が本時の問題を提示する段階である。ノートには，本時の問題を書かせる必要がある。現実事象と対峙させる授業や統計データの提示が必要な授業などでは，問題の文章量が多くなったり資料等を提示したりする場合がある。そのような場合には，3.3.1 に後述する「ワークシート」を活用することが考えられる。

3.2.2　自力解決時

提示された問題に，自力で解決に臨む段階である。数学科としての「思考力，判断力，表現力等」を育成するためには，まずは生徒個人が考える場の設定が不可欠である。また，この段階の後に，ペアや小集団，さらには教室全体でそれぞれの考えを比較・検討して練り上げていくことになるが，それは個々の生徒が「自分の考え」を持っておくからこそ実現可能になる。したがって，この段階では，生徒個人が考えたことを，思考の記録としてノートに書かせることになる。このときは，次の点に留意することが大切である。

（1）「自分の考え」であることが明確になるように記述させる

まずは「自分の考え」を記録し，その後「他者の考え」と比較することを想定すると，ノートに「自分の考え」がそれと分かるように記述させておく必要がある。例えば，図3-10のように，「自分の考え」と書いてから自力解決を始めるように促したりすることなどが考えられる。

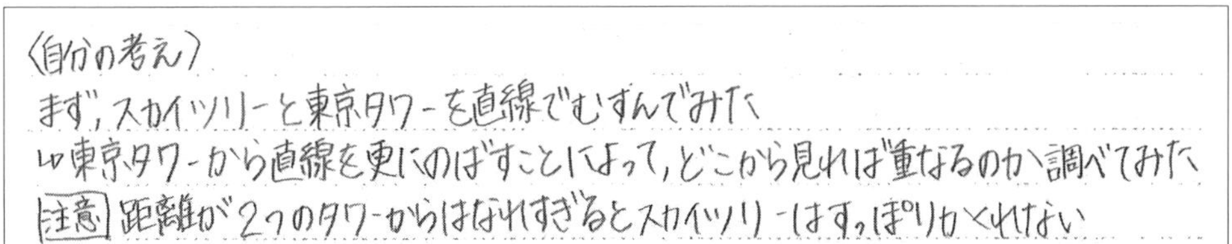

〈自分の考え〉
まず，スカイツリーと東京タワーを直線でむすんでみた
↳東京タワーから直線を更にのばすことによって，どこから見れば重なるのか調べてみた
注意 距離が2つのタワーからはなれすぎるとスカイツリーはすっぽりかくれない

図3-10 「自分の考え」の明示

（2）思考の跡が残るような記述を促す

「自分の考え」を記録する際，思考の跡が残るようにしておくことが大切である。数学の問題解決はふつう最初からスマートに進むものではないので，ここでの記述は，試行錯誤の跡を残すなど，ごちゃごちゃしていてよいし，間違っていてもよいし，途中で終わっていてもよい。思考の跡を残させるためには，書いたものは基本的に消さないように指導することも大切である。

さらに，ここでの指導として考えられるのが，問題を解く過程の記述だけでなく，問題解決中に考えたことや思ったことについての記述を促すことである。生徒が自分の活動を振り返った際に，どこで悩んでいたか，何を考えていたかがより明確になるとともに，教師にとっても，生徒の考えを把握しやすくなり，その後の指導に生かしやすくなる。例えば，自力解決中に生徒が疑問に思ったことがあれば，それをメモさせておくのである。図 3-11 は，中学校第3学年において，平方根の意味を学習した後に$\sqrt{3}$の作図に臨んだ生徒の自力解決の記述である。この生徒は$\sqrt{3}=\sqrt{1}+\sqrt{2}$とできると考えて作図したが，電卓で確かめたところ長さが明らかに違うことに気付き,「作図と違う !!　なぜ」と書き残している。この疑問を取り上げて，教室全体に問題意識を持たせた上で，平方根の計算の学習へと進んでいくことが可能になる。

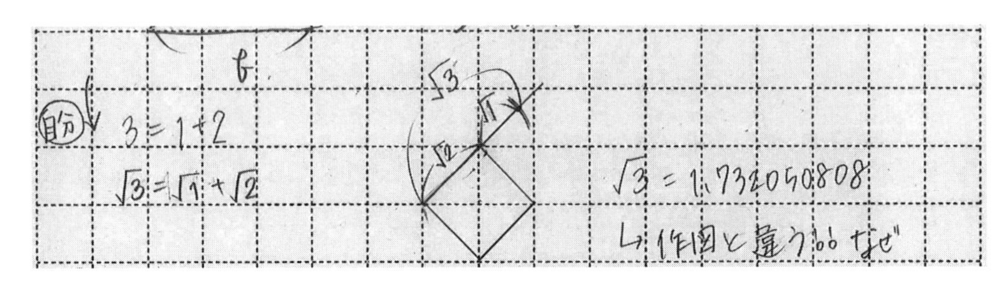

図 3-11　自力解決中に生じた疑問点の記述

また，自力解決においてなかなか手の進まない生徒には，どこに困っているのか，何が難しいと思うのかをメモさせておくことも考えられる。「その解き方は理に適っているか」,「行き詰っていないか，なぜ行き詰っているのか」といった問いかけを自己に発せられるようになることは，メタ認知方略の育成という点から見て重要である（例えば OECD 教育研究革新センター，2015)。

3.2.3　比較・検討時

複数の生徒の考えを比較・検討し，練り上げていく段階である。黒板等には複数の生徒の考えや議論中の生徒の発言等が書かれ，生徒たちはそれを記録することになる。しかし，ただ記録するだけでは当然ながら思考は活性化しない。以下の点に留意することが大切である。

(1)「自分の考え」と明確に区別して記述させる

「自分の考え」と「他者の考え」を比較し検討するのであるから，この二つを明確に区別して記述させる。例えば,「○○の考え」と書いてから他者の考えを記録するよう促す。他にも，ペアや小集団でお互いの考えを比較するときなどに,「自分の考え」になく「他者の考え」にあってよいと思ったものはペンの色を変えて書いておくなどの工夫を促すことも考えられる。このように記述させると，後から，生徒がノートを見て,「自分の考え」に不足していた点などを振り返ることができる。

(2)「他者の考え」に対して考えたこと自体を記述するよう促す

「他者の考え」を「自分の考え」と比較・検討することが大切なのであるから，板書・発表された事柄に対して考えたことを記述するよう促す。「他者の考え」を見て，そのよさや，自分が気付いていなかったこと，疑問に思ったこと，分からなかったことなどを記しておくようにするのである。図 3-12 は，中学校第 3 学年「相似な図形」における「東京スカイツリーが東京タワーにちょうど隠れているように見えるスポットはどこか」を問題とした授業での生徒のノートである。この生徒は，自力解決では同じような直角三角形をかいていたが，他の生徒による，視点の場所に応じた三つの場合の視線の図についての発表を聞いたことで，斜辺が視線を表すことを明確に意識できたと考えられる。

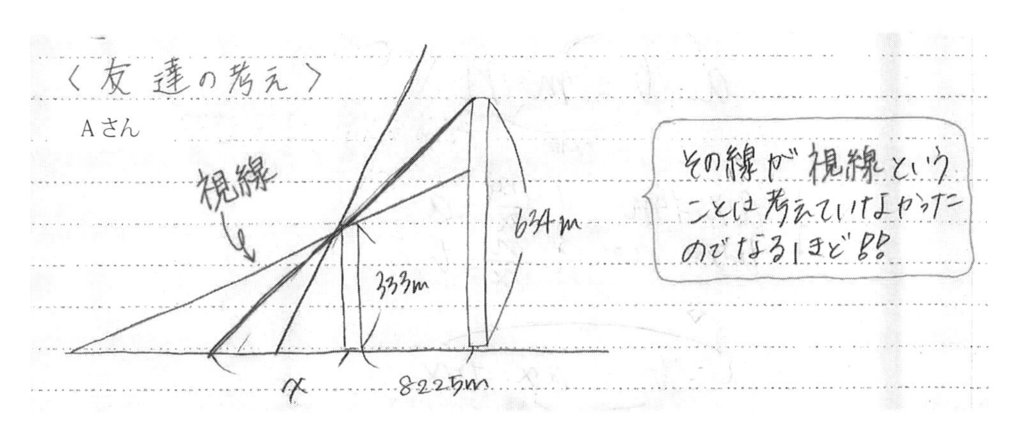

図 3-12 「他者の考え」に対して考えたことの記述（吹き出し）

このように，「他者の考え」について考えたことを記述することは，その授業での比較・検討に生きるだけでなく，生徒自身が「自分の考え」と「他者の考え」を比較することを通して，自分の思考について振り返る機会を創出することになる。

3.2.4　まとめ時

授業において，数学の内容面や方法面からみて新たに分かったことを，その価値まで含めてまとめる段階である。ここで生徒たちには，振り返り（学習感想）を書かせる。ここでいう「振り返り」とは，一連の授業の終末に，いくつかの観点から自らの学習を振り返らせ，記述させるもののことである。振り返る活動そのものは，振り返る対象によって，授業のいたるところで行われるべきものである。

振り返りを書かせることは，「思考力，判断力，表現力等」及び「学びに向かう力，人間性等」の育成を目指す上で重要な役割を果たす。逆に言えば，これらの資質・能力を育成するための振り返りとなる必要がある。しかし，生徒は最初から適切に振り返ることができるわけではない。振り返りの記述が，学習事項の羅列のみや，抽象的な感想で終わってしまうことがある。何をどのように書かせるか，教師による意図的な指導が必要である。以下の点に留意したい。

（1）振り返る観点を具体的に明示する

自らの学習をただ漠然と振り返るだけで終わらせないためには，振り返る際の「観点」がカギとなる。その観点は数学の学習からみて望ましいものである必要があるが，生徒はふつう，最初からそうした観点を持ってはいない。そこで，振り返りを課す際に，その観点を同時に与えるようにする。ただし，はじめから，いくつもの観点で振り返ることは難しい。教師が重点的に振り返って欲しい観点を指定したり，複数の中から 1 個ないし 2 個，書きやすい観点を選ばせたりするとよい。振り返りの観点としては，例えば，次のものが挙げられる。これは十分なリストではないことに留意されたい。

表 3-1　振り返りの観点例

（ア）どのようなことが新たに分かったか？　できるようになったか？
（イ）最も大切だと思ったことは何か？　なぜ，そう思ったか？
（ウ）分からなかったことや課題として残ることは何か？
（エ）今までの学習とどんな関連があったか？
（オ）この学習を終えて次に何を考えるか？
（カ）さらにどんなことを学びたい，どんなことができるようになりたいか？

（ア）は，一連の授業において新たに分かったことやできるようになったことという，「知識及び技能」に関わる観点である。これを踏まえて，（イ）以降の記述をさせたい。（イ）は，生徒がどこに価値を感じたかを問うている。これに対する記述は，教師が授業において実感してほしかった価値とのずれをチェックする材料にもなる。（ウ）は，生徒が今後解消すべき疑問点を問うている。生徒自身にとっては疑問点が明確になるし，教師にとってはこの記述に対するコメントを入れて返却することで，授業では対応できなかった生徒に対するフィードバックになる。（エ）は，過去の学習事項との関連を問うている。この問いを通して，生徒に学習事項のつながりを意識させたい。（オ）や（カ）は，一連の問題解決を終えて，次に何を考えるべきか，何を学びたいかを問うている。よく言われるように，最初の問題に対する（一応の）結果が出てからが，数学本来の学習の始まりである。授業としては一旦の区切りになるが，本来的には次に考えるべき問題があるはずである。それを次なる考察の対象にできてこそ，例えば，図 3-9 の (2) にある「統合的・発展的に考察する力」が育成されていくと考えられる。（オ）や（カ）は，それを振り返りにおいて促す，重要な問いである。

上記（ア）から（カ）のような観点に基づく記述からは，数学のよさ（価値）についての実感や，今後に生かそうとする態度，課題の明確化による今後に向けた改善など，まさに「学びに向かう力，人間性等」についての生徒個々の状況を読み取れるはずである。すなわち，教師にとって，振り返りは生徒個々の「学びに向かう力，人間性等」の評価材料になる。また，後述するように，次の授業づくりに生かせる有効な資料にもなる。

さらに，こうした観点を具体的に明示することの究極的な目標は，これらの観点に基づく問いが各々の生徒に内面化されること，すなわち，例えば問題解決中には「過去の学習とどんな関連があるか」や「分からないことは何か」といった問いかけを，解決後には「次に何を考えるか」といった問いかけを，自ら，自己へ発することができるようになることにある。こうした自己への問いかけをできるようになることこそが，メタ認知方略育成のカギであり（例えばOECD教育研究革新センター，2015），「思考力，判断力，表現力等」の育成へとつながるものである。

（2）なるべく具体的に記述させる

振り返りでの記述が抽象的な感想で終わってしまっては，生徒・教師の双方にとって効果が薄くなってしまう。例えば，「今日の授業はよく分かった（よく分からなかった）」で終わらせず，「何が」分かったのか，あるいは「どんな点が」分からなかったのかを明確に記述させるようにしたい。分かった点，分からなかった点を明確に言語化することは，決して簡単なことではない。しかし，このことこそ生徒にとって意味があると捉え，時間を確保して記述させるようにしたい。

振り返りをなるべく具体的に記述させるにあたっての有効な手立ての一つは，先述した観点を提示することである。それでもなかなか具体的に記述できない生徒には，よい例を見せることが有効である。この点については3.3.2で詳述する。

3.3　ノート・振り返り指導の工夫

3.3.1　ワークシート・振り返りシートの作成

3.2で述べた「何を」「どのように」書かせるかということを実現することの一助となるのが，ワークシートや振り返りシート（学習感想用紙）である。これらのシートを作成することの大きな利点は，回収・保管がしやすいことにある。職場環境にもよるが，授業ごとにワークシートを回収し，それをスキャンして保管しておくのである。電子化することで，コメントもつけやすくなり，また，フィードバック及び生徒との個別的コミュニケーションの確保にもつながりやすい。

ワークシートや振り返りシートの中身は，授業の目標や内容，生徒の実態などに応じて様々であり得る。ここでは，ワークシート・振り返りシート作成上の工夫について考えてみよう。

ワークシートについては，まず，生徒が振り返って何のプリントであったか分かるように，単元名や学習事項名，日付，学年・組・番号・氏名を記述できる欄を用意する。次に，多くのワークシートでは，その時間で提示される「問題」を掲載することになろう。ここで注意すべきことは，自力解決における思考の筋道を限定してしまったり，準備してあげすぎてしまったり，先が見えてしまったりするようなワークシートにならないようにすることである。換言すれば，「問題」の後に，授業の流れに応じて教師がするべき次の発問や，生徒に思いついてほしい方法などを書いてしまうことのないようにすることである。（ワークシート作成時の配慮については，新井 (2016) の p.93 も参照されたい。）

例えば，中学校第３学年において，y は x の２乗に比例する関数で表現できる事象について考察することになったとしよう。事象から見いだされる二つの数量間の関係について表・式・グラフを用いて考察することは，中学校第１学年の比例・反比例の学習や第２学年の１次関数の学習においても行っている。それにも関わらず，ワークシートに表を掲載してしまうことは，自ら表・式・グラフを用いて考察しようとする態度を伸張する機会を奪ってしまうことになる。状況にもよるが，「問題」に続く記述欄は，なるべく自由に記述できるようなスペースを設けるようにしたい。穴埋め形式にするときなどは，生徒の思考を限定してしまっていないか，細心の注意が必要である。

振り返りシートについては，単に記述欄のみを設けるのではなく，3.2.4 で述べた観点が見えるように，用紙に印刷しておくことが考えられる。例えば，A4 用紙の左半分に日付，学年・組・番号・氏名欄といった欄と，表 3-1 のような観点を複数用意しておき，右半分に振り返りの記述欄を用意しておくと，生徒はその観点を参考にしながら記述できる。ただし，どれだけの観点に基づいて，どれだけの分量の記述を課すかは，授業の目標や内容，振り返りを課すタイミング，生徒の実態などによって変わってくる。

ある指導内容に焦点をあてて，ワークシートを作成してみよう。また，振り返りシートも作成してみよう。

3.3.2　良い記述例を見せる

「何について」「どのように」書くとよいかは，生徒たちに明示的に指導する必要がある。しかしそうしても，生徒自身がイメージできないとなかなかそのようには書けない。そこで，よい記述例を全体で共有することが考えられる。生徒たちには，同じ学年でここまで書けているという生徒がいるという意識を持たせることができるし，取り上げられた生徒はより一層よい記述をするようになることが期待できる。ここでは，「他者の考え」に対して考えたことの記述例や，振り返りの記述例を示しておく。

「他者の考え」に対して考えたことの記述の仕方としては，図 3-12 で示した「吹き出し」の他に，付箋の活用や，ノート（ワークシート）の右端にスペースを用意して記述することなどが考えられる。図 3-13 では，先述した東京スカイツリーと東京タワーの問題について，自力解決においては図形として捉えることを考えていなかった生徒が，他者の考えを記録したのち，「何をすれば形で考えるようになれるのか」という問いを，ワークシートの右端にスペースを用意して記述して

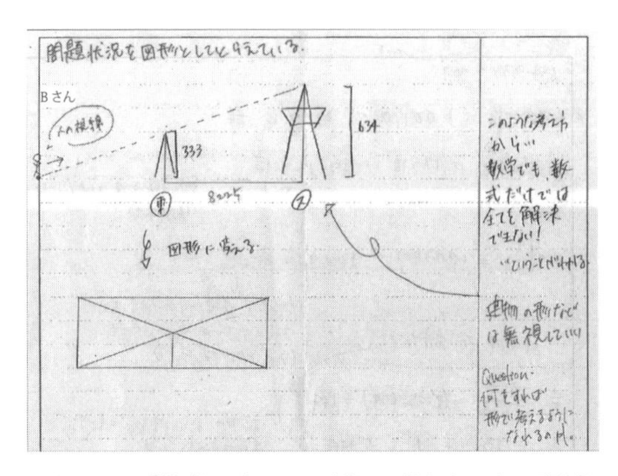

図 3-13 「他者の考え」に対して考えたことの記述（ノートの右端）

いる。このような記述を見せ，大いに評価して，他の生徒にも促すのである。

振り返りのよい記述例として，図3-14と図3-15の二つの例を挙げる。両方とも，振り返りの観点を挙げた上で具体的に記述していることが読み取れる。図3-14は，東京スカイツリーと東京タワーの問題が解決された後に書かれたもので，現実事象を図形として捉えることについての過去の経験が生きたことや，これまでのノートを振り返ることのよさも記述されている。こうした記述例を見せることで，既習を生かすことや，分からなくなったらノートに戻ることなど，望ましい学習の姿勢を促すこともできる。

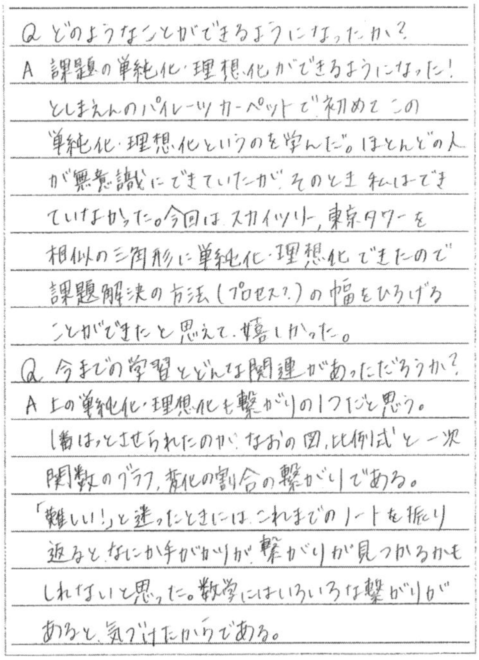

Q どのようなことができるようになったか？
A 課題の単純化・理想化ができるようになった！
としまえんのパイレーツカーペットで初めてこの
単純化・理想化というのを学んだ。ほとんどの人
が無意識にできていたが，そのとき私はでき
ていなかった。今回はスカイツリー，東京タワーを
相似の三角形に単純化・理想化できたので
課題解決の方法（プロセス？）の幅をひろげる
ことができたと思えて，嬉しかった。
Q 今までの学習とどんな関連があっただろうか？
A 上の単純化・理想化も繋がりの1つだと思う。
1番はっとさせられたのが，なおの図，比例式と一次
関数のグラフ，変化の割合の繋がりである。
「難しい！」と迷ったときには，これまでのノートを振り
返ると，なにか手がかりが，繋がりが見つかるかも
しれないと思った。数学にはいろいろな繋がりが
あると気づけたからである。

図3-14　良い「振り返り」の例①

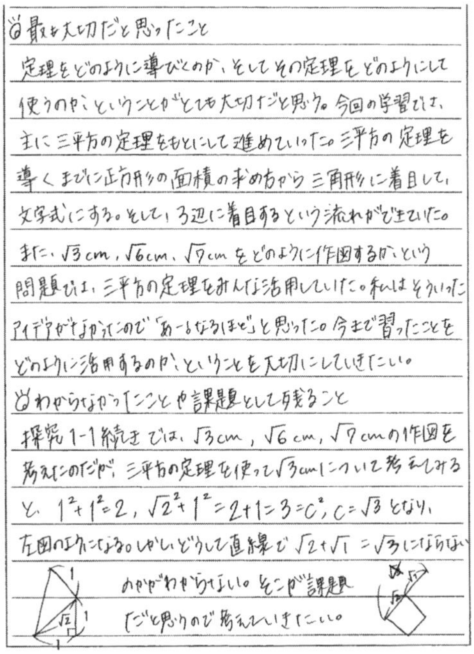

◎最も大切だと思ったこと
定理をどのように導びくのか，そしてその定理をどのようにして
使うのか，ということがとても大切だと思う。今回の学習では，
主に三平方の定理をもとにして進めていった。三平方の定理を
導くまでに正方形の面積の求め方から三角形に着目して，
文字式にする。そして，3辺に着目するという流れができていた。
また，$\sqrt{3}$cm，$\sqrt{6}$cm，$\sqrt{7}$cmをどのように作図するか，という
問題では，三平方の定理をみんな活用していた。私はそういった
アイデアがなかったので「あ～なるほど」と思った。今まで習ったことを
どのように活用するのか，ということを大切にしていきたい。
◎わからなかったことや課題として残ること
探究1-1続きでは，$\sqrt{3}$cm，$\sqrt{6}$cm，$\sqrt{7}$cmの作図を
考えたのだが，三平方の定理を使って$\sqrt{3}$cmについて考えてみる
と，$1^2+1^2=2$，$\sqrt{2}^2+1^2=2+1=3=c^2$，$c=\sqrt{3}$となり，
左図のようになる。しかしどうして直線で$\sqrt{2}+\sqrt{1}=\sqrt{3}$にならないの
かがわからない。そこが課題
だと思うので考えていきたい。

図3-15　良い「振り返り」の例②

3.4　ノート・振り返りの指導を授業づくりに生かす

最後に，ノート・振り返りの指導を授業づくりに生かすことについて記しておく。その一つとして考えられるのが，ノートや振り返りから読み取れる生徒の疑問点を教材化することである（新井 (2016) の p.96 も参照されたい）。例えば，図3-15の振り返りでは，図3-11のノートで書かれていた疑問点をより明確にしている。先述したように，この生徒の疑問を取り上げて教室全体に問題意識を持たせた上で，平方根の計算の学習（例えば「$\sqrt{a}+\sqrt{b}$を$\sqrt{a+b}$と計算してはなぜ駄目か」を教材にする）へと進んでいくことが考えられる。ノートや振り返りにおける生徒の記述を授業づくりに生かすと，生徒たちもそれをより積極的に書くようになることが期待される。

下記の引用・参考文献に挙げた文献を参考にするなどして，ノート・振り返り指導の工夫として他に考えられることを挙げてみよう。また，ノート・振り返りの指導を授業づくりに生かすことについて，他に考えられることを挙げてみよう。

生徒のノートは，授業での「板書」に連動する。本書第２章における板書の節を参考にするなどして，ノート・振り返り指導を踏まえた板書のあり方について検討してみよう。

引用・参考文献

新井仁 (2012).『中学校数学科 授業を変える「板書」の工夫 45』. 明治図書.

新井仁 (2016).『中学校数学の授業づくり はじめの一歩』. 明治図書.

藤井斉亮 (2015).「注入型授業から問題解決型授業へ」,『算数・数学科教育』, 一藝社, pp.10-14.

文部科学省 (2017).『中学校学習指導要領解説　数学編』http://www.mext.go.jp/component/a_menu/education/micro_detail/__icsFiles/afieldfile/2017/07/25/1387018_4_1.pdf（2018 年 1 月 31 日閲覧）

OECD 教育研究革新センター (2015).『メタ認知の教育学――生きる力を育む創造的数学力』. 明石書店.

相馬一彦 (1997).『数学科「問題解決の授業」』. 明治図書.

楳木敏之 (2013).『中学校数学科 思考力・表現力を伸ばすノート指導の工夫 52』. 明治図書.

（小林廉）

4．授業をつなぐには

4.1　授業の記録として何をどのように残すか

授業を，何のためにつなぐのであろうか。それは，その単元の学習のねらいを達成するために，連続した授業を通して，生徒の思考の活動をつなぎ，深化させ発展させていくためである。

演習 3-10　日常，自分でできる授業の記録にはどのようなものがあるだろうか。挙げてみよう。

例えば，以下のような記録が考えられる。

ア．板書・・授業後に写真を撮る。日付とクラスが分かるようにする。全体と気になる部分を撮っておくとよい。

イ．音声・・ボイスレコーダーで 1 時間の最初から最後までを録音することが多いが，特に取り上げたいところを録音するやり方もある。教師の発問と，それに対応する生徒の反応や説明を録音して，後でそのままの発言内容を確認することができる。

ウ．ビデオ（映像と音声）・・1 時間全体を記録する場合は，三脚を使い教室の後部に設置したビデオカメラで，生徒・黒板全体が入る画面で撮影する。ある特定の場面や生徒の活動を撮っておきたい場合は，生徒の自力解決や話し合っている様子を，カメラを手に持ってその場面だけ撮影をする方法もある。後者は，具体的な生徒の様子を記録することができる。撮影前に，授業を振り返るため，授業の研究のためという目的をあらかじめ生徒に話しておいた方がよい。

エ．ノートやワークシートへの生徒の学習記述・・生徒の授業中の考えや理解の様子を把握するために，自分の考えを書かせたものを，授業後に提出させる。ノートの場合は，おき場所や持ち運び等で工夫が必要である。

オ．生徒の学習感想・・ノートやワークシート，または別に用紙を配って書かせる方法がある。毎時間の生徒自身の振り返りを見て次につなげて行きたいのであるから，授業後またはその日の帰りまでに提出させて確認をする。

カ．授業記録ノート（教員または生徒）・・教員が書く場合，最も簡単なものは，表を作っておき 1 時間が終わるごとに，進度とその時間に出た，次につながる重要な生徒の意見や疑問や様子を，できるだけ早く短く記録しておくことである。生徒が書く場合，1 時間ごとに輪番で 1 時間の授業の内容を，板書・発言を中心に記録させる。最後に授業の振り返りも書いて，授業の翌日の朝に提出させる。生徒が書く場合の記録ノートの目的は，授業内容の 1 年間の記録として，いつどのようなことを学習したかを，生徒も教師も全員が見ることができるようにすることと，輪番でノートを回していくことでお互いのノートの書き方を見て友だちのよい書き方が勉強になること等がある。

4.2　記録をどのように生かすか

4.2.1　板書記録

最も簡単に記録に残して，見直すことができるものである。あまり負担なく行うことができる。それであるがゆえに，単に撮っただけで終わりにしないようにしたいものである。

板書を見直すとき，何をどのように見直したらよいだろうか。板書を見て，授業の流れが分かるだろうか。授業の中の活動内容が分かるだろうか。板書を初めから見るときの，ポイントを挙げてみる。

ア．授業の問題・課題が明らかに提示してあるか。

イ．問題・課題に対する生徒の反応や答えが書かれているか。

ウ．ねらいに沿った学習のつながりが分かるか。

エ．次時への課題やつながりが分かるか。

以上の点を確認して不明な点があれば，できるところから改善できるようにする。優先順位としては，ア．からエ．の順であろう。

具体例を挙げてみる。図 3-16，図 3-17，図 3-18 は，第 3 学年の「数と式」のもので，今までの学習事項を活用する授業である。図 3-16 は問題を提示した後，生徒の答えを板書している。求め方を式で説明してもらったものと，もう一人，公式と言った生徒の発言を板書している。それを受けて，疑問に思うことを話し合って板書している。

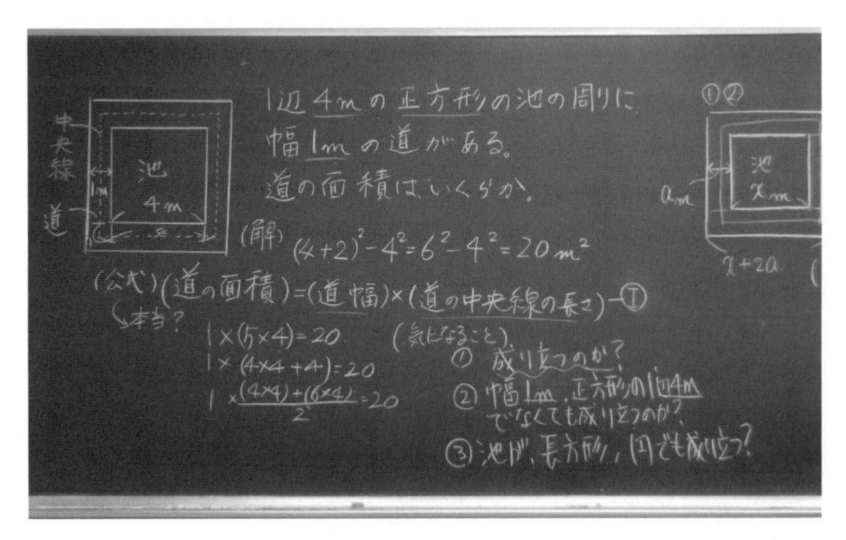

図 3-16

図 3-17 は，幅を具体的な数でなく文字でおいて考えてよい，正方形の 1 辺も文字で考えてよいという意見を全員で確認して，自力解決の時間を取った後，生徒に板書してもらっている。

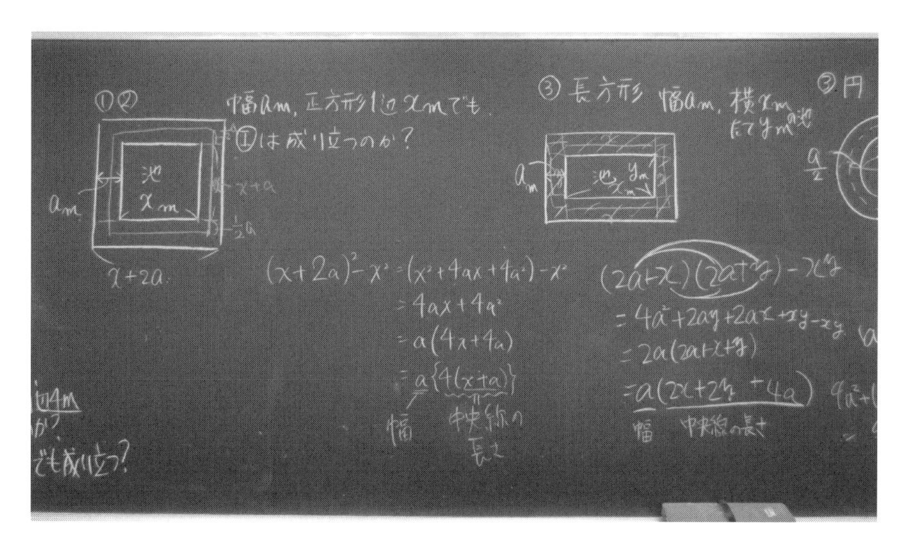

図 3-17

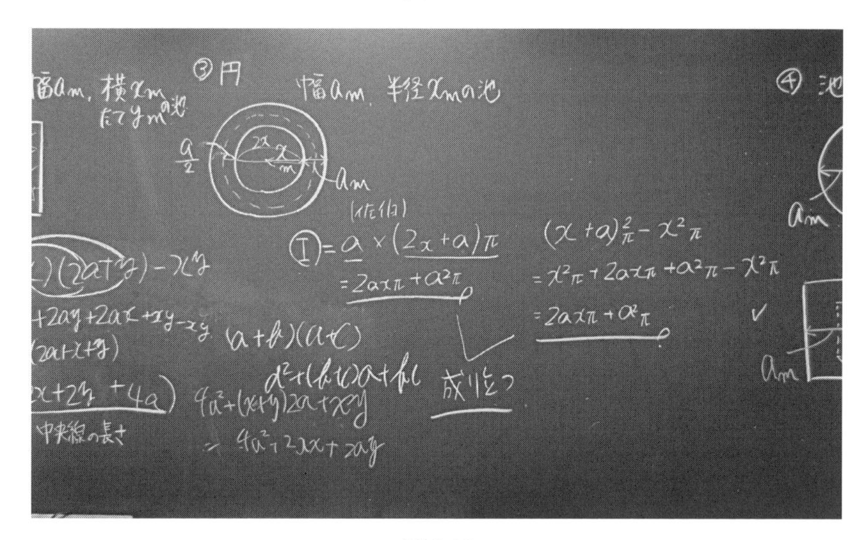

図 3-18

式を変形して，目的の形に直すことによって公式が成り立つことを，それぞれの生徒の答えを基に確認しながら授業を進めている。図中の③は長方形のとき，図 3-18 の③は円のときの説明を確認している。この後，生徒から「池がなくなった長方形の場合が，おかしなことになる」という発言があり，この時間はそれを調べて終えた。本時のねらいは，条件を変えても，式の変形を行って全て同様の考え方で解決できることを説明できることと，式の計算や目的の形に式を変形することができることである。そうすると，図 3-18 の円の場合の説明では，板書を見直すと，公式と計算式が展開すると同じ形になることで説明が終わっている。図 3-17 の正方形や長方形のように，計算結果を公式の形に変形して，同様に式の読みを行った方がよかったのではないかと考え直すことができる。

もう一つ，教育実習生の授業の例を見てみよう。第 1 学年の比例のグラフの授業で，2 週間

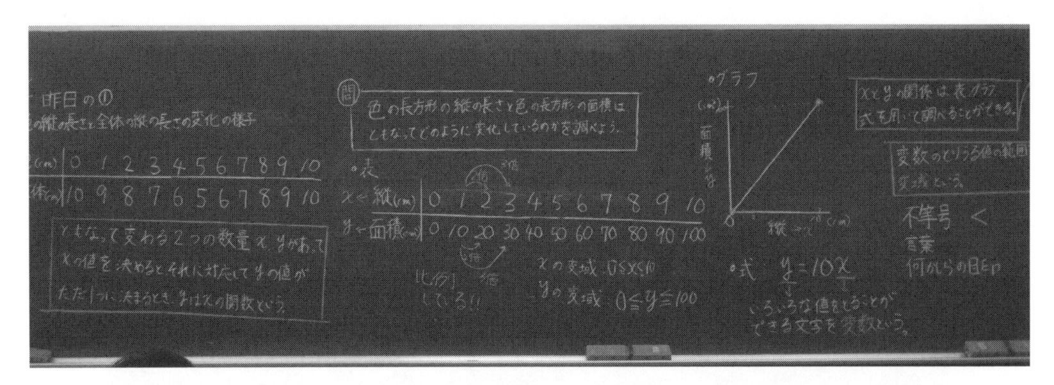

図 3-19

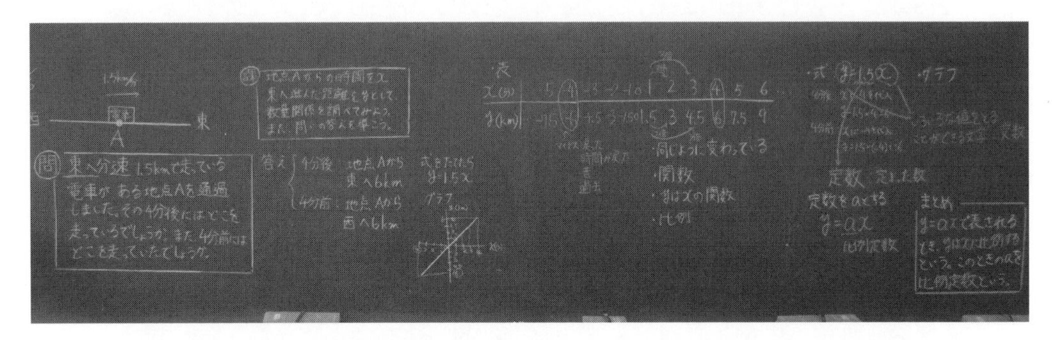

図 3-20

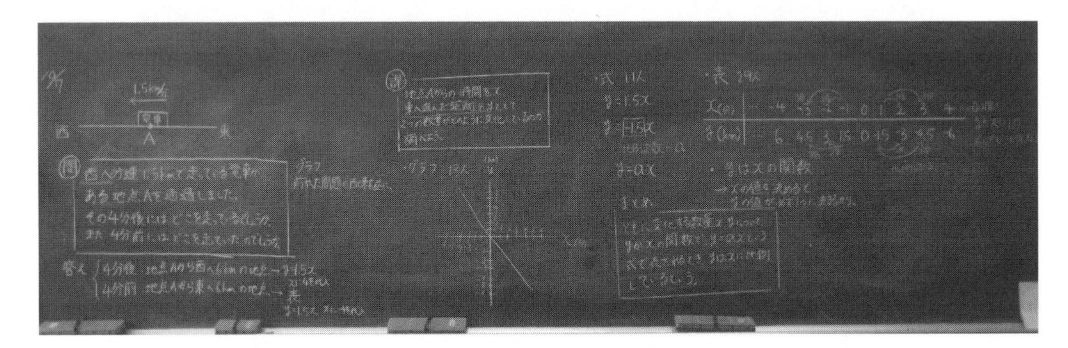

図 3-21

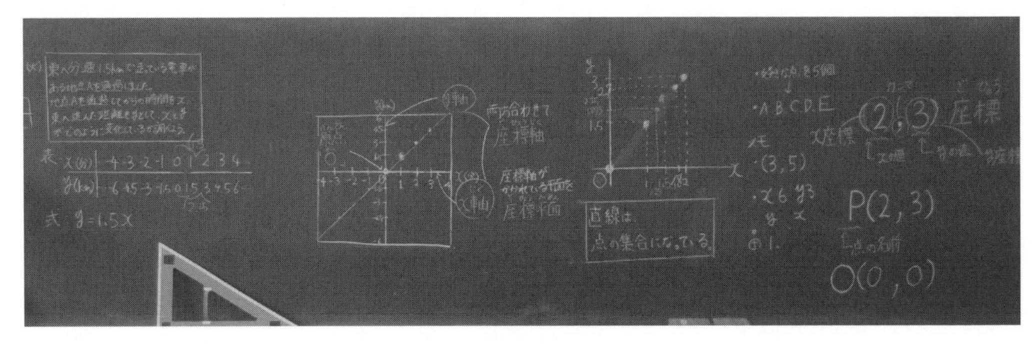

図 3-22

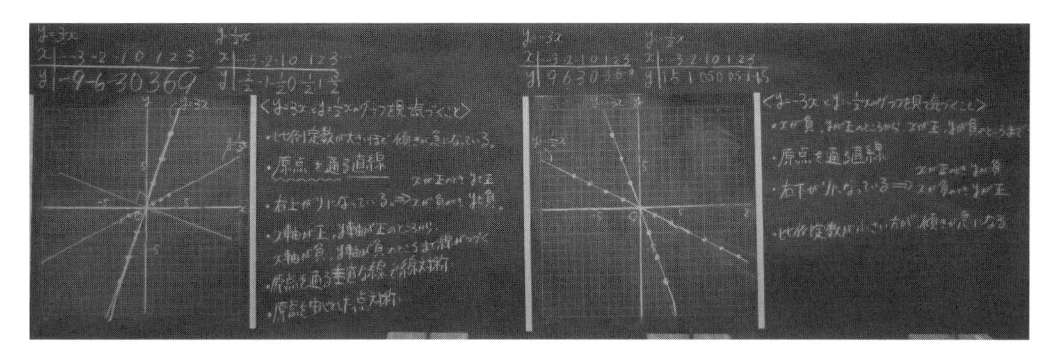

図 3-23

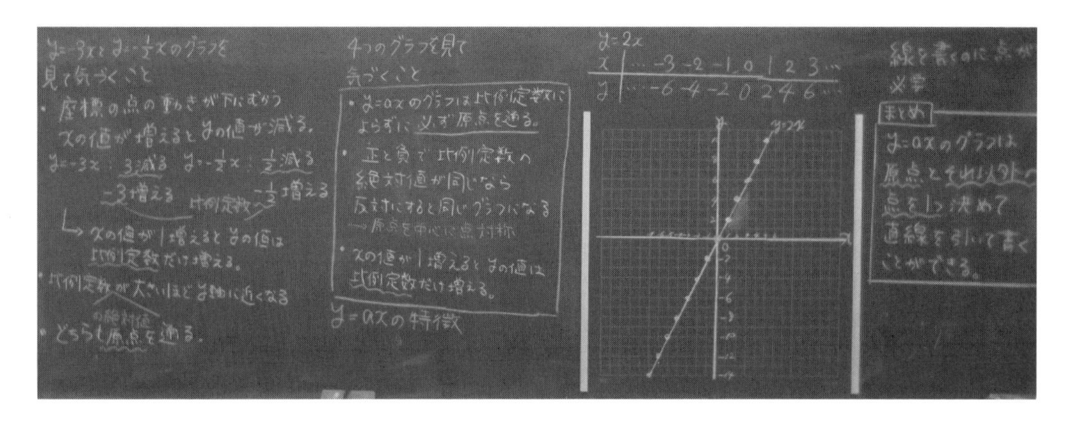

図 3-24

の実習期間の記録である。

図 3-19 は，関数の意味と，変数の関係を調べる方法を考える内容である。表と式とグラフを確認して，関数と変数について扱っている。

図 3-20 は，前時に続いて比例の定義を学習する内容であり，$a > 0$ の場合を扱っている。小学校とは異なる比例の定義と，変数を負の数の範囲に広げている。しかし，y は x の関数であるといえることを，前時の関数の意味を使って確認した板書がない。後から見直すと，授業中に果たして生徒に指導することができたのかあいまいである。

図 3-21 は，前時に続いて $a < 0$ の場合を扱っている。今回は，なぜ y は x の関数であるといえるのかを板書している。関数概念を育てる上で大切な事柄は，繰り返し指導する姿勢が大事である。前時を振り返って，次時で反省を生かしている。

図 3-22 は，グラフの学習に入ったところである。小学校のグラフとの違いと，比例のグラフが無数の点の集まりから，直線のグラフと考えることができることを導いている。

図 3-23 は，前時の比例のグラフは直線のグラフになることを基に，今まで扱った比例の事象の式のグラフをかいて特徴を考える内容である。比例定数が負の場合が終わらずに，宿題にして次時に扱うことにした授業もあったが，図 3-24 のようにつなげている。

図 3-24 は，グラフについての最後の頃の授業である。1 時間 1 時間の授業内容を振り返り，次につなげて進めようとしていることが分かると思う。

演習 3-10

これらの板書を見て，どのような授業内容であり，どのような反省点が挙げられるかを考えてみよう。

4.2.2　課題設定

ポイントを挙げて確認してみたい。

ア．ねらいに沿っていたか。また，ねらいは学習の進度に合っていたか。

イ．問題や課題は，生徒にとって必要感や興味・関心を持って取り組めるものであったか。

ウ．問題や課題を生徒が理解していたか。

まず，以上のようなことについて振り返り，生徒の活動の様子，学習感想を確認することが挙げられる。

4.2.3　発問と生徒の反応（音声とビデオ記録）

音声記録による確認をすることで，よりはっきりと確認することができる。まず，教師の発問がはっきりしていたか，内容を生徒が理解することができていたかを確認しよう。音声記録で確認をしてみると，生徒に分かる提示の仕方や話し方ができているのか，内容と同時に教師の話し方や問いかけ方について客観的に気付けることがある。

次に，教師の発問に対する生徒の反応はどうであったのか，教師の発問によって生徒が考え始めることができたのかを確認する。生徒が活動を始める課題設定になっているかどうかは，そのときの生徒の既習内容と，これから学習する内容の間にあって，解決する必要性が感じられる問題になっているかどうかである。単に，一問一答形式で，教師からの問いかけが続いていないか，生徒の考えを聞いているか，教師の説明だけになっていないか，生徒に考えさせる場面と，教師が授業のまとめや価値付けをする場面との区別があるか，なども検討したい。

音声を聞き直すにはある程度の時間がかかるので，毎回はできないであろうが，客観的に気付くことが多く，学ぶことの多い振り返り方法である。気になる授業では，確認をして振り返るとよい。

4.2.4　ノートやワークシートの記述

ノートやワークシートでは，どのようなことに着目をして，振り返ればいいだろうか。生徒が 1 時間の授業を通して，どのようなことを学んだのか，授業のねらいが達成できたのかという視点から考えてみよう。

ア．ノートやワークシートに，生徒の自分の考えが書かれているか。・・これは，自分で考えて書かせる時間を十分に取ったのかどうかという振り返りになる。自分の考えと，友

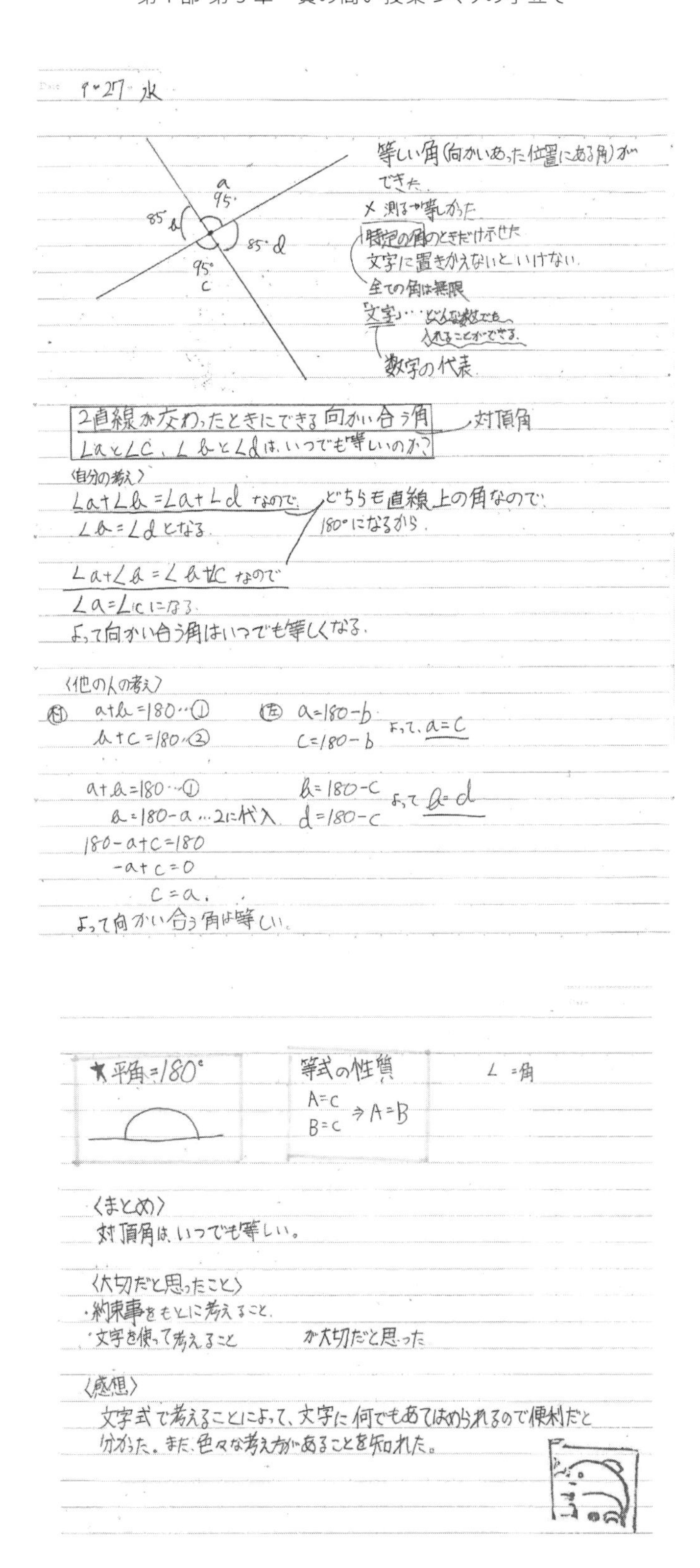
9・27・水
a 95°
85° b
85° d
95° c
等しい角(向かいあった位置にある角)が
できた。
× 測る→等しかった
特定の角のときだけ示せた
文字に置きかえないといけない。
全ての角は無限
「文字」…どんな数でも
入れることができる。
数字の代表
2直線が交わったときにできる向かい合う角 対頂角
∠aと∠c、∠bと∠dは、いつでも等しいのか？
〈自分の考え〉
∠a+∠b=∠a+∠d なので、どちらも直線上の角なので、
∠b=∠dとなる。 180°になるから。
∠a+∠b=∠b+∠c なので
∠a=∠cになる。
よって向かい合う角はいつでも等しくなる。
〈他の人の考え〉
a+b=180…①
b+c=180…②
a=180−b
c=180−b よって、a=c
a+b=180…①
b=180−a…②に代入
b=180−c
d=180−c よって b=d
180−a+c=180
−a+c=0
c=a。
よって向かい合う角は等しい。
★平角=180°
等式の性質
A=C
B=C ⇒ A=B
∠=角
〈まとめ〉
対頂角は、いつでも等しい。
〈大切だと思ったこと〉
・約束事をもとに考えること
・文字を使って考えること が大切だと思った
〈感想〉
文字式で考えることによって、文字に何でもあてはめられるので便利だと
分かった。また、色々な考え方があることを知れた。

図 3-25

だちの考えとを区別して書くように指導しておくことは，事前に必要である。

イ．板書のみの記述になっていないか。・・課題や発問が，適切であったか。生徒の思考を促すものであったか。

ウ．学習の流れが分かるか。・・ノートを見て，何をどのように学んだのかが分かるようなものになっているか。

エ．思考の流れが分かるか。・・問題と結論をつなぐ，その間の考え方が書かれているか。また，生徒に理解されているか。

オ．自分で，本時のまとめができているか。・・その授業で何を学んだのかを，生徒がどうまとめているのか。生徒のことばでまとめをさせてみることは，大切なことである。生徒のまとめと教師のねらいを照らし合わせて，本時で学んで欲しかったことが達成されたかどうか振り返ってみる。教師の主観でなく，客観的に振り返り不十分であれば，次時以降でそこを補うよう計画を立てる。

中学校第２学年「平行と合同」の１時間目の授業の生徒のノートの例を図 3-25 に示す。生徒に，この授業で大切だと思ったことを書かせている。ノートを集めて読み，次時に返却して，生徒が書いていたことを伝えながら，教師のねらいについて全体に話をした。

4.2.5　学習感想

感想を書くにあたっての観点を示して書かせるとよい。その授業についての感想を書くのであるから，授業ごとにねらいによって取り上げる内容が変わってもよい。例えば，一般的な感想としては，「今日の授業で新しく分かったこと」や「今日の授業で疑問に思ったこと」，「今日の授業でおもしろいと思ったこと」等である。実測や実験を行って数学に当てはめて考えたときには，例えば「身近にある事象と数学について感じたこと」などがあるであろう。もちろん，その他自由な感想を書いてもよい。

4.3　授業をどうつなげるか

4.3.1　課題設定

また，授業がつながっていくためには，本時の学習内容を次時で使っていけるように，次時の課題設定を行う。授業展開では，前時までの内容を使って解決ができるのか，あるいはさせるようになっているかを確認する。また，単元計画を見直し，ねらいと課題設定の整合性についても吟味する。

4.3.2　単元や学年を越えてのつながり

最後に，単元や学年のつながりを考えて，授業を振り返ってみる。図 3-25 にあるように，文字や等式の性質が，図形の性質を調べるときにも使えるというように，単元を超えてつなげていくことも必要である。学年のつながりとしては，文字と式であれば，最初に文字におくときの理由・活動は，２年生になって再び文字と式の学習をするときにつながっていなければいけないであろう。関数であれば，何が決まれば何が決まるのかという関数の考え方は，１年から３年まで変わらずに指導されていく必要がある。図形の性質では，小学校とのつながりも考慮に入れて指導する必要がある。小学校，中学校３年間，さらに高等学校へのつながり方も考えて指導計画を立てることが大切である。

（小野田啓子）

5．評価する

5.1　評価とは

評価とは，設定した教育目標がどの程度実現したのかを確認するための手段であり指標である。単に生徒たちの学習成果を数値化することではなく，授業者にとっては指導の反省であり，生徒たちにとっては今後の学習の見通しを得るために行われるべきということが，本来の目的である。そうだすると，ペーパーテストだけで生徒たちの力を捉えたり，授業実践の最終局面で実施される評価のみを評価材料としたりすることが不十分であるということが理解できよう。もちろん，「知っている・できる」を知るための手段としてテストは有効である。しかし，知識・技能だけが数学科教育の目指すべきところではないことは，これまでに述べられてきた通りである。したがって，例えば思考力・判断力・表現力等をみとるための評価などを考える必要性が出てくることは自然である。

資質・能力の面を評価しようとするなら，ある課題に対して達成・未達成の二択ではなく，達成の程度をみとる必要がある。例えば，座標平面上に関数のグラフを表示させて絵や図案を作る課題を課したとしよう。1 次関数のグラフだけで作られた作品と様々な関数を組み合わせて用いた作品では質が異なる。また，その作品をグラフの移動や拡大・縮小という側面から考察をしていれば，より深い学びをしているのだと判断できるだろう。生徒たちに今後の学習の見通しを得させるためという目的を考えれば，このような程度まで含めて評価をする必要性があることも頷ける。

程度を測るためには，「ルーブリック (rubric)」と呼ばれるような評価基準表が有効である [1]。ルーブリックとは，パフォーマンス評価（意味のある文脈の中で生徒の知識や能力を評価すること）で用いる，個々の課題を評価するための評価基準である。例えば，上述の絵や図案を作る課題に関しては，表 3-2 のようなルーブリックが考えられる。このようなものを用いて，生徒が現時点でどの水準にいるのかを明確にし，今後の学習に生かすのである。なおルーブリックは，基本的には生徒にも提示するものである。

本節では，以上のような，生徒たちに今後の学習の見通しを得させるために行われる評価について，様々な評価の方法を事例と共にみていこう。

5.2　様々な評価

5.2.1　レポートで評価する

パフォーマンス評価の一つにレポートがある。レポートというと，数学に関する事象について調べたことをまとめたり，与えられた定理を証明したりしたものを想定するかもしれない。確かにそのようなレポートも場合によっては必要であるが，ここで意図しているのはパフォー

表3-2　評価基準表の例

高	これまで学習した関数を 3 種類以上用いており，移動や拡大・縮小を用いている。また，考察も簡潔かつ論理的に記述できている。
↑	これまで学習した関数を 2 種類以上用いており，移動や拡大・縮小を用いている。また，考察も簡潔に記述できている。
↓	これまで学習した関数を 2 種類以上用いている，または移動や拡大・縮小を用いている。また，考察を記述できている。
低	これまで学習した関数を 1 種類用いている。感想を述べている。

マンス評価としてのレポート課題である。つまり，生徒が現時点でどの水準にいるのかを明確にし，今後の学習に生かすためのレポート課題である。

例えば，文字式による説明力がどの程度ついたかを測るために，次のような課題を出すことを想定しよう。

ゆたかさんは，まさこさんに「ふしぎな数あて」をするといい，次のように指示しました。

① 秘密の 1 けたの自然数を思い浮かべてください。
② 好きな偶数を思い浮かべてください。
③ ①と②の数の和を求めてください。
④ ②と③の数の和を求めてください。
⑤ ③と④の数の和を求めてください。
⑥ ④と⑤の数の和を求めてください。
⑦ ⑥の数の一の位の数を教えてください。

まさこさんが，秘密の数を 7，好きな偶数を 2 にして指示された通りに計算すると，⑦の数は 1 になりました。それを聞いて，ゆたかさんはまさこさんの秘密の数 7 をあてることができました。このふしぎな数あてのしくみについて，以下の問いに答え，レポートまとめなさい。

問 1. ②の偶数が 2 のとき，秘密の 1 けたの自然数をいろいろと変えて計算してみなさい。そして，①と⑦の数には，どんな関係があるか考えなさい。

問 2. ②の数を 2 以外のいろいろな偶数にして計算してみなさい。そして，①と⑦の数に，問 1 で考えた関係が成り立っているかどうか調べなさい。

問 3. この数あてでは，⑦の数を 7 倍した結果を使って，①の数をあてることができます。⑦の数を 7 倍した結果と①の数を比べ，あて方を説明しなさい。

この課題を課す場合，その前の授業では「数あて」を題材にした授業は行わない方がよい。行なってもよいが，それでは授業の再現をしているのか，それとも文字式を用いて説明する力を発揮しているのかが判断しにくくなるからである。同種の力を必要とするものの，題材や場面が異なるものをレポート課題として課すことで，その力がどの程度あるのかをみることができる。

演習 3-11　上のレポート課題を評価するためのルーブリックを作成してみよう。

レポート課題の一種になるが，作品を制作させる課題もある。また，作品制作に関するコンテストやイベントも多く存在するので，それを利用することも考えられる。例えば，特に図形などの学習の後が課しやすいが，「算額をつくろうコンクール」[2]や，関数のグラフを学習する中で取り組ませたい「関数グラフアート全国コンテスト」[3]，統計的問題解決を 1 枚のポスターにまとめる「統計グラフコンクール」[4]などがある。いずれにせよ，学んだことを使って作品を制作するというプロセスのある課題になる。授業者としては，数学的に正しいかどうかもだが，今までの学習とどのようなつながりがあるのかや，どのような数学の力を発揮するとよりよい作品となるのかなどをアドバイス・サポートできるようにしたい。そのため，作品を制作し終える前に共有する場や，制作後に振り返りの授業をするなど，発揮した力やプロセスを認知する機会を設けるとよいだろう。その際，ルーブリック等を用いて多面的に評価したり，その時点で自分の作品を考察させたりするなどの工夫をするとよい。それらの活動が，今後の学習に生かすことにもつながる。

5.2.2　授業で評価する

評価は，何も成果物・提出物だけでする活動を指しているのではない。授業中に評価することも考えられる。まずは，机間指導（机間巡視）である。机間指導の一つの目的は，生徒の学習状況がその授業のねらいに対してどの程度実現されているのかをみとることである。そのためには，発問に対して，どのように考えると程度が高いと見なされるのか，また，どのような手立てを講じればより高い水準の考え方になるのかなどを，事前に想定・設定しておく必要がある。そうすることで，練り上げに向けた道筋も立てやすくなる。

また，授業自体を評価のための授業にするという方法もある。例えば，イギリスの「Bowland Maths」には，「Assessment Lesson」というものがある。オープンエンドな課題と評価基準表を用意し，数学的に考える力を多面的にみとろうとしている。また，ワークシートにコメントをつけるなどのフィードバックをし，再度課題に取り組ませ，改善を図るということも行う。生徒の資質・能力面を測ろうとしたときには，このような Assessment Lesson の考え方も参考になる。例えば，中学校・1 次関数や高等学校・数学 I の授業などで次のような課題に取り組ませることが考えられる。

> もえさんは，もしも日本人の一人あたりの喫煙本数を半減できれば，たばこに起因する病気で亡くなる人の数も半減するのではないかと考えている。ここでは，「たばこに起因する病気」を，具体的に「心疾患」と言い換えることにしよう。もしも日本人の一人あたりの喫煙本数を半減した場合，心疾患による死亡者数はどのくらいになるだろうか。予測する方法と，予測人数を答えなさい。

表 3-3　Assessment Lesson における評価基準表の例

高	散布図から，諸外国の傾向を見いだし，より明確にそれが視覚化できるような数学的な問題解決テクニックを選択し，適用する パターンと，その正当性を明らかにして描写する
↑	散布図から，諸外国の傾向を見いだし，より明確にそれが視覚化できるような数学的な問題解決テクニックを選択し，適用しようとする パターンと，その正当性を概ね明らかにして描写する
↓	散布図から，諸外国の傾向を見いだす パターンを概ね適切に描写する
低	散布図から，諸外国の傾向を見いだそうとする パターンを描写しようとする

この授業では，まず必要なデータを与え，グループなどで課題に取り組ませる。各グループで探究をさせた後に一度回収し，それぞれのグループに対して現段階での評価と，簡単なコメントを記す。次の授業でそれらを返却し，さらに探究をさせる授業を実施する。当然，コメントも水準を高めるという目的でなされるべきで，発問同様，配慮や工夫が必要になる。

机間指導と Assessment Lesson のいずれにせよ，授業内での授業者の意思決定が絶えず求められることは言うまでもない。この生徒の考え方は何だろうか，この考え方をどう取り上げるか，この考え方から発展させるにはどのような展開をすべきか，この生徒にどのような手立てを講じるべきか，……。事前に学習指導案，ルーブリックを作成して授業に臨むということは，ある程度上記事項への対応の仕方を準備して臨むということであるが，それでも絶えず意思決定は求められる。

手元にある学習指導案の想定される生徒の反応例について，質が高いと考えられる順に並び替えてみよう。また，水準を高めるためにはどのような手立てが必要かを考えよう。

5.2.3　振り返りや蓄積物で評価する

今後の学習をよりよいものにしようとしたとき，過去に積み重ねてきたものを振り返ることは有効である。例えば，毎回の授業で学習感想を記述させることで，生徒の学びがどう変容しているかをみとることができる。また，章や節の区切りで振り返りをさせることで，その章や節を通して大切にしたい見方・考え方をまとめさせる機会を与えるとともに，理解しているかどうかの評価材料にもなる。振り返りの視点として，図 3-26 のようなものを生徒に提示し，そのプロセスに沿って活動を振り返らせるという方法も考えられる。

このような視点から振り返りを記述させたものに対して，評価をする。その際，振り返りを

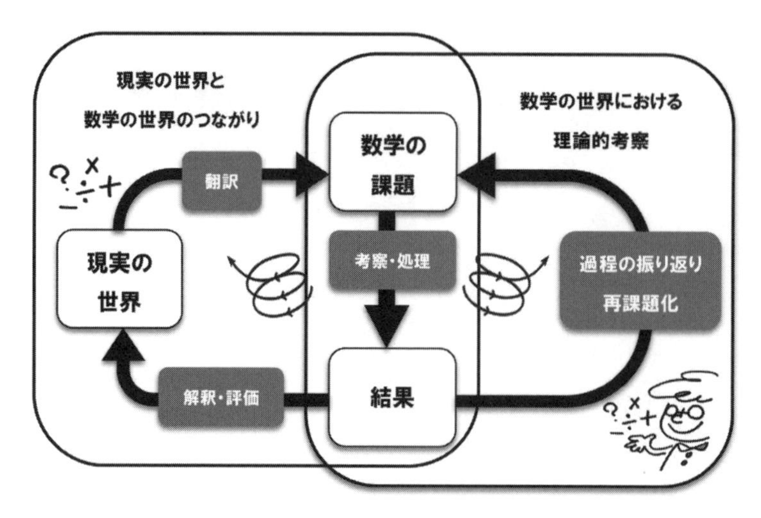

図 3-26　数学的活動の図の例（『TGUISS 数学 5•6』より）

評価するためのルーブリックを設定してもよいが，振り返りについてはそれぞれがそれぞれのプロセスをメタ認知する機会であるため，あまり細かく枠組みを決めるのは，本来の意図とはずれてしまう可能性がある。柔軟な解釈が可能な大枠でのルーブリックを作成することなどの工夫も必要である。

振り返りを記述させるものとして，振り返り専用のシート等を作成してもよいし，ノートを活用してもよいだろう。ノートというものは，自身が思考したこと，結果に至るまでのプロセスを記述するものであるという指導をしておけば，ノートを評価することでプロセスの評価をすることにつながる場合がある。

演習 3-13　ノートで評価しようとした場合，どのように評価すべきか，また，どのようなことに注意しなければならないかを，第 3 章 3 と関連させて考えてみよう。

演習 3-14　「ポートフォリオ評価」とは，どのようなもので，資質・能力面を評価するためにどのように活用すればよいかを考えよう。

5.2.4　ペーパーテストで評価する

ペーパーテストで評価できることには限界がある。とは言え，工夫次第では，知識や技能以外の面に重きを置いた評価材料になり得る場合がある。例えば，次のような問題をペーパーテストで問うことを考えてみよう。

> みつるさんは，8時に家を出発し，1200 m離れた駅まで歩いた。みつるさんの兄は，8時4分に家を出発し，分速150 mでみつるさんを追いかけた。みつるさんの兄がみつるさんに追いつく時刻を求めなさい。

これにさらに，「この問題を数学で解決するためには，仮定を置かなければいけません。考えられる仮定を二つ以上挙げなさい。」と問えばどうだろうか。解決を振り返り，現実場面を想定しながら，数学的に解決するために必要な要素を特定しようとするだろう。このように，問い方を工夫したりすることで，知識・技能だけでない力を測ることができる。

5.3　学習のための評価

5.3.1　評価から授業のあり方を探る

ここまで様々な評価の方法を挙げてきたが，これがどのように質の高い授業づくりにつながるのだろうか。

評価をするには，その測りたい力を育成するような一連の授業をそれまでに実施している必要がある。例えば，コミュニケーション力を評価したいのに，コミュニケーション力を発揮する場面の全くない授業をしていれば，伸びる力も伸びないし，どのように変容していったのかをみとることができない。つまり，通過地点ではあるが，一種のゴールをあらかじめ決めておくことで，そこに至るまでにどのような授業をするべきなのかを考える一つの指針が評価なのである。

過去に，教育実習生に対して，「このレポート課題をみなさんの実習後に生徒に課します」と初めに伝え，授業を考えさせたことがある（図3-27）。このレポート課題は，場合の数の知識・技能の定着は当然であるが，“安全性”に対して数学的な視点から批判的に考察したり，数学的根拠に基づいて意思決定したりするプロセスを見ることを意図している。そのプロセスを豊かにするためには，それまでの授業をどのように設計すればよいのか，あるいはどんな教材を扱うとよいかを考えなければならない。このように，評価は，授業づくりの一つの指針ともなり得るのである。

レポート課題（No.3）　Principled, Thinkers　Fairness and development

暗証番号は何桁にする？

課題　あるお店では，従業員の出入口にボタン式ロックを取り付けようと検討している。
これは，0～9，A～Eの15個のボタンが使用できるボタン式ロックである。
暗証番号（記憶番号）は自由に設定できるが，以下のような注意書きが添えられている。

記憶番号設定に関するご注意

- ISS4000は1～15桁まで任意の記憶番号（組み合せ：32768通り）を設定できます。
- ボタンを押す順番は自由です。順番は指定できません。
  例）記憶番号　1・2・3　の場合
  1・2・3　と押しても　2・3・1　3・2・1　1・3・2　と押しても解錠できます。
- 1つのボタンにつき設定は1回だけです。（同じボタンを2度押しする設定はできません）
  例）1・1・2・3　や　1・2・2・3　の設定はできません。

（株式会社長沢製作所「キーレックス4000」取り扱い説明書を参考）

このボタン式ロックについて，次の各問いを考えなさい。
(1)「組み合せ：32,768通り」とあるが，その場合の数だけあることを説明しなさい。
(2) あなたがこのお店の従業員だとすると，暗証番号を何桁にするだろうか，答えなさい。また，そう考える理由を説明しなさい。

図3-27　教育実習生に提示したレポート課題[5)]

演習 3-15　教育実習の担当単元における評価課題（とルーブリック）を作成してみよう。それはどのような形式で課すのか，その意図は何であるかを説明しよう。

5.3.2　評価を生徒の学びにつなげるために

評価をする際，注意しなければならないことがある。それは，その評価や評価基準から外れた生徒の評価である。こちらが事前に想定していなかったが，数学的に“鋭い”発言をする生徒は必ずいる。そのような生徒はどのように評価すべきだろうか。それが，例えばルーブリックの中に記述されていない考え方である場合，ルーブリックに従って低い評価と判断してよいのだろうか。このようなときは，もう一度，評価の目的に立ち戻ってもらいたい。評価の目的は，生徒に今後の学習の見通しを得させることである。生徒のこれからの学びにつながるように，授業者はどのように生徒と向き合うのか。そのようなことを考えることが，評価を考えることの本来の姿である。このような姿勢を常にもちながら，授業づくりに役立てたい。

注

1) 評価基準（あるいは評価規準）にまつわる議論等の詳細は，鈴木 (2013) を参照されたい。

2) NPO 和算を普及する会「http://www.wasan.org/」（2017 年 10 月 1 日閲覧）主催のコンクール。

3) 関数グラフアート全国コンテスト運営委員会「http://www.ge.fukui-nct.ac.jp/~math/graph_art/」（2017 年 10 月 1 日閲覧）主催のコンテスト。

4) 公益財団法人統計情報研究開発センター・総務省主催の統計グラフ全国コンクール「http://www.sinfonica.or.jp/tokei/graph/index.html」（2017 年 10 月 1 日閲覧）。各都道府県において同様のコンクールが開催されている。

5) 株式会社長澤製作所「http://www.nagasawa-mfg.co.jp/」より，「キーレックス 4000」の取扱説明書を参照した。

引用・参考文献

石井英真 (2015).『今求められる学力と学びとは――コンピテンシー・ベースのカリキュラムの光と影――』日本標準，pp.55-74.

西岡加名恵編著 (2008).『「逆向き設計」で確かな学力を保障する』明治図書.

菅原恵美 (2015).『「数学的プロセス能力」の形成的アセスメントを重視した授業の構成――Bowland Maths.のアセスメントレッスンに着目して――』. 平成 26 年度東京学芸大学大学院教育学研究科修士論文.

鈴木秀幸 (2013).『スタンダード準拠評価――「思考力・判断力」の発達に基づく評価基準――』. 図書文化社.

田中耕治 (2010).『新しい「評価のあり方」を拓く――「目標に準拠した評価」のこれまでとこれから――』. 日本標準.

東京学芸大学附属国際中等教育学校数学教育研究会 (2017).『TGUISS 数学 5･6』. サンプロセス.

Bowland Maths.　http://www.bowlandmaths.org.uk/（2017 年 10 月 1 日閲覧）

（新井健使）

6．ICTの利活用

6.1　なぜ「ICTの利活用」か

6.1.1　深い学びの実現とICT

授業はかつて「黒板」と「チョーク」を中心に，定規やコンパス，グラフ黒板等の用具を用いることで行われてきた。それは現代においても変わることなく授業をつくるための「基礎・基本」となる用具である。前節までにも述べてきたが，板書や生徒のノート等をどのように使って授業を展開するかは，これから目指す学びの実現に向けても重要な視点である。

近年「ICTの利活用」が注目されてきている。中央教育審議会(2016a)では，ICTの利活用について「アクティブ・ラーニングの視点に立った学習活動において、ICTを効果的に活用した学習が行われるようにすること。グラフの作成やデータの分析等にコンピュータを積極的に活用すること」(p.11)と述べられている。また，この他にも近年では実践や研究を通してその利活用の方法や意義について議論が活発に行われてきている。

現在，授業場面においては，様々なICTの機器が利活用されている。例えば，画像や映像を映し出すためのプロジェクタやスクリーン，電子黒板，画像を取り込むための書画カメラやデジタルカメラ，様々な（グラフや図形を描画するソフトや表計算ソフト，プレゼンテーションソフトなど）ソフトを機能させるためのPCやタブレットPC，他にもデジタルペンやグラフ関数電卓等が挙げられる。

それではなぜ,これらのICT機器を使うのか。授業はあくまで資質・能力を育むことを目的に，主体的・対話的で深い学びを実現すること目指していくものであり，ICTはあくまでそれらを促進するための一手段である，と捉えたい。そこで，考えなければならないのは，ICTを利活用することで，生徒にとってどのような学びの深まりがあるのかを的確に捉え，目的的に指導に取り入れていくことである。

6.1.2　ICTの特長

ICTを利活用するよさを考えるために，まずその特長について考えてみよう。例えばICTを活用した教育の推進に関する懇談会(2014)では，ICTの特長として以下の3点が指摘されている。

①時間や空間を問わずに、音声・画像・データ等を蓄積・送受信できるという、時間的・空間的制約を超えること
②距離に関わりなく相互に情報の発信・受信のやりとりができるという、双方向性を有すること
③多様で大量の情報を収集・編集・共有・分析・表示することなどができ、カスタマイズが

容易であること（p.6，下線は筆者）

このような ICT の特長を生かすことにより，これまで実現が難しかった学習場面が容易になるケースが生まれ，一斉学習，個別学習及び協働学習を効果的に行うことができるようになる，としている。先に挙げた様々な機器を用いる理由はここにあるといえる。例えばタブレット端末を使えば生徒の思考の過程が可視化されたり（上記①），インターネット環境を利用すれば生徒が作成したものを共有スペースに挙げることで多くの考えを瞬時に共有できたり（上記①・②），また表計算ソフトを使えば大量の統計データ等を瞬時に処理したりすることができる（上記③）。

数学科の授業において，ICT を利活用するよさについて具体的に考えてみよう。

6.1.3　授業場面で ICT を使うために

それでは，実際に授業のどのような場面で ICT を利活用することができるだろうか。先の答申では，ICT の効果的な利用場面について，図 3-28 のように示している。

図 3-28 のように，利活用できる場面は様々あり，利用する道具によっても場面の向き，不向きはある。導入場面なのか，解決の際に用いるのか，共有場面で用いるのか，またそれによって学習の何が変わるのかなどについて，事前に検討しておく必要がある。

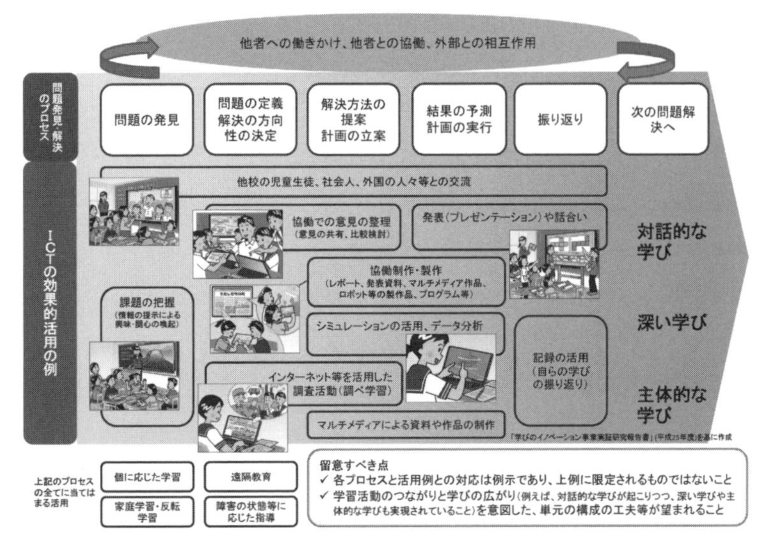

図 3-28　アクティブ・ラーニングの視点に立った学習プロセスにおける ICT の効果的活用の例
（中央教育審議会，2016b，p.4）

また，誰が，どこでICTを使うのかも考えておきたい。かつてコンピュータを利用するような授業は，PC教室のような部屋で行うことが多かったが，いまは普段の教室での利用も多く想定される。生徒が利用し，一人1台必要な場合は専用の教室の方が便利であることもあるが，少数である場合や教師が主に利用する場合などは教室で扱うことが多い。この際も，ICTを「誰が」「何を」「いつ」「どのように」使うことで，学習の何が変わるのかを明確にすることが大切である。

6.2　ICTの利活用の事例

次に，実際に数学の授業場面ではどのような扱い方が考えられるか，事例をもとに考えていく。代表的な例として，以下のような目的で使うことを考える。

- 対話や振り返る活動を促すために
- 場面理解のために
- 事象を動的に捉えるために
- たくさんのデータを処理するために

これらの目的に基づき，実際にICTを用いることで，どのように学びが深まることが期待できるのか，具体的な事例をもとに述べる。

6.2.1　対話や振り返る活動を促すために

プロジェクタ（投影機）とスクリーンは，授業においてICTを活用していく際の基本セットになる（電子黒板は，それらをまとめたものであり，さらにスクリーン上での操作等付加機能があるもの，と考えてよい）。そこにPCやタブレット端末，書画カメラなどをつないで用いることになる。ここでは特に対話や振り返る活動を促すための，タブレット端末や書画カメラの利活用について考える。

図3-29　プロジェクタとスクリーン，PCを設置している様子

（1）タブレット端末や書画カメラで生徒の記述をそのまま写し，説明させる

例えば，ある問題について生徒が個人で解決をし，それを教室全体で共有するような場面を想定する。ここで，生徒に黒板に板書をしてもらい共有しようと思うと，筆記量が多く，思いのほか時間を費やしてしまうことがある。このことを解消する一つの方法としてICTの利活用を考える。

図3-30　生徒の記述をスクリーンに投影

書画カメラやタブレット端末で生徒のノートやワ

ークシートにある記述をそのままスクリーンに投影する。この方法では生徒が手元で行った“生の”解決を，共有することができる。書画カメラ，タブレット端末どちらも同じようにできるが，タブレット端末のカメラで撮影しておくと，生徒に説明させる際に画像がぶれたりすることがなく，また生徒もこの手の操作には慣れているので，拡大・縮小等が容易にできる。このことで，対話的な学びの促進が期待できる。その一方で，板書のように，後から臨機応変に参照したり，振り返ったりすることがしにくくなることがあることに留意したい。

（2）授業のノートや板書の写真を振り返りの材料にする

「解決を振り返り，統合・発展する」ところまで一つの授業を終えるのは，時間の都合上難しいことがある。それを次時に行おうとするとき，授業の冒頭では前時の授業を振り返る必要がある。では，何を振り返るか。一つは解決の過程である。それが一番残っているのは生徒のノートの記述であり，板書である。

それらをタブレット端末で撮影しておいた写真として記録しておくと，スクリーンに映すだけでも前時にどのような活動を行ったのか振り返ることができる。特に板書については，保存をしておけばいつでも見せることができる。「過去にどのような考え方をしたか」は，数学的な見方・考え方を働かせるきっかけになり得る。

また，4.2 で見たように，教師自身の振り返りとしても板書の記録は有用である。授業後の板書とそのときにした発問や生徒の反応等を対応させながら振り返ることで，授業改善につなげたい。

6.2.2　場面理解のために

現実場面における問題を，数学を用いて解決するような活動においては，場面を理解することがまず重要になる。しかし，文字情報のみであると内容が理解しにくく，また現実味に欠けてしまうことも少なくない（もちろん文字情報のみから場面を理解することも必要である）。生徒が興味・関心を持って活動に取り組んだり，数学の世界で考えるために理想化・抽象化するための視点を見いださせたりするための，ICT の利活用について考える。

（1）映像を用いて問題の状況を理解する

- リレーのバトンパス

①場面

リレーのバトンパスの問題は，第3学年「2乗に比例する関数」における，2乗に比例する関数の利用の場面で扱われる問題である。できるだけスムーズにバトンパスをするための方法を考える題材で，バトンを渡す人の走りを等速直線運動（1次関数），バトンを貰う人の走りを等加速度運動（2次関数）とみなし，それぞれの（瞬

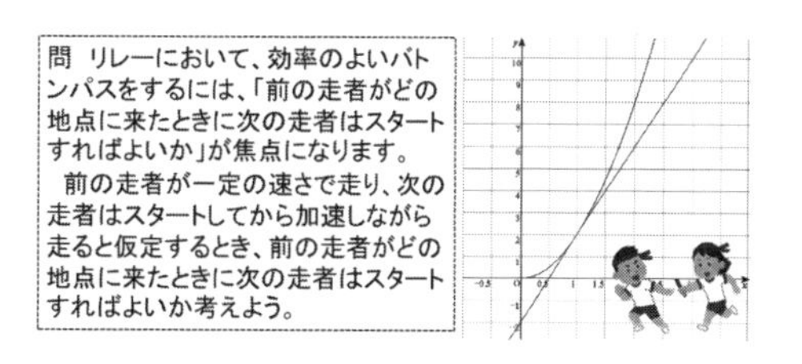

図 3-31　「リレーのバトンパス」の教科書における記述

図 3-32　バトンパスの場面の映像の一部

図 3-33　グラウンドの写真

間の）速さが等しくなる，すなわちグラフで表すと放物線と直線が接するときの，直線の y 切片の座標を読み取ることで，バトンを渡す人がどの位置に来たときに貰う人は走り出せばよいかを見いだす課題である。

② ICT 利活用の方法

この場面理解のために ICT を利活用することを考える。ここまでのバトンパスの場面の状況を理解するのは，それなりに困難である。生徒は体育の授業等を通して経験的に理解している部分はあるが，その理解には差がある。このようなときに，実際の場面を映像を見せながら解説を加えることで，全ての生徒に対して，問題場面の理解を促すことができる（ただし，ここで理解させたいのはあくまで「問題場面」のみであることに留意したい。ここから「放物線と直線の接する場合を考えればよい」と考えるのは，もう少し場面を焦点化した（数学の世界にのった）問題の理解である）。

最後に，求めた距離が妥当な距離なのかを現実場面に戻って解釈するときにも ICT の利用が考えられる。例えば，このとき実際の距離を外に見に行くと生徒にとっても実感の伴う理解になるが，他の授業との兼ね合いで困難なときもある。このようなときは，自校のグラウンドの写真を撮っておいて，スクリーンに映し出すのも一つの方法である。ICT を利用することで，現実世界の問題を，生徒により現実に近い形で提示することが可能になる。

（2）実験等の外的活動を映像で代用する

- 線香に火をつけてからの時間と燃えた長さ①場面

中学第 1 学年「変化と対応」における比例の導入場面等で扱われる題材である。現実的な場面から比例関係を見いだすのに有用であり，また時間に伴って変化する値を燃えた長さでなく「線香の長さ」に置き換えることによって，y 切片が正，傾きが負の直線をえがく 1 次関数の例としても取り上げることができる。

しかし，時間と燃えた長さはそんなにきれいに比例関係になっているのだろうか，と考えると，やはり実際に

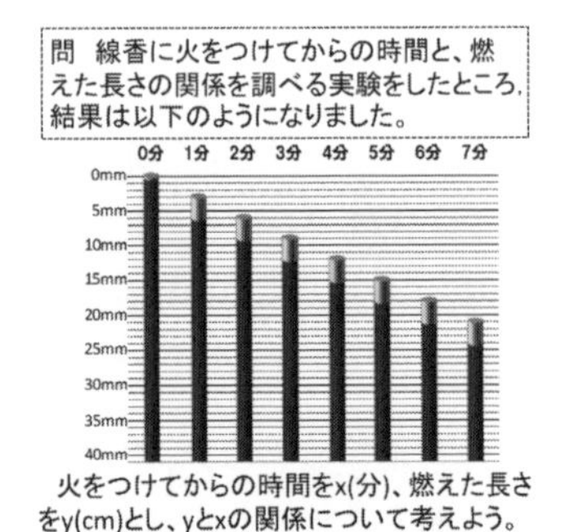

図 3-34 「線香の燃えた長さ」の教科書における記述

実験の様子を見てみたいところである。しかし，生徒に実験をさせようと思うと，準備に手間がかかりすぎること，火を使うので危険を伴うこと，湿度や風など環境によるデータのばらつきなどの問題点が少なからずある。

② ICT 利活用の方法

こういった問題点を補完できるのが，映像による代用である。右の図は，実際に定規とストップウォッチを用いて計測している場面の動画の一部である。実験を行うと「途中」を切り取ることはできないが，映像であればストップが効くので，その都度その都度映像を止めて時間とその長さを記録することができる。例えばタブレット PC 等に動画を保存しておき，グループごとに配布をして各々に時間を止めさせながら実験の様子を記録させてもよい。

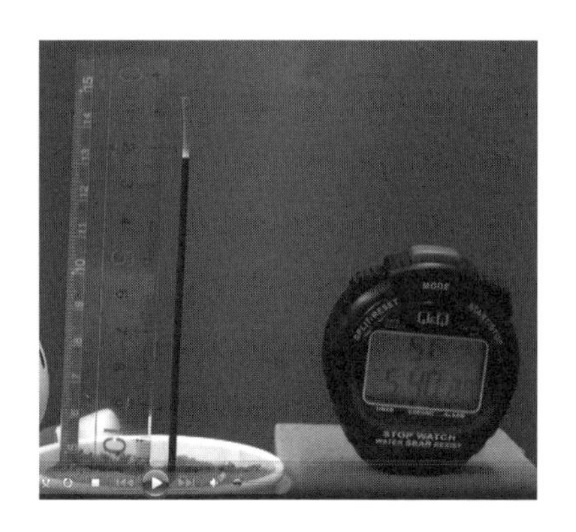

図 3-35　線香の実験の映像

6.2.3　事象を動的に捉えるために

黒板にかく図は，当然ながら動かない。しかしながら，特に関数や図形の学習においては，グラフや図を動的に捉えることが求められることがある。PC やタブレット端末上で動くソフトを利用することで，正確な図やグラフをかくことができるとともに，それらを動かしながらの学習が実現できる。

（1）図形を動かすことで，新たな性質を発見する

①場面

例えば，「円周上の任意の孤に対する円周角は全て等しい」かどうかは，証明をすれば理屈は理解することはできるが，やはり実際そうなのかはかいて確かめてみたいところである。しかし，当然ながら全ての円周角（孤の長さ，半径が変わったら，……など，全てを網羅）を作図し，一つ一つそれが等しいか確かめることは，骨の折れる作業である。それをしなくて済むところに，証明することのよさがあるわけだが，実際の確かめ，という面で図形描画ソフトを用いることが有用になる。図形描画ソフトは，インターネット上にフリーソフトとしてたくさんのものが存在している。

② ICT 利活用の方法

• 内接四角形の外角の定理と接弦定理の統合

例えば，中学校第 3 学年「円の性質」における課題として，「円に内接する四角形の一つの角は，その対角の外角の大きさに等しい」という命題がある。このことは，円周角の定理等を利用することで，証明を与えることができる。

この事実をもとに何気なく下図のように点 D を円周上で動かしてみる。すると点 B と D が重なる位置に来るが，このときの直線 BD（以下直線 l）は，どのような直線に見えるか。

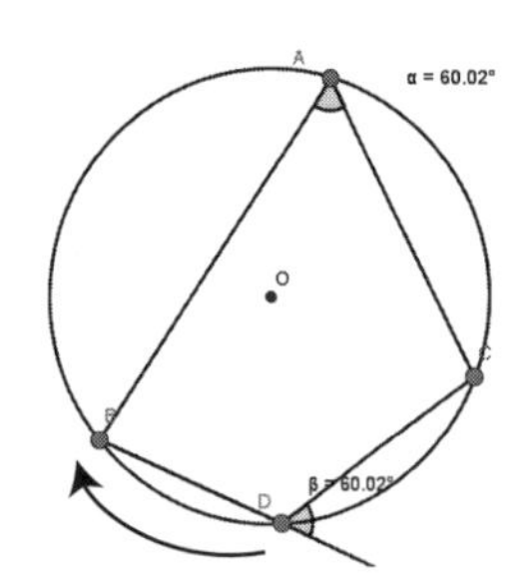

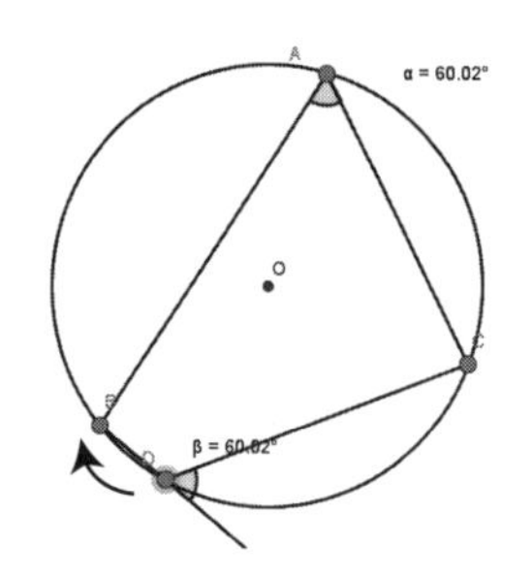

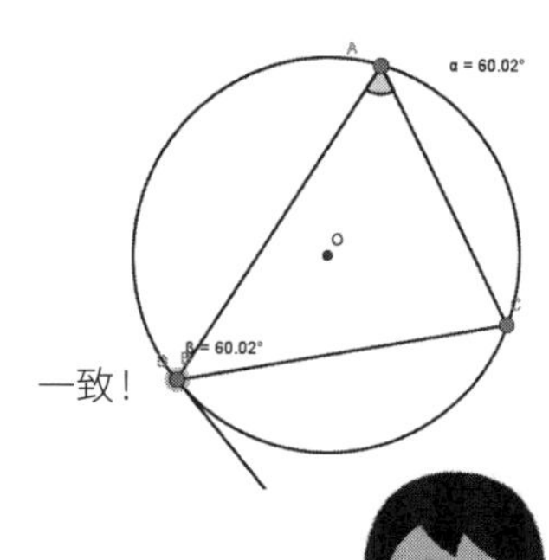

図 3-36　図形描画ソフトによる，点の移動の様子

直線 BD は接線になるのかな？

おそらく接線に見える，と考えるだろう。ここで角 α と角 β の関係に着目すると，以下のような命題が浮かび上がってくる。

直線 l が点 B を通る円 O の接線であるとき，角 α ＝角 β

これは中学校の指導内容には位置づいていないが，円の接線と弦のつくる角の定理である（教科書によって発展課題として扱われている）。このことにより，この定理を内接四角形の外角の定理の特別な場合とみることができる。これは，図形描画ソフトを用いて図形を動かすからこそ見えてくることであり，アナログでは実現しにくい発見であろう。

（2）図形を動かすことで，理解する

• 浮かび上がる曲線

①場面

高等学校数学Ⅲ「2 次曲線」における利用を考えてみよう。トレーシングペーパー上に，点 P と直線 l が与えられ，P と l 上の点が重なるように折る。折れ線を集めると包絡線として曲線が浮かび上がり，放物線と予想できる。これが放物線であるかどうかを考えるために，浮かび上がる曲線と折れ線との接点がどこかを考えることが有効である。しかし，折れ線を眺めているだけではなかなか分からない。動的な視点が必要である。

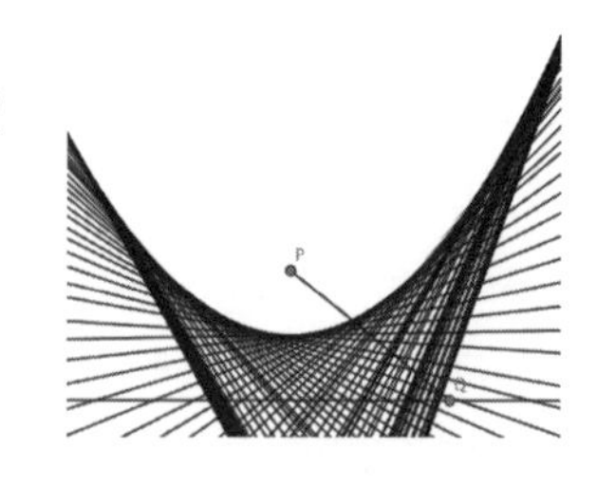

図 3-37　図形描画ソフトによる折れ線の様子

② ICT の利活用の方法

浮かび上がる曲線と直線 l 上の点 Q との折れ線との接点を考える。そこで，l 上のもう 1 点 R との折れ線の交点 A を考える。点 R が点 Q に限りなく近づいたとき，点 A が近づく位置が，求めたい接点である。グラフ描画ソフトで，この様子を動的にみてみよう。折れ線は垂直二等分線なので，点 A は△ PQR の外心であるため，点 R が点 Q に限りなく近づくと，△ PQR の外接円は，l に接する円に限りなく近づくことが分かる。つまり接点は，点 P と直線 l からの

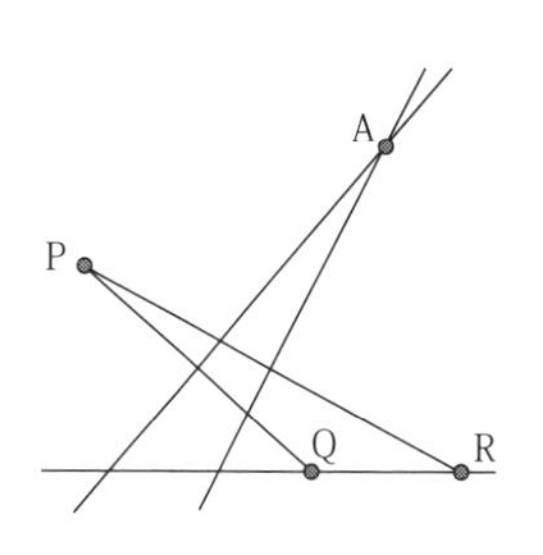

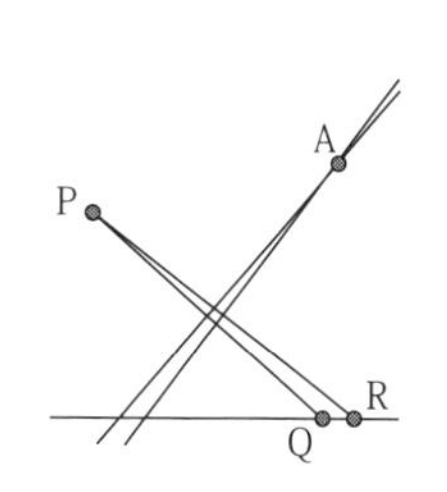

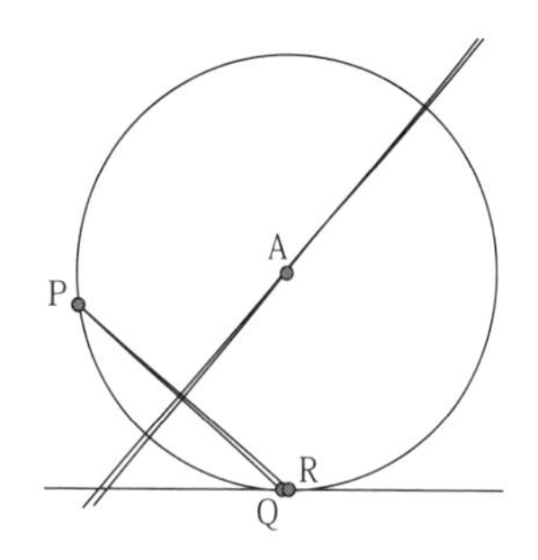

図3-38　図形描画ソフトによる，交点の移動の様子

距離が等しい点となるため，浮かび上がる曲線が放物線であることが分かる。

（3）図形を動かすことで，課題を発見し，確かめ，さらに発見する

- 浮かび上がる曲線

①場面

高等学校数学Ⅰの2次関数 $y = ax^2 + bx + c$ のグラフは定数 a，b，c によってどのように変化するかを考える場面である。c が変化すると，y 切片が変化するのでグラフは上下に動くことは式からも判断できる。しかし，a や b が変化した際，どのようにグラフが変化するかを予想することは難しい。また，手でいくつかグラフをかくのも手間である。

② ICTの利活用の方法

グラフ描画ソフトに入力し，a や b の値を変化させると，グラフがどう変化するかがよく分かる。

まず，$a = c = 1$ のとき，b の値を変化させると，グラフが形は変わらず，移動していく様子が分かり，その様子を捉えるために，頂点に注目すると，放物線上を動いていると予想できる。予想を基に「頂点の軌跡は放物線だろうか」という課題を見いだすことができる。課題解決後，この軌跡の方程式を入力し，確かめることができることもグラフ描画ソフトの利点である。

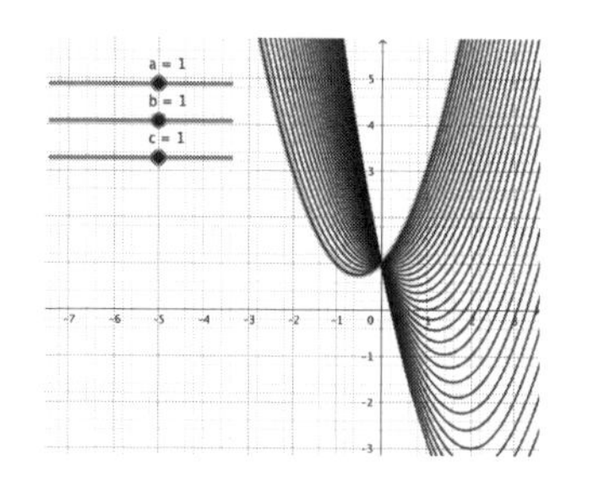

図3-39　図形描画ソフトによるグラフの変化の様子

次に，$b = c = 1$ で，a の値を変化させたときの放物線の頂点の軌跡についても同様に考える。(0, 1) は除外される点であることに気付くことができることもグラフ描画ソフトの利点である。

（4）グラフの細かな部分をみとる

例えば，比例 $y = ax$ のグラフについて，比例定数 a の値の変化によってグラフがどのように変化するかを考えるとしよう。比例定数の違ういくつかのグラフを手でかいていき，それらを比較することで，その特徴を見いだすことはでき，これは重要な学びである。これをグラフ描画ソフトを利用し，パラメータとして比例定数 a の値を変化させていくと，調べていない細かな部分まで，そのグラフの変化をみとることができる。さらに，パラメータを変化させ続けると，a の値の変化による「変化の速さの違い」に気付く。絶対値が大きければ大きいほど，

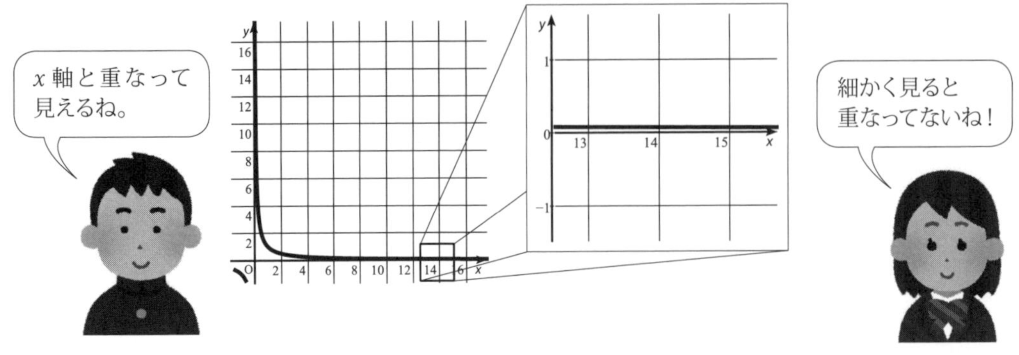

図 3-40　グラフ描画ソフトで，グラフを拡大する様子

変化は遅くなる。

- 反比例のグラフと軸の関係

反比例においても同様のことがいえるが，さらに反比例のグラフ（双曲線）は軸が漸近線になることが一つの特徴といえる。グラフ描画ソフトを用いるときれいにかけるが，やはり軸と重なって見えてしまう。すると「本当に軸と重ならないのか」が気になってくる。そこでグラフの一部分を拡大して見てみる（図 3-40）。すると接していないことがだんだん見えてき，これには生徒も美しさを感じるようである。

6.2.4　たくさんのデータを処理するために

データの活用領域では，一度にたくさんのデータを処理し，分析することが求められる。処理することのみが目的ではなく，処理したデータから，どのような結論を導くことができるかが問われている。言うまでもなく，データの処理やグラフ化する作業を手計算でずっと行っていくことは現実的ではない（当然，導入場面等では手計算したりグラフを手でかいたりする作業も重要である）。

（1）複雑な計算を電卓に任せる

文脈上どうしても複雑な計算を強いられることはあるが，問題解決全体を見たときに，計算すること自体が目的でないなら，そこは電卓にやらせてしまってもよい。例えば，現実的な場面を扱う場合には，そこで用いられる数値が都合よくキレイな値ばかりではない。しかしこれを教師の手によって処理が簡単な数値設定にしてしまうと，生徒にとって現実味が薄れることも懸念される。そういった計算は電卓に任せ，立式等に焦点を当てることが考えられる。

- 2 乗して 2 になる数は？

中学校第 3 学年の平方根の導入場面では，2 乗して 2 になる数はいくつかを考える。$1.4 \times 1.4 = 1.96$，$1.5 \times 1.5 = 2.25$ より，1.4 から 1.5 の間の数であることが分かる。それではもう少し細かく計算すると，$1.41 \times 1.41 = 1.9881$，$1.42 \times 1.42 = 2.0164$ より，1.41 と 1.42 の間の数となり，もう少し細かくすると……。このような計算は，計算すること自体が目的ではないので，手計算でやる必要はない。電卓を活用し，どんどん細かい値まで計算させ，近似値を見つけさせたいところである。

電卓は，常に使える状態にしておいてもよい。例えば，２年「確率」の授業の中で，分数で表された確率を小数に直すことで，その値の意味を，実感を伴って捉えることができる。生徒は「何%」という表現の方が，慣れ親しんでいるからである。電卓が置いてあると，生徒が何気なく計算することができる。

（2）実験データをグラフ化する

確率や統計の授業では，実際に実験をして，そのデータをもとに考察したい場面が多々ある。しかしデータを集計し，グラフ化までの作業を授業内でやっていこうとすると，それには膨大な時間がかかることが懸念される。ICT を用いることで，その作業を一気に簡略化し，すぐに次の考察に移ることができる。

• モンティホール問題

①場面

〔賞品はどこだゲーム☆〕
あなたの前に三つの箱があり，そのうち一つは賞品が入っている当たりの箱です。司会者はどれが当たりの箱か知っています。
　～ゲームの進め方～
①挑戦者は最初に一つの箱を選びますが，中を見ることはできません。
②司会者は残った二つの箱のうち，はずれの箱を一つ開けて見せます。
③挑戦者は，最初に選んだ箱をチェンジする，またはチェンジしない，のいずれかを選択します。
このときチェンジする・しない場合で当たる確率は変わるだろうか?

この問題の面白さは，感覚的にはチェンジをしてもしなくても当たる確率は変わらなそうに思えるが，実際に試行を重ね，統計的な確率を求めてみると，チェンジして当たる確率はおよそ$\frac{2}{3}$，チェンジしないで当たる確率はおよそ$\frac{1}{3}$と，明らかにチェンジした方が当たることが分かることにある。

統計的確率をある程度信頼できるくらいまで求めるためには，それなりの試行回数が必要である。重要なのはあくまで実験結果について考えていくことであり，計算をしたり，グラフをかくことは目的ではないため，表計算ソフトの利活用を考えたい。

② ICT 利活用の方法

ペアをつくり，一方を司会者役，もう一方を挑戦者役として，実際に試行を 20 回行う。そして事前に表計算ソフトに枠を作っておき，チェンジして当たった回数，チェンジしないで当たった回数を，実験が終わった生徒からどんどんデータを入力してもらう。すると入力さえすれば，後は計算及びグラフ化は PC が行ってくれる。ここでは実際に実験したデータが，試行回数を重ねることで一定の値に収束していくことが瞬時にみてとれる（チェンジして当たる確率がおよそ$\frac{2}{3}$）。

また PC 上でのグラフ化は先に挙げたように動的な変化を見せやすくなる。例えば，「ヒス

ペア	①	②	③	④	⑤	⑥	⑦	……	⑯	⑰	⑱	⑲	⑳
チェンジして当たった数	8	9	5	8	9	7	6	……	8	5	8	6	7
総数	10	10	10	11	10	10	10	……	12	10	10	10	9
チェンジして当たった数	8	17	22	30	39	46	52	……	117	122	130	136	143
総数（累計）	10	20	30	41	51	61	71	……	168	178	188	198	207
チェンジして当たる確率	0.800	0.850	0.733	0.732	0.765	0.754	0.732	……	0.696	0.685	0.691	0.687	0.691

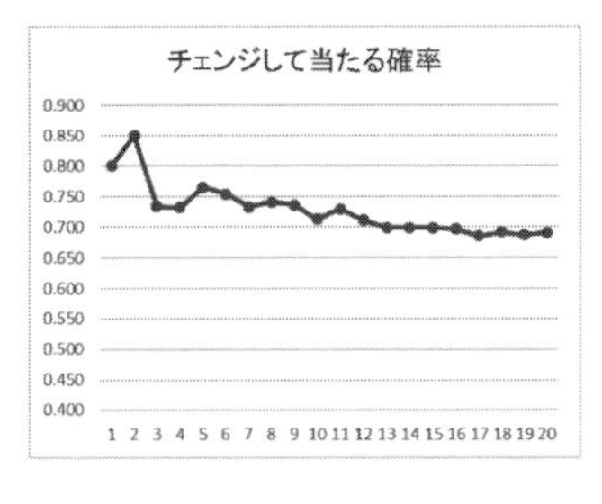

図 3-41　表計算ソフトでデータを集計し，その場でグラフ化する

トグラムの階級幅を変えること」についても，ボタン一つで容易にその変化を見せることができる。この他にも統計に関しては，ヒストグラムや度数分布多角形，箱ひげ図をかくことのできるソフトも，フリーソフトとしていくつか存在するので，その積極的な利活用を検討したい。

• 10 秒選手権

①場面

高等学校数学 I の「データの分析」において，集団と集団を比較する際，五数要約を視覚的に表した箱ひげ図が有効な場合がある。下図の例は，「10 秒選手権」という題で，四人から六人で班を構成し，ストップウォッチで時計を見ずに 10 秒と思う時に止め（一人 3 回），どの班が一番上手かを分析するという例である。箱ひげ図で比較しようとすると，まず五数要約の値を求め，正確に図をかかなくてはならず厄介である。

② ICT の利活用の方法

Geogebra では，データを入力し，入力すれば箱ひげ図を作成することができる。正確に図を作成できるため，分析しやすい。重要な部分は，分析であり，図を作成することではない。図を作成するのは ICT に任せ，重要な部分の分析に時間を割くことが ICT の利活用で可能となる。また，言うまでもなく，生徒がこのような ICT を利活用できるようになることも大切なことである。

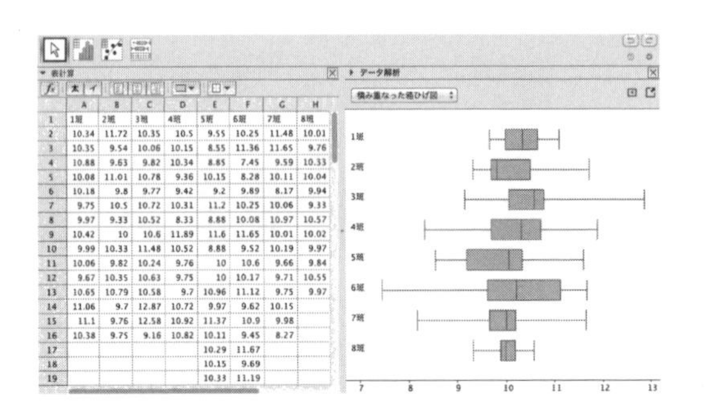

図 3-42　Geogebra でデータを箱ひげ図にする

（3）インターネット上にあるデータを利用する

関数や統計領域の授業においては，生徒が社会で統計データを扱っていけるようにするためにも，インターネット上のデータも積極的に扱いたい。インターネット上には，授業で扱えそうな興味深いデータが，様々な形で公開されている（総務省統計局 HP や気象庁 HP 等）。

問　駒沢公園のお花見の計画を立てるために，桜の開花日を予想したいと思います。以下のデータをもとに，桜の開花日を予想してみよう。

1984年から2014年までの桜の開花日。
※4/1,2,3…は，32,33,34…と表す。

計測年	開花日	計測年	開花日	計測年	開花日
1984	42	1994	31	2004	18
1985	34	1995	31	2005	31
1986	34	1996	31	2006	21
1987	23	1997	21	2007	20
1988	33	1998	27	2008	22
1989	20	1999	24	2009	21
1990	20	2000	30	2010	22
1991	30	2001	23	2011	28
1992	24	2002	16	2012	31
1993	24	2003	27	2013	16
				2014	25

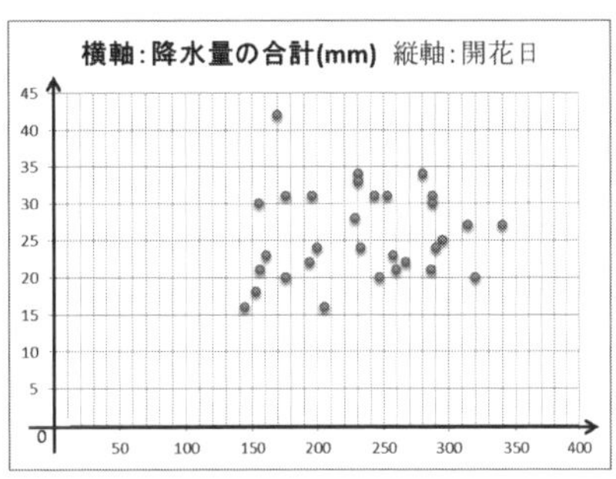

図 3-43　降水量と開花日の相関

例えば，1 次関数の利用場面で扱われる「桜の開花予想」の題材では，平均気温と開花日のデータの相関関係を用いて，桜の開花日を予想する，といった活動が行われる（例えば，東京書籍『新しい数学 2』，pp.174-175）。しかし，開花日と相関関係があるのは平均気温だけだろうか。また，そもそも平均気温に相関があるかどうかも本来データをとらないと分からないことである。こんなときに，気象庁にあるデータを利用することが考えられる。例えば降水量と開花日の関係は，右の図のようになる（相関が弱い）。このようなデータを集めて生徒に提示するだけでも，平均気温が予想に使われる意味の理解が促されるだろう。他にも，教科書に載っている題材でも実際にインターネットでデータを集めてみると，いろいろな発見がある場合がある。例えば，統計的確率の題材として用いられる「男児・女児が生まれる確率」では，教科書では 10 年ほどのデータが載っていることが多い。ここで全てのデータについて男児が生まれる確率が 51% 程でも，生徒は男児と女児の生まれる確率は変わらない，と考えることが多い。しかし，100 年分くらい調べてみても，常に男児が生まれる確率が 51% 程と，わずかに高いことが分かる。ここまで見ると生徒は「男児の方が生まれる確率が高いのではないか」と考えるようになる。これは膨大なデータを示すことで見える生徒の変容でといえる。こういった膨大なデータでも，すばやく集めて生徒に提示できるのは，ICT を利活用するよさといえるだろう。

問　日本の年次ごとの出生児数は以下の表のようになります。このデータから，どのくらいの確率で男児が生まれると考えられるでしょうか。

	出生男児数	出生女児数	出生児総数	男児の割合
2001	600918	569744	1170662	0.513
2002	592840	561015	1153855	0.514
2003	576736	546874	1123610	
2004	569559	541162	1110721	
2005	545032	517498	1062530	
2006	560439	532235	1092674	
2007	559847	529971	1089818	
2008	559513	531643	1091156	
2009	548993	521042	1070035	
2010	550742	520562	1071304	

（厚生労働省調べ）

図 3-44　「男児・女児が生まれる確率」の教科書における記述

一方，こういったデータを扱う際には，出典を明らかにするなど，データの取り扱いに関する配慮が必要であることに留意しなければならない。

年	総出生数	男児	確率	年	総出生数	男児	確率	年	総出生数	男児	確率	年	総出生数	男児	確率
1916	1804822	921347	0.510	1941	2277283	1165437	0.512	1966	1360974	705463	0.518	1991	1223245	628615	0.514
1917	1812413	924953	0.510	1942	2233660	1145068	0.513	1967	1935647	992778	0.513	1992	1208989	622136	0.515
1918	1791992	914685	0.510	1943	2253535	1155983	0.513	1968	1871839	967996	0.517	1993	1188282	610244	0.514
1919	1778685	910400	0.512					1969	1889815	977687	0.517	1994	1238328	635915	0.514
1920	2025564	1035134	0.511					1970	1934239	1000403	0.517	1995	1187064	608547	0.513
1921	1990876	1017457	0.511					1971	2000973	1032937	0.516	1996	1206555	619793	0.514
1922	1969314	1004022	0.510	1947	2678792	1376986	0.514	1972	2038682	1051389	0.516	1997	1191665	610905	0.513
1923	2043297	1043599	0.511	1948	2681624	1378564	0.514	1973	2091983	1077517	0.515	1998	1203147	617414	0.513
1924	1998520	1019988	0.510	1949	2696638	1380008	0.512	1974	2029989	1046538	0.516	1999	1177669	604769	0.514
1925	2086091	1060827	0.509	1950	2337507	1203111	0.515	1975	1901440	979091	0.515	2000	1190547	612148	0.514
1926	2104405	1081793	0.514	1951	2137689	1094641	0.512	1976	1832617	943829	0.515	2001	1170662	600918	0.513
1927	2060737	1048946	0.509	1952	2005162	1028061	0.513	1977	1755100	903380	0.515	2002	1153855	592840	0.514
1928	2135852	1090702	0.511	1953	1868040	957524	0.513	1978	1708643	879149	0.515	2003	1123610	576736	0.513
1929	2077026	1058666	0.510	1954	1769580	911212	0.515	1979	1642580	845884	0.515	2004	1110721	569559	0.513
1930	2085101	1069551	0.513	1955	1730692	889670	0.514	1980	1576889	811418	0.515	2005	1062530	545032	0.513
1931	2102784	1073385	0.510	1956	1665278	856084	0.514	1981	1529455	786596	0.514	2006	1092674	560439	0.513
[illegible]	[illegible]	[illegible]	[illegible]	[illegible]	[illegible]	[illegible]	0.514	1982	1515392	777855	0.513	2007	1089818	559847	0.514
[illegible]	[illegible]	[illegible]	[illegible]	[illegible]	[illegible]	[illegible]	0.513	1983	1508687	775206	0.514	2008	1091156	559513	0.513
[illegible]	[illegible]	[illegible]	[illegible]	[illegible]	[illegible]	[illegible]	0.514	1984	1489780	764597	0.513	2009	1070035	548993	0.513
[illegible]	[illegible]	[illegible]	[illegible]	[illegible]	[illegible]	[illegible]	0.514	1985	1431577	735284	0.514	2010	1071304	550742	0.514
[illegible]	[illegible]	[illegible]	[illegible]	[illegible]	[illegible]	[illegible]	0.514	1986	1382946	711301	0.514	2011	1050806	538271	0.512
[illegible]	[illegible]	[illegible]	[illegible]	[illegible]	[illegible]	[illegible]	0.515	1987	1346658	692304	0.514	2012	1037231	531781	0.513
[illegible]	[illegible]	[illegible]	[illegible]	[illegible]	[illegible]	852561	0.514	1988	1314006	674883	0.514	2013	1029816	527657	0.512
[illegible]	[illegible]	973744	0.512	1964	1716761	882924	0.514	1989	1246802	640506	0.514	2014	1003539	515533	0.514
[illegible]	[illegible]	1084282	0.512	1965	1823697	935366	0.513	1990	1221585	626971	0.513	2015	1005677	515452	0.513

全部 51％！　ということは，男子の方がやや生まれる確率が高いのかな？

図 3-45　厚生労働省 HP のデータから見る男児の生まれる確率

6.2.5　その他の ICT 機器について

ここまで四つの目的に沿って事例を述べたが，これらはあくまで代表的な道具を用いた場合の事例である。他にも多くの道具が有効に利用できる。

例えば映像ではなくプレゼンテーションソフトを用いて場面理解を促すことも可能である。写真や動画と併用して用いることも考えられる。他にもデジタルペンは，生徒が実際にそれを用いて筆記すると，その記述の内容が電子データとして保存されていき，それをそのままスクリーンに映し出したり，他の端末で共有したりすることができる。

またネットワーク接続を利用すれば，例えば生徒の解決過程をそのまま一つのクラウドの中に共有し，他の生徒が解決の最中に別の生徒の解決の様子を見る，といったことも実現することができる。また，授業の最中にある事柄についてインターネット検索をし，検討する，といったようなことも可能である。

このように，テクノロジーの発達によって，ICT の利活用は拡がりを見せていくことが期待できるが，ICT はあくまで「手段」であり，重要なのは ICT の利活用によって生徒にとってどのような学びの深まりがあるのかであることに留意し，適切に用いていくことを考えていきたい。

6.3　ICT の利活用の際の留意点

実際に授業で ICT を利活用しようとすると，いくつか留意すべきことが生じてくる。ここでは特に留意しておきたい三つの点について述べる。

6.3.1 本当にICTが必要か，自問すること

例えば，プレゼンテーションソフトを用いて，本時のまとめをあらかじめ作成しておいたとする。授業の終わりにまとめとしてそのスライドを提示し，教師が説明する。それをまとめとし授業を終える。これは果たして本当に効果的なICTの用い方といえるだろうか。

もし「生徒が数学的な性質を見いだす」ことをねらった授業であったら，あらかじめまとめられた資料が出てくることに，生徒は何を感じるだろうか。「予定調和」な授業であったと感じる生徒も少なくないだろう。このように,必ずしもICTを用いることが有効な手段ではなく，扱い方によっては生徒の学習への意欲の低下や，そもそも本質的に内容が理解しにくくなることも懸念される。ICTを利活用する際には，本当にその場面でICTを使うことが有効な手段であるのか，扱う前にいま一度考えたい。

6.3.2 準備の手間を考慮に入れること

ICTの利活用に限ったことではないが，授業づくりは，工夫しようとすればするほど準備には手間がかかるものである。その準備に手間をかけすぎて，本来考えるべき授業における「発問」や「予想される生徒の反応」等への思慮が浅くなってしまっては本末転倒である。ICTを使う目的を考慮しながら，バランスよく考えていくことが大切である。

また，授業“直前”の準備の手間についても考えておきたい。プロジェクタやスクリーンの設置，生徒が使うならその機器の運搬等を，授業直前の限られた時間で行わなければならないことも多い。だからといって敬遠するべきではないが，例えばプロジェクタ等の設置は生徒に手伝ってもらうなど，必要ならば必要な限り使っていけるような工夫を心がけたい。

6.3.3 学校・生徒の“環境差”を考慮すること

現在では多くの学校のICT環境が改善されつつあるが，それでもやはり学校によってネットワーク環境や使える道具等に差があるのは事実である。ある道具の中でどれだけのことを実現できるか，検討しておく必要があるだろう。

また，生徒の環境差についても考えておきたい。例えば，PCを生徒が利用する際に「データを保存する」といった作業一つとっても，当たり前のようにこなす生徒ばかりではない。こういったスキルをつけていくことも重要ではあるが，授業のねらいに迫るのにそれがバイアスになってしまってはいけないので，場合によっては手順を明示するなどして，ねらいと大きく外れたところで授業が滞らないような配慮が必要である。

引用・参考文献

中央教育審議会 (2016a).「幼稚園、小学校、中学校、高等学校及び特別支援学校の学習指導要領等の改善及び必要な方策等について（答申）別紙」.

中央教育審議会 (2016b).「情報に関わる資質・能力について」.

杉山吉茂ほか (2008).『新しい数学 2』. 東京書籍. pp.174-175.

ICT を活用した教育の推進に関する懇談会 (2014).『「ICT を活用した教育の推進に関する懇談会」報告書（中間まとめ）』. pp.6-7.

一松信ほか (2015).『中学校数学 3』. 学校図書. p.109.

岡本和夫ほか (2015).『未来へひろがる数学 1』. 啓林館. p.109.

岡本和夫ほか (2015),『未来へひろがる数学 2』. 啓林館. p.152.

（峰野 宏祐，佐藤 亮太）

7．いろいろなタイプの授業

7.1　問題解決型の授業

授業には講義型，問題解決型などいろいろなタイプの授業がある。ここでは，問題解決型の授業のいくつかについて紹介するとともに，学習形態の面から見た授業についても示すことにする。

7.1.1　オープンエンドアプローチ

オープンエンドアプローチとは，正答が多様にあるように条件づけられた問題，すなわちオープンエンドの問題を用いて行われる授業である。オープンエンドの問題は，数学科における高次目標の評価をするための手段として考えられた。島田ら (1995) の研究ではオープンエンドの問題が高次目標の評価に有効であるかが研究のねらいであったが，研究を進める中でオープンエンドの問題を用いることの可能性に気付き，そのような実践を提案するに至った。

△ ABC は AB ＝ AC の二等辺三角形である。
この図の中に成り立つ辺や角についての関係をできるだけ多く見つけなさい。

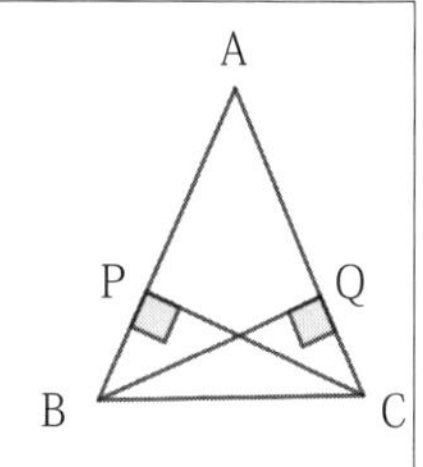

図 3-46

オープンエンドの問題とは，文字通りエンド（答え）がオープン（多様）な問題である。例えば，図 3-46 に示した問題などが挙げられる。この問題に対しては，AP ＝ AQ，∠ ABQ ＝∠ ACP，△ PBC ≡△ QCB など多様な正答が考えられる。この問題を中学校第 2 学年の三角形についての学習の後に扱うとすると，それまでに学習した図形についての性質を総合的に利用し，発見

分類の問題
下にある 10 個の式をいろいろな見方をして分類してみましょう。

$25x$，$6a - b + 5$，$100x + y$，$3a$，x，ab,，$3a + 2b$，$x^2 - 2x - 5$，$2x^2$

数値化の問題
三人でおはじき遊びをしたら，下の図のようになりました。この遊びでは，散らばり具合が小さい人が勝ちとなります。この図では A，B，C の順で散らばり具合は小さくなっていそうです。
散らばり具合を数で表す方法をいろいろ考えてみましょう。

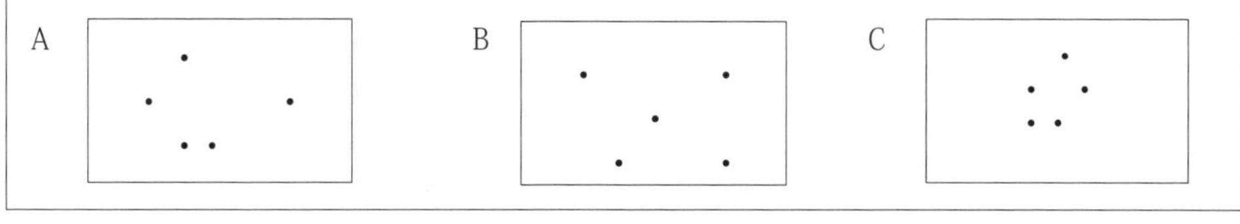

図 3-47

的な学習を行う場面をつくることができる。

オープンエンドの問題には，大きく分けて三つの種類がある。それは，図 3-46 のような発見の問題や，図 3-47 のような分類の問題，数値化の問題である。

オープンエンドアプローチでは，問題の答えが多様になるように条件づけられていることが通常の授業で扱う問題と大きく異なる点である。生徒が，このような問題にはじめて取り組む場合，どのようなことを答えればよいか分からないことが多い。そのような場合には，答えを例示することも一つの方法である。ただし，例示をすると，それによって生徒たちの思考がその例と同じようになりやすいことには注意を払う必要がある。生徒の多様な反応を十分に予想し，それを授業の中でどのように扱うかをよく検討することが必要である。授業の中では，生徒の反応を分類しながら発表させたり，発表させた後で，生徒たちの反応を関連づけたりする。

演習 3-17　オープンエンドの問題を利用して授業を行うよさを考えてみよう。

このようなオープンエンドの問題を利用して授業を行うことには，例えば，次に挙げるようなよさがある。

- 数学が得意ではない生徒にも何らかの反応をすることが可能であり，数学に対する関心・意欲の向上につながる可能性がある。
- 見つけることの楽しさや喜びを感じる場面を授業の中につくることができ，肯定的に評価される場面も多くなる。
- 既習の知識を総合的に用いる場面をつくることができる。
- 発言する場面が増え，授業に主体的に参加するようになる。
- 学習指導要領では数学的活動が強調されているが，オープンエンドの問題を利用して授業をすることは数学的活動を生徒たちにさせる授業へとつながっていく。

7.1.2　問題づくりの授業

普通，数学の問題は教師や教科書により示され，その問題を生徒たちは解決することが多い。問題づくりの授業では生徒たちが問題をつくり，その問題を利用して授業が行われることになる。問題づくりの授業では，ただ自由に問題をつくるのではなく，もとになる問題があり，その問題の一部を変えて問題をつくる活動に生徒たちは取り組む。問題づくりの授業は大きく分けて，次の四つの場面がある。

①原題を解決する

②原題をもとにして問題をつくる

③つくった問題を発表する

④つくった問題を解決する

この四つの場面について，つまようじの問題を例として紹介する。

〈原題を解決する〉

右の図のようにつまようじを並べて正方形をつくります。正方形を8個つくるにはつまようじは何本必要でしょうか。

上に示した問題を個人解決し，それを全体で共有する。その際には，どのように考えて解決することができたのかなどについて意見を出させ，まとめておく。

〈原題をもとにして問題をつくる〉

問題づくりをしたことがない生徒にとっては問題をつくることはそれほど容易ではない。そこで，問題づくりに慣れていないような場合には，原題のどこが変えられそうかを考えさせ，その部分に下線を引かせる。どこに下線を引いたかを何人かの生徒に発表させ，それを全体で確認し，それをもとにして問題づくりに取り組ませるとよい。このつまようじの問題をもとにしてつくられる問題としては，次のようなものが予想される。

- 並べる正方形の個数を変えた問題
- 並べる形を正方形から他の図形に変えた問題
- 並べるものを変えた問題
- 並べ方を変えた問題（例えば，右の図のようにジグザグに並べる）
- 正方形を立方体に変えるなど，空間図形の問題にする
- 求めるものを，辺の長さや面積などに変えた問題
- 逆の問題（逆の問題とは下に示すような問題）

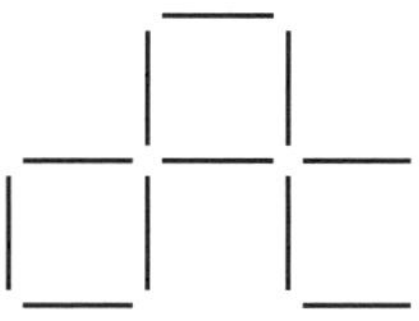

逆の問題

　つまようじが500本あります。右の図のように正方形の形につまようじを並べていくと，正方形は何個できるでしょうか。

問題づくりに，闇雲に多くの時間をかければよいわけではない。15分程度を目安にするとよい。生徒それぞれが沢山の問題をつくることをねらいとする場合もあるが，クラス全体としてのつくられる問題の多様性をねらえば，それほど多くの時間を問題づくりにかけずに実践することが可能である。

〈つくった問題を発表する〉

発表させる際には，意図的に発表させることも必要となる。授業のねらいとの関わりで発表させるものをどれにするかを選んで発表させることが必要となる。発表させる際には，つくっ

た問題とともに，原題のどの部分を変えたのかも発表させるとよい。発表する場面で，どのように変えて問題をつくったかを他の生徒がふれることにより，考え方が広がり，数学的に考える力が養われることにもつながる。また，つくられた問題を分類整理することが必要になるので，一つ発表させたら「この問題と似た問題をつくった人はいませんか」と発問して発表させ，分類整理しながら授業を進めるなどの工夫も考えられる。

〈つくった問題を解決する〉

発表された問題の全てを解決することは時間の制約から難しい。そこで，全体で解決する問題を決め，つくった問題を解決する。授業のねらいによっては，意図的に解決する問題を指示することも必要である。その場合，生徒たちが問題をつくっているときに机間指導をする中で，どの生徒がどのような問題をつくっているかを把握し，発表する場面で意図的に発表させ，解決する問題として教師が取り上げることになる。

演習 3-18　問題づくり授業を行うよさを考えてみよう。

問題づくりの授業を行うことのよさとしては，例えば，次のようなことをあげることができる。

- 数学の力が弱く，普段の授業でなかなか発言できないような生徒でも，意味のある問題をつくることができる。
- 生徒たちの反応をいい意味で価値付け，評価することができる場面が増える。
- 既習の内容を総合的に利用する場面をつくることができる。
- 一般化や類推といった数学的な考え方を利用する場面が多くある。
- つくられた問題を解決することを通して，原題への理解が深まる。
- 数学とは決まり切ったものであるという態度を変えるきっかけとなる。

7.2　学習形態からみた授業

授業は一斉指導で行われることが多いが，それ以外にも，習熟度別授業，グループ学習，ペア学習などのグループやペアといった小集団での活動を取り入れた授業もある。ここでは，ペア学習とグループ学習について見てみよう。

7.2.1　ペア学習

ペア学習は比較的容易に取り入れることができる学習形態である。隣の生徒とペアをつくり，考えたことを手軽に共有できるよさがある。例えば，平行線と線分の比の学習場面で，次のような条件で図をかかせる。

（作図の条件）
・AB＝9cm，AC＝6cmとなる△ABCをかく。
・点PをAP＝3cmとなるように，辺AB上にとる。
・点PからBCに平行な直線を引き，辺ACとの交点をQとする。

ペアになり，図を比較すると，△ABCが異なっていることに気付く（図3-48）。そこで，QCの長さを比較させてみると，三角形の形は異なるのに，QCの長さが同じになっていることに気付く。ペアを変えてさらに同じように比較してみても，やはりQCの長さは同じになっている。生徒たちはなぜ同じになるのだろうかと疑問をもつ。ペアで比較することで，異なることや，同じことが明確になり，そのことによって，課題への関心が高まると共に，課題の条件も明確になっていく。

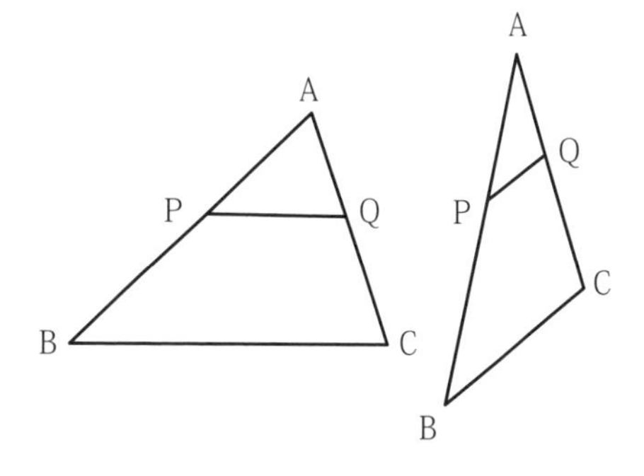

図3-48

課題の解決の場面でもペアで考えを共有することが有効なことがある。例えば，図3-48で予想したことをもとにして「△ABCにおいてPQ//BCならば，AP : PB＝AQ : QC」であることを証明することに取り組んでいる場面を考えてみよう。どのような補助線を引けばよいかを全体で確認し（図3-49），個人解決に取り組ませるが，なかなか手が着かないような生徒もいる。そのようなときに，ペアにして，方針を共有させることが解決の手立てとなることがある。ペアの相手がどのような方針で解決しようとしているかを教えてもらうことで，自分の解決への手がかりを得ることができる。

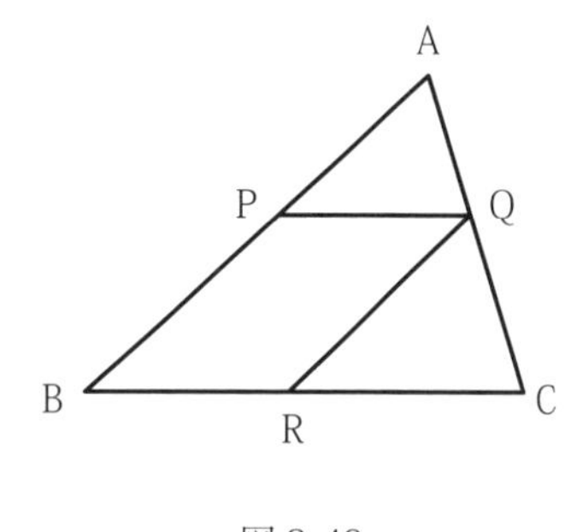

図3-49

また，解決の共有場面の前にペア学習を取り入れることも有効である。全体の中で自分の考えを発表することは私たちが考えているほど容易なことではない。全体で共有する前にペアになり，自分が考えたことを相手に説明する場面をつくる。説明することにより，自分の不十分な点に気がついたり，自分の考えに自信が持てたりすることにつながる。このような場面を設けた後で，全体に対して発表する場面をつくるとスムーズに行くことが多い。

一斉指導の中に，効果的にペア学習を取り入れることで生徒たちの思考が活性化され，授業のねらいの達成にもつながる。

7.2.2 ジグソー法

ジグソー法とは協同学習を実現するために考えられた学習形態の一つである。ジグソーから連想される，ジグソーパズルのように，学習者それぞれがジグソーパズルのピースにあたる課題を分担して解決する。学習者が担当する課題は，グループで解決する課題の下位課題にあたり，その課題を解決することで得られる情報を組み合わせることでグループの課題が解決できるように構成されている。

ジグソー法では，ジグソーグループとエキスパートグループという二つのグループでグループ活動が行われる。ジグソーグループではジグソー課題を解決することが，エキスパートグループではそれぞれが分担した下位課題を解決することが主な活動となる。ジグソー法で扱うことが有効な課題を見つけることは難しいが，ジグソー法の発想を取り入れた，次のように，ジグソー法的なグループ学習も考えられる。

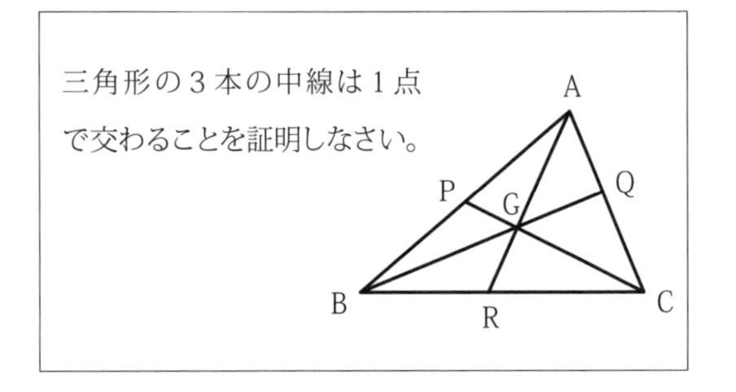

図 3-50

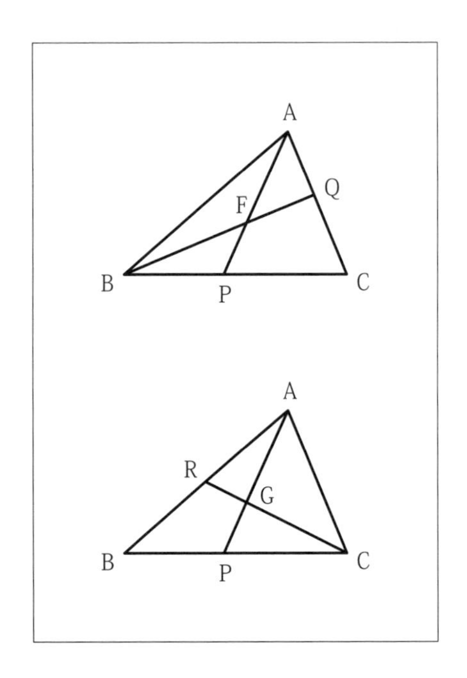

図 3-51

ジグソーグループで解決する課題を（図3-50）のように設定する。この課題を解決するために，この課題の下位課題として，図 3-51 のような二つの課題をそれぞれの生徒に分担させる。図 3-51 の AP と BQ，AP と CR は中線である。上側の図では AF : FP を求めることが課題であり，下側の図では AG : GP を求めることが課題である。このどちらかを生徒は受け持ち，個人解決に取り組む。その後，エキスパートグループでの活動に取り組む。エキスパートグループは，図 3-51 の上の図について解決した生徒を 4 名ずつ程度，右の図について解決した生徒 4 名ずつ程度のグループをいくつかつくる。そのグループでは，どのようにして解決したかを共有するとともに，解決に至らなかったり，誤りがあったりすればグループの責任で修正を行う。そのようなグループ活動を行った後，ジグソーグループでのグループ活動に移る。ジグソーグループには，図 3-51 の上の図と下の図について解決した生徒を 2 名ずつ入れて 4 名のグループをつくり活動を行う。グループをつくる際には，エキスパートグループが同じだった生徒が同じジグソーグループにならないようにする。そのグループでは，それぞれどのように自分の分担した問題を解決したかを発表し，他の生徒は，その内容を理解するようにする。話を聞く際には漠然と聞いてしまいがちなので，ワークシートを用意し，話の内容をまとめながら聞くようにさせる。その後，ジグソーグループでの課題（図3-50）に取り組む。解決がある程度できたところで，ジグソーグループでの解決の過程や結果について全体で共有する。

ジグソー法のよい点は，どの生徒も担当の問題について責任をもって取り組む必要があり，生徒たちは自分の問題の解決に対して主体的に関わろうとすることにある。また，それぞれのグループ活動では，教え合いの場面が生まれる。一方的に説明を聞き理解するのではなく，どの生徒も自分の言葉で説明することを通して理解する場面が増え，内容についての理解や考え方が深まる場面をつくることができる。一方で，グループでどのような経過をたどって解決に向かっているのか，その全体像がつかみにくい面がある。適切にグループでの活動を評価し，手立てをどのようにとるのかを考えておくことが重要である。

引用・参考文献

澤田利夫，坂井裕編著 (1995).『中学校数学科課題学習　問題づくりの授業』，東洋館出版社.

島田茂編著 (1995).『新訂算数・数学科のオープンエンドアプローチ　授業改善への新しい提案』. 東洋館出版社.

竹内芳男，沢田利夫編著 (1984).『問題から問題へ』. 東洋館出版社.

（鈴木誠）

第二部

大学における数学の学びと学校数学との接続

高等学校までに学ぶ数学的な計算の大半は，無料のアプリケーションソフトで代替可能な時代となった。また，社会では，これまで以上に質の高い数学的思考力や数理的思考力が求められている。言うまでもなく，中学校・高等学校の数学の教師は，全ての生徒に，そのような思考力を育成・伸長しなければならない。このことは，自分たちが中学校や高等学校で受けてきた授業とは，質の異なる授業を行う必要があることも意味する。そのような授業をデザインする際の基盤になるのは，教師自身の数学の学びである。

第二部では，大学数学の学修内容や方法の振り返りの道しるべとして，解析学，代数学，幾何学，確率・統計学の分野ごとに，特に学校数学との関係の深いトピックを取り上げる。これらの内容を理解することはもちろんのこと，学校数学とのつながりを探究することや，定理などを発展・拡張したり，現実事象の考察に活用したりするなどの数学的活動を行い，数学の学びを深めてほしい。

第1章　解析学分野

1　微積分再訪

1.1　はじめに

微積分では，実数の完備性が重要な役割を果たしている。その完備性について，いくつかの命題を考えよう。

定理 1.1　中間値の定理
閉区間 $[a,b]$ で連続な実数値関数 $f(x)$ が，$f(a) < 0, f(b) > 0$ を満たしていれば，$f(c) = 0$ となる実数 $a < c < b$ が必ず存在する。

中間値の定理は，方程式 $f(x) = 0$ の解について，解の存在を保証している重要な定理である。この定理の証明には，実数の完備性が重要な役割を果たしている。

1.2　数列の収束

例 1.1　収束する数列の計算例
漸化式で定義される以下の数列を考える。$a_1 = 2, a_{n+1} = \dfrac{1}{2}\left(a_n + \dfrac{2}{a_n}\right) \quad (n = 1, 2, \ldots)$.
以下に Microsoft Excel での計算例を示す。

$$
\begin{aligned}
a_1 &= 2.00000000000000 \qquad a_{n+1} = \frac{1}{2}\left(a_n + \frac{2}{a_n}\right)\\
a_2 &= 1.50000000000000\\
a_3 &= 1.41666666666667\\
a_4 &= 1.41421568627451\\
a_5 &= 1.41421356237469\\
a_6 &= 1.41421356237309\\
a_{10} &= 1.41421356237309\\
\sqrt{2} &= 1.41421356237310\ldots
\end{aligned}
$$

問題 1.1　例 1.1 の計算を自分でプログラムしてみよう。

例 1.2　振動しながら収束する数列の計算例
漸化式 $a_1 = 3,\ a_{n+1} = \dfrac{1}{1 + a_n} \quad (n = 1, 2, \ldots)$ で定義される数列を考える。Microsoft Excel での計算例は次の通り。

$$
\begin{aligned}
a_1 &= 3.00000000000000 \qquad a_{n+1} = \frac{1}{1+a_n}\\
a_2 &= 0.25000000000000\\
a_3 &= 0.80000000000000\\
a_4 &= 0.55555555555556\\
a_6 &= 0.60869565217391\\
a_8 &= 0.61666666666667\\
a_{10} &= 0.61783439490446\\
a_{20} &= 0.61803397555417\\
a_{30} &= 0.61803398874902\\
a_{40} &= 0.61803398874990\\
\frac{-1+\sqrt{5}}{2} &= 0.61803398874990\ldots
\end{aligned}
$$

問題 1.2 例 1.2 の計算を自分でプログラムしてみよう。

例 1.1 と例 1.2 の数列の収束を示そう。

例 1.1 は与えられた漸化式より帰納的に $a_n > 0$ であり，(相加平均) $\geq$ (相乗平均) を用いた $a_{n+1} \geq \sqrt{a_n \cdot \frac{2}{a_n}} = \sqrt{2}$ から，数列 $\{a_n\}$ は下に有界である。また，単調減少数列であることが，$a_{n+1} - a_n = \frac{1}{2}\left(\frac{2}{a_n} - a_n\right) = \frac{2-(a_n)^2}{2(a_n)} \leq 0$ という変形から分かる。後で証明するワイエルシュトラスの定理 (定理 1.7) から下に有界な単調減少数列は収束する。帰納的に a_n の値は有理数である。一方で，収束先 $p = \lim_{n\to\infty} a_n$ は，方程式 $p = \frac{1}{2}\left(p + \frac{2}{p}\right)$ を満たし，$p > 0$ から $p = \sqrt{2}$ となる。

例 1.2 は $a_1 = 3$，$a_{n+1} = \frac{1}{1+a_n}$ から $a_2 = \frac{1}{4}$ で $a_2 - a_1 = \frac{1}{4} - 3 = -\frac{11}{4} < 0$ に注意する。$b_n = \frac{1}{(1+a_n)(1+a_{n-1})}$ とおくと，$a_{n+1} - a_n = -\frac{a_n - a_{n-1}}{(1+a_n)(1+a_{n-1})} = -b_n(a_n - a_{n-1})$ となる。$a_n > 0$ から $0 < b_n < 1$ であり，

$$|a_{n+1} - a_n| < |a_n - a_{n-1}|, \qquad a_{2k+1} - a_{2k} > 0,\ \ a_{2k+2} - a_{2k+1} < 0\ (k = 1, 2, \ldots)$$

となることから a_{2k} は単調増大数列，a_{2k+1} は単調減少数列であることが分かる。数列全体は

$$a_2 = \frac{1}{4} < a_4 < a_6 < \cdots < a_{2k} < \cdots < a_{2k+1} < \cdots < a_5 < a_3 < a_1 = 3$$

であり最小値が $\frac{1}{4}$ なので，$0 < b_n \leq \frac{1}{\left(1+\frac{1}{4}\right)^2} = \frac{16}{25}$ となり，数列 $\{a_n\}$ が収束することが $|a_{n+1} - a_n| \leq \left(\frac{16}{25}\right)^{n-1} |a_2 - a_1| \to 0 \ \ (n \to \infty)$ と変形することで示される。

問題 1.3 例 1.2 の収束先は，$p = \lim_{n\to\infty} a_n = \frac{1+\sqrt{5}}{2}$ となる。その構造を捉えよう。

1.3　イプシロン-デルタ (ε-δ) 論法

イプシロン-デルタ (ε-δ) 論法はフランスの数学者オーギュスタン＝ルイ・コーシー（Augustin Louis Cauchy, 1789 年 8 月 21 日〜1857 年 5 月 23 日）によって，原型がつくられ，1860 年代のカール・ワイエルシュトラス（Karl Theodor Wilhelm Weierstrass, 1815 年 10 月 31 日〜1897 年 2 月 19 日）の講義によって完成された。

定義 1.1　数列の収束の定義　数列 $\{a_n; n = 1, 2, \ldots\}$ がある実数 p に収束するとは，任意の ($\forall$) $\varepsilon > 0$ に対して，ある自然数 ($\exists$) n_0 が存在して，$n \geq n_0$ なる任意の ($\forall$) n について，$|a_n - p| < \varepsilon$ が成立することをいう。

述語論理記号で書くと，$\mathbb{N}$ を自然数の集合として，$\forall\varepsilon > 0$, $\exists\, n_0 \in \mathbb{N}$, $\forall n \geq n_0$, $|a_n - p| < \varepsilon$ であり，このことを $\lim_{n\to\infty} a_n = p$ と書く。

定理 1.2　$\lim_{n\to\infty} a_n = p$, $\lim_{n\to\infty} b_n = q$ のときに以下が成立する。

(1)　$\lim_{n\to\infty}(a_n + b_n) = p + q$　(2)　$\lim_{n\to\infty} ca_n = cp$

(3)　$\lim_{n\to\infty} a_n \cdot b_n = p \cdot q$　(4)　$q \neq 0$ のとき，$\lim_{n\to\infty} \dfrac{a_n}{b_n} = \dfrac{p}{q}$

証明　(1) 任意の ($\forall$) $\varepsilon > 0$ に対して，$\dfrac{\varepsilon}{2} > 0$ が指定されたとして，ある自然数 ($\exists$) n_1 が存在して，$n \geq n_1$ なる任意の ($\forall$) n について，$|a_n - p| < \dfrac{\varepsilon}{2}$ が成立する。同様に自然数 ($\exists$) n_2 が存在して，$n \geq n_2$ なる任意の ($\forall$) n について，$|b_n - q| < \dfrac{\varepsilon}{2}$ が成立する。このとき，$n_0 = \max\{n_1, n_2\}$ とおくと，$n \geq n_0$ なる任意の ($\forall$) n について，$|(a_n + b_n) - (p + q)| \leq |a_n - p| + |b_n - q| < \dfrac{\varepsilon}{2} + \dfrac{\varepsilon}{2} = \varepsilon$ が成立する。

問題 1.4　(2), (3), (4) を証明しよう。

定理 1.3　$\lim_{n\to\infty} a_n = p$ のとき，$\lim_{n\to\infty}\left(\dfrac{1}{n}\sum_{k=1}^{n} a_k\right) = p$ が成立する。

証明　$S_n = \dfrac{1}{n}\sum_{k=1}^{n} a_k$ とおく。任意の ($\forall$) $\varepsilon > 0$ に対して，ある自然数 n_1 をとると，$n \geq n_1$ のとき，$|a_n - p| < \dfrac{\varepsilon}{2}$ とできる。$M = |a_1 + a_2 + \cdots + a_{n_1} - p \cdot n_1| + 1$ とし，$n_0 \geq n_1$ を $\dfrac{2M}{\varepsilon} \leq n_0$ ととる。$n \geq n_0$ のとき，

$$
\begin{aligned}
|S_n - p| = \left|\frac{1}{n}\sum_{k=1}^{n} a_k - p\right| &\leq \frac{1}{n}\left|\sum_{k=1}^{n_1}(a_k - p)\right| + \frac{1}{n}\left|\sum_{k=n_1+1}^{n}(a_k - p)\right| \\
&\leq \frac{M}{n} + \frac{n - n_1}{n}\frac{\varepsilon}{2} \leq \frac{\varepsilon}{2} + \frac{\varepsilon}{2} = \varepsilon
\end{aligned}
$$

1.4　述語論理と集合論

イプシロン-デルタ (ε-δ) 論法は述語論理の 1 つのモデルである。全称記号「任意の，全ての」$\forall$，存在記号「存在する」$\exists$ は集合論と関係させると，理解しやすい。集合族 $\{U_\gamma; \gamma \in \Gamma\}$ について，

$$\text{和集合} \bigcup_{\gamma\in\Gamma} U_\gamma = \{x|\ \exists\gamma \in \Gamma, x \in U_\gamma\}$$
$$= \{x|\ \text{ある}\gamma\text{に対して，}U_\gamma\text{に属しているような要素 }x\text{ の集まり }\}$$
$$\text{共通集合} \bigcap_{\gamma\in\Gamma} U_\gamma = \{x|\ \forall\gamma \in \Gamma, x \in U_\gamma\}$$
$$= \{x|\ \text{全ての}\gamma\text{に対して，}U_\gamma\text{に属しているような要素 }x\text{ の集まり }\}$$

を考える。特に添え字の集合が $\mathbb{N}$ の場合は集合列 $\{U_1, U_2, \ldots\} = \{U_n;\ n = 1, 2, \ldots\}$ として

$$\text{和集合} \bigcup_{n=1}^{\infty} U_n = U_1 \cup U_2 \cup \cdots = \{x|\ \exists n \in \mathbb{N}, x \in U_n\}$$
$$= \{x|\ \text{ある自然数 }n\text{ に対して，}x \in U_n\text{となる要素 }x\text{ の集まり }\},$$
$$\text{共通集合} \bigcap_{n=1}^{\infty} U_n = U_1 \cap U_2 \cap \cdots = \{x|\ \forall n \in \mathbb{N}, x \in U_n\}$$
$$= \{x|\ \text{全ての自然数 }n\text{ に対して，}x \in U_n\text{となる要素 }x\text{ の集まり }\}$$

である。補集合 $U^c = \{x|\ x \notin U\} = \{x|$ 集合 U に属さない要素 x の集まり $\}$ と併せて以下が成立する。

定理 1.4　ド・モルガンの定理

(1) $$\left(\bigcup_{\gamma\in\Gamma} U_\gamma\right)^c = \bigcap_{\gamma\in\Gamma} U_\gamma^c = \{x|\ \forall\gamma \in \Gamma,\ x \notin U_\gamma\}$$

(2) $$\left(\bigcap_{\gamma\in\Gamma} U_\gamma\right)^c = \bigcup_{\gamma\in\Gamma} U_\gamma^c = \{x|\ \exists\gamma \in \Gamma,\ x \notin U_\gamma\}$$

要素 x が集合 U_γ に属することを命題 $P_\gamma(x) = P(\gamma; x) = P(\gamma)$ とすると，要素 x が集合 $\bigcup_{\gamma\in\Gamma} U_\gamma$ に属することは命題 $\exists\gamma\ P(\gamma)$ となり，集合 $\bigcap_{\gamma\in\Gamma} U_\gamma$ に属することは $\forall\gamma\ P(\gamma)$ となる。命題 P の否定を $\neg P$ とすると，以下が成立する。

定理 1.5　ド・モルガンの定理の変形

(1) $\neg(\exists\gamma\ P(\gamma)) = \forall\gamma\ \neg(P(\gamma))$　(2) $\neg(\forall\gamma\ P(\gamma)) = \exists\gamma\ \neg(P(\gamma))$

従って，全称（存在）記号の否定は存在（全称）記号となり，中の命題を否定すればよい。

1.5　上極限集合と下極限集合

集合列 $\{U_n;\ n=1,2,3,\ldots\}$ について，$\displaystyle\bigcap_{n=1}^{\infty}\left\{\bigcup_{m=n}^{\infty}U_m\right\}$ を上極限集合といい $\displaystyle\overline{\lim_{n\to\infty}}U_n$ と記す。また，$\displaystyle\bigcup_{n=1}^{\infty}\left\{\bigcap_{m=n}^{\infty}U_m\right\}$ を下極限集合といい $\displaystyle\underline{\lim_{n\to\infty}}U_n$ と記す。次のようにも表せる。

$$\begin{aligned}\overline{\lim_{n\to\infty}}U_n &= \{x|\ \ \forall n,\ \ \exists m,\ \ n\leq m,\ x\in U_m\}\\ &= \{x|\ \text{無限個の}\ n\ \text{について}\ x\in U_n\}\\ \underline{\lim_{n\to\infty}}U_n &= \{x|\ \ \exists n,\ \ \forall m,\ \ n\leq m,\ x\in U_m\}\\ &= \{x|\ \text{有限個を除いた}\ n\ \text{について}\ x\in U_n\}\end{aligned}$$

定理 1.6　上極限集合，下極限集合について以下が成立する。

(1) $\displaystyle\left(\overline{\lim_{n\to\infty}}U_n\right)^c=\underline{\lim_{n\to\infty}}(U_n)^c$　　(2) $\displaystyle\left(\underline{\lim_{n\to\infty}}U_n\right)^c=\overline{\lim_{n\to\infty}}(U_n)^c$

1.6　収束しない，連続でない

数列の収束を否定する。数列 $\{a_n;n=1,2,\ldots\}$ が実数 p に収束しないことは，$\exists\varepsilon>0$, $\forall n_0\in\mathbb{N}$, $\exists n>n_0$, $|a_n-p|\geq\varepsilon$ となる。ある正の数 ε が存在し，どの自然数 n_0 に対してもそれより大きな自然数 n が存在し，その a_n については，$|a_n-p|\geq\varepsilon$ となる。

実数値関数 $f(x)$ が $x=x_0$ で連続とは，任意の $(\forall)$ $\varepsilon>0$ に対して，ある正の数 $(\exists)$ $\delta>0$ が存在して，$|x-x_0|<\delta$ なる任意の $(\forall)$ x について，$|f(x)-f(x_0)|<\varepsilon$ が成立することであり，述語論理記号で，$\forall\varepsilon>0$, $\exists\delta>0$, $\forall x$, $|x-x_0|<\delta$, $|f(x)-f(x_0)|<\varepsilon$ と書ける。

連続でないことは，$\exists\varepsilon>0$, $\forall\ \delta>0$, $\exists x$, $|x-x_0|<\delta$, $|f(x)-f(x_0)|\geq\varepsilon$ となる。すなわち，ある正の数 ε が存在して，任意の正の数 δ に対して， $|x-x_0|<\delta$ であるが，$|f(x)-f(x_0)|\geq\varepsilon$ となる x が存在することである。x_0 の周りで $\delta>0$ より近くに x をとっても，$f(x_0)$ の値は $f(x)$ とある一定数 $\varepsilon>0$ 以上離れている訳。

問題 1.5　次の数列の収束を $\varepsilon=10^{-k}$ に対応する n_0 を求めることによって示そう。
(1) 1^{-2}, 2^{-2}, $3^{-2},\ldots,n^{-2},\ldots$　　(2) a_n を $\sqrt{2}$ を小数第 n 位までとった近似値とする。

問題 1.6　$\displaystyle\lim_{n\to\infty}a_n=0$ であるための必要十分条件は $\displaystyle\lim_{n\to\infty}|a_n|=0$ であることを証明しよう。

問題 1.7　$A_{3k}=X$, $A_{3k+1}=Y$, $A_{3k+2}=Z$ $(k=0,1,2,\ldots)$ のとき，$\displaystyle\overline{\lim_{n\to\infty}}A_n$ と $\displaystyle\underline{\lim_{n\to\infty}}A_n$ はどうなるかについて考えよう。

2　実数の完備性（連続性）の公理

2.1　デデキントの切断とワイエルシュトラスの完備性の公理

ユリウス・ヴィルヘルム・リヒャルト・デーデキント（デデキント，Julius Wilhelm Richard Dedekind，1831年10月6日～1916年2月12日）は，『連続性と無限』（1872）の中で「デデキント切断」によって，実数論の基礎づけとなる［完備性（連続性）の公理］を与えた。

デデキント切断

全順序集合 K の二つの空でない集合 A,B で，任意の $a \in A, b \in B$ について， $a < b$ が成立するとき，この集合 A, B をデデキント切断という。A を下組，B を上組といおう。一般に全順序集合の切断には，四つの場合が考えられる。

切断 1. 下組の最大元と上組の最小元がある。

切断 2. 下組には最大元があるが，上組に最小元がない。

切断 3. 上組には最小元があるが，下組に最大元がない。

切断 4. 下組の最大元，上組の最小元ともにない。

例えば整数の集合の場合，どのような切断においても最小元，最大元が共に存在する (切断 1)。有理数の集合の場合，稠密性から任意の二つの有理数の間に無数の有理数が存在するため，切断 1 は不可能である。また適当な無理数を境界に定めて有理数を二つに分けることで切断 4 が可能である。

公理 1.1　デデキントの連続性の公理

実数の集合の切断は切断 2 か切断 3 のどちらかしかあり得ず，下組の最大元または上組の最小元によって一つの実数を確定できる。

公理 1.1 デデキントの連続性の公理は以下の公理 1.2 ワイエルシュトラスの完備性（連続性）の公理と同値である。

公理 1.2　ワイエルシュトラスの実数の完備性（連続性）の公理

実数の空でない部分集合 E が上に有界（少なくとも一つ上界をもつ）ならば，必ずその上限 $\sup E$ が存在する。

ここで，実数 a が E の上界とは，任意の $(\forall)x(\in E)$ に対して，$x \leq a$ が成立することをいう。上界は一つとは限らないが，その最小元が存在するとき，それを E の上限という。順序を逆にして上界の逆を下界（カカイ），上限の逆を下限という。

定理 1.7　ワイエルシュトラスの定理

上に有界な単調増加数列 $\{a_n; n = 1, 2, \ldots\}$ は，収束する。その極限値は $a = \sup\{a_n; n = 1, 2, \ldots\}$ である。

定理 1.8　区間縮小の原理
つぎつぎに内へ含まれていく（端を共有してもよい）有界閉区間 $I_1 \supseteq I_2 \supseteq \cdots$ の列（縮小区間の列）があれば，それらに共通に含まれる実数が存在する。

系 1.1　区間が一点に収束する場合; 定理 1.8 の系
特に区間の幅が 0 に収束する場合は共通に含まれるのはただ一つの実数 p である。

定理 1.9　ボルツァノ・ワイエルシュトラスの定理
有界な数列は必ず集積値をもつ。

ここで，実数 p が数列 $\{x_n\}$ の集積値とは，数列 $\{x_n\}$ の部分列 $\{x_{n_k}\}$ が p に収束することをいう。

定理 1.10　コーシーの定理
基本列（コーシー列）は必ず収束する。

ここで，数列 $\{x_n\}$ が基本列（コーシー列）とは，$\forall\varepsilon > 0$, $\exists n_0$, $\forall n, m \geq n_0$, $|x_n - x_m| < \varepsilon$ が成立することをいう。

重要：公理 1.1 デデキントの連続性の公理，公理 1.2 ワイエルシュトラスの実数の完備性の公理や定理 1.7 ワイエルシュトラスの定理～定理 1.10 コーシーの定理は全て同値である。

2.2　証明

［公理 1.1 デデキントの連続性の公理］から［公理 1.2 ワイエルシュトラスの実数の完備性の公理］を導こう。

実数の空でない部分集合 E が上に有界とする。E の上界の集合全体を B とし，その補集合を A とする。仮定から $B \neq \emptyset$ であり，$E \neq \emptyset$ であるから，$p \in E$ のとき，$p-1$ は E の上界ではないから，$p-1 \in A$ となり，$A \neq \emptyset$ である。$a \in A, b \in B$ とする。$b \leq a$ と仮定すると，b は E の上界だから a も E の上界となり，$a \in B$ となり，矛盾する。従って，$a < b$ でなければならない。集合 A, B はデデキント切断となっている。

公理 1.1 デデキントの連続性の公理から，切断 2 または切断 3 のどちらかである。

切断 2 の場合には，集合 A に最大元 a_0 が存在し，集合 B には最小元は存在しない。また，$a_0 \in A$ は E の上界ではない。$a_0 < q$ なる q で $q \in E$ となる q があったと仮定すると，$r = \dfrac{a_0 + q}{2}$ とおけば，$a_0 < r < q$ で $r \in B$ となり，$r < q \in E$ から r は E の上界ではなくなり，矛盾する。すなわち，$p \in E$ ならば，$p \leq a_0$ となる。このことは，a_0 が E の上界であることを示しているから $a_0 \in A$ と矛盾する。従って，切断 2 はあり得ない。

切断 3 が起こり得る場合であるから，上界の集合 B には最小元すなわち上界 b_0 が存在する。b_0 が E の上限となる。

［公理 1.2 ワイエルシュトラスの実数の完備性の公理］から［公理 1.1 デデキントの連続性の公理］を導こう。

実数のデデキント切断 A, B を考える。$b \in B$ は，全ての $(\forall)$ $a \in A$ に対して，$a < b$ となっているから，b は集合 A の上界（の一つ）である。公理 1.2 ワイエルシュトラスの完備性の公理から，上界の最小元である上限 p が存在する。$p \in B$ の場合は，B の最小元が p となり，切断 2 が成立する。また，$p \in A$ の場合には，A の最大元が p となり，切断 3 が成立する。従って，切断 1 と切断 4 は成立しない。すなわち，公理 1.1 デデキントの連続性の公理が証明された。

［公理 1.2 ワイエルシュトラスの実数の完備性の公理］から［定理 1.7 ワイエルシュトラスの定理］を導こう。

数列 $\{a_n; n = 1, 2, \ldots\}$ は上に有界で単調増加とする。集合 $E = \{a_n; n = 1, 2, \ldots\}$ とすると，E は上に有界となっているから，公理 1.2 ワイエルシュトラスの完備性の公理から，E の上限 $p = \sup E$ が存在する。$p = \lim_{n\to\infty} a_n$ を示そう。任意の $(\forall)$ $\varepsilon > 0$ をとったとき，$p - \varepsilon$ はもはや E の上界ではないから，ある $q \in E$ が存在して $(\exists q \in E)$，$p - \varepsilon < q \leq p$ となる。$q = a_{n_0}$ と書けるから，この n_0 をとる。この n_0 に対して，$n_0 \leq n$ ならば，数列の単調増加性から $p - \varepsilon < q = a_{n_0} \leq a_n \leq p$ が成立する。すなわち，$n_0 \leq n$ ならば，$|a_n - p| < \varepsilon$ が成立する。従って，$\lim_{n\to\infty} a_n = p$ が証明された。

［定理 1.7 ワイエルシュトラスの定理］から［定理 1.8 区間縮小の原理］を導こう。

つぎつぎに内へ含まれていく（端を共有してもよい）有界閉区間 $I_1 \supseteq I_2 \supseteq \cdots$ の列（縮小区間の列）を以下のようにとる。

$$I_1 = [a_1, b_1] \supseteq I_2 = [a_2, b_2] \supseteq \cdots \supseteq I_n = [a_n, b_n] \supseteq I_{n+1} = [a_{n+1}, b_{n+1}] \supseteq \cdots$$

$a_1 \leq a_2 \leq \cdots \leq a_n \leq a_{n+1} \leq \cdots \leq b_{n+1} \leq b_n \leq \cdots \leq b_2 \leq b_1$ から，数列 $\{a_n; n = 1, 2, \ldots\}$ は単調増加数列，数列 $\{b_n; n = 1, 2, \ldots\}$ は単調減少数列で，ともに有界である。定理 1.7 ワイエルシュトラスの定理から $\lim_{n\to\infty} a_n = \alpha$，$\lim_{n\to\infty} b_n = \beta$ が存在する。$a_n \leq b_n$ から $\alpha \leq \beta$ である。$a_n \leq \alpha \leq \beta \leq b_n$ から，閉区間 $[\alpha, \beta] \subseteq I_n$ が全ての自然数 n に対して成立し，$\bigcap_{n=1}^{\infty} I_n \supseteq [\alpha, \beta]$ である。$\bigcap_{n=1}^{\infty} I_n = [\alpha, \beta]$ を示す。$x < \alpha$ とすると，$\varepsilon = \alpha - x > 0$ に対して，ある n_1 があり，$\alpha - a_{n_1} < \varepsilon = \alpha - x$ となる。すなわち，$x < a_{n_1}$ で，$x \notin I_{n_1}$ から $x \notin \bigcap_{n=1}^{\infty} I_n$ である。同様に $\beta < y$ とすると，$y \notin \bigcap_{n=1}^{\infty} I_n$ となる。従って，$\bigcap_{n=1}^{\infty} I_n = [\alpha, \beta]$ である。

［系 **1.1** 区間が一点に収束する場合］を示そう。

定理 1.8 区間縮小の原理の証明において，区間の幅 $b_n - a_n \to 0$ であるから，$\beta = \alpha$ となっている。従って，$\displaystyle\bigcap_{n=1}^{\infty} I_n = [\alpha, \beta] = \{\alpha\}$ と一点のみである。

［系 **1.1** 区間が一点に収束する場合］から［定理 **1.9** ボルツァノ・ワイエルシュトラスの定理］を導こう。

有界な数列 $\{x_n; n = 1, 2, \ldots\}$ の集合を E とし，$a \leq x_n \leq b \ (n = 1, 2, \ldots)$ とする。$a = a_1, b = b_1$ として有界閉区間　$I_1 = [a_1, b_1]$ とおき，$n_1 = 1$ として，$x_{n_1} \in I_1 \cap E$ に注意しておく。有界閉区間　$I_1 = [a_1, b_1]$ を中央で切って二つの閉区間に分ける。
$\left[\dfrac{a_1 + b_1}{2}, b_1\right] \cap E$ が無限集合のときは，$I_2 = \left[\dfrac{a_1 + b_1}{2}, b_1\right] = [a_2, b_2]$ とし，$n_2 > n_1 = 1$ となるような，$x_{n_2} \in I_2 \cap E$ をとる。
$\left[\dfrac{a_1 + b_1}{2}, b_1\right] \cap E$ が有限集合のときは，$\left[a_1, \dfrac{a_1 + b_1}{2}\right] \cap E$ が無限集合となるから，
$I_2 = \left[a_1, \dfrac{a_1 + b_1}{2}\right] = [a_2, b_2]$ とし，$n_2 > n_1 = 1$ となるような，$x_{n_2} \in I_2 \cap E$ をとる。
このような操作を繰り返して，有界閉区間の縮小列 $I_1 \supseteq I_2 \supseteq \cdots \supseteq I_k \supseteq \cdots$ で，区間の幅 $b_k - a_k \to 0 \ (k \to \infty)$ となるものがとれる。このとき，数列の部分列 $x_{n_k} \in I_k \cap E$ となっている。系 1.1 から $\displaystyle\bigcap_{k=1}^{\infty} I_k = \{p\}$ であるから，$\displaystyle\lim_{k \to \infty} x_{n_k} = p$ となり，定理 1.9 ボルツァノ・ワイエルシュトラスの定理が証明された。

［定理 **1.9** ボルツァノ・ワイエルシュトラスの定理］から［定理 **1.10** コーシーの定理］を導こう。

数列 $\{x_n; n = 1, 2, \ldots\}$ をコーシー列とする。$\varepsilon = 1 > 0$ に対して，自然数 n_1 をとれて，$n, m \geq n_1$ のとき，$|x_n - x_m| < 1$ であるから，特に $x_m = x_{n_1}$ として，$n \geq n_1$ について，$|x_n - x_{n_1}| < 1$ である。すなわち，$|x_n| < |x_{n_1}| + 1$ が $n \geq n_1$ で成立する。$M = \max\{|x_1|, |x_2|, \ldots, |x_{n_1}|, |x_{n_1}| + 1\}$ とおくと，全ての $n = 1, 2, \ldots$ について，$|x_n| \leq M$ が成立する。すなわち，数列 $\{x_n; n = 1, 2, \ldots\}$ は有界数列となっている。定理 1.9 ボルツァノ・ワイエルシュトラスの定理から部分列 $\{x_{n_k}\}$ で p に収束するものが存在する。$\displaystyle\lim_{n \to \infty} x_n = p$ を示そう。任意の $\varepsilon > 0$ に対して，元の数列がコーシー列だから，自然数 N をうまくとれば，$n, m \geq N$ のとき，$|x_n - x_m| < \dfrac{\varepsilon}{2}$ とできる。部分列 $x_{n_k} \to p \ (k \to \infty)$ だから，同じ $\dfrac{\varepsilon}{2}$ に対して，ある k をとり，$n_k \geq N$ で，$|x_{n_k} - p| < \dfrac{\varepsilon}{2}$ とできる。このとき，$n \geq N$ であれば，$|x_n - p| \leq |x_n - x_{n_k}| + |x_{n_k} - p| < \dfrac{\varepsilon}{2} + \dfrac{\varepsilon}{2} = \varepsilon$ となる。すなわち，$\displaystyle\lim_{n \to \infty} x_n = p$ が示された。

［定理 1.10 コーシーの定理］から［系 1.1 区間が一点に収束する場合］を導こう。

つぎつぎに内へ含まれていく（端を共有してもよい）有界閉区間 $I_1 \supseteq I_2 \supseteq \cdots$ の列（縮小区間の列）をとる。

$$I_1 = [a_1, b_1] \supseteq I_2 = [a_2, b_2] \supseteq \cdots \supseteq I_n = [a_n, b_n] \supseteq I_{n+1} = [a_{n+1}, b_{n+1}] \supseteq \cdots$$

区間の幅 $b_n - a_n \to 0$ となっている。このとき，二つの数列 $\{a_n; n = 1, 2, \ldots\}, \{b_n; n = 1, 2, \ldots\}$ はコーシー列となっていることをいおう。

任意の $\varepsilon > 0$ をとる。ある N をとると，区間 I_N の幅 $b_N - a_N < \varepsilon$ だから，$n, m \geq N$ のとき，$a_n, b_n, a_m, b_m \in I_N$ となり，$|a_n - a_m| < \varepsilon, |b_n - b_m| < \varepsilon$ となっている。定理 1.10 コーシーの定理から $\lim_{n\to\infty} a_n = \alpha, \lim_{n\to\infty} b_n = \beta$ とそれぞれ収束している。区間の幅 $b_n - a_n \to 0$ となっているから $\beta = \alpha$ である。従って，$\bigcap_{n=1}^{\infty} I_n = [\alpha, \beta] = \{\alpha\}$ と一点のみとなる。

［系 1.1 区間が一点に収束する場合］から［公理 1.2 ワイエルシュトラスの実数の完備性の公理］を導こう。

上に有界な空でない実数の部分集合を E とおき，E の上界（の一つ）を $b = b_1$ とし，$a = a_1 \in E$ を一つとっておく。有界閉区間 $I_1 = [a_1, b_1]$ とおくと，$I_1 \cap E \neq \emptyset$ であり，I_1 の右端 b_1 は E の上界となっている。

有界閉区間　$I_1 = [a_1, b_1]$ を中央で切って二つの閉区間に分ける。$\left[\dfrac{a_1 + b_1}{2}, b_1\right] \cap E \neq \emptyset$ のとき，$I_2 = \left[\dfrac{a_1 + b_1}{2}, b_1\right] = [a_2, b_2]$ とする。$\left[\dfrac{a_1 + b_1}{2}, b_1\right] \cap E = \emptyset$ のときは，$\left[a_1, \dfrac{a_1 + b_1}{2}\right] \cap E \neq \emptyset$ となるから，$I_2 = \left[a_1, \dfrac{a_1 + b_1}{2}\right] = [a_2, b_2]$ とする。

このとき，$I_2 \cap E \neq \emptyset$ であり，I_2 の右端 b_2 は E の上界となっている。このような操作を繰り返して，有界閉区間の縮小列 $I_1 \supseteq I_2 \supseteq \cdots$ の列（縮小区間の列）ができる。ここで，区間の右端 b_k は集合 E の上界となっていることに注意しておく。このとき，区間の幅 $b_k - a_k = \dfrac{b_1 - a_1}{2^{k-1}} \to 0\ (k \to \infty)$ であるから，系 1.1 から $\lim_{k\to\infty} b_k = p$ となる実数 p が存在する。この p が E の上界となっていることを示そう。

任意の E の要素 $y \in E$ をとると，b_k は E の上界だから，$y \leq b_k$ である。両辺の極限をとると，$y \leq \lim_{k\to\infty} b_k = p$ となり，p は E の上界である。また，任意の $\varepsilon > 0$ に対して，区間の幅 $b_k - a_k = \dfrac{b_1 - a_1}{2^{k-1}} < \varepsilon$ となる k をとると，$I_k \cap E \neq \emptyset$ だから，ある $y \in E \cap I_k$ があり，$p - \varepsilon < a_k \leq y \leq p \leq b_k$ となる。すなわち，$p - \varepsilon$ は E の上界ではあり得ないから，p が E の上界となる。

以上で，公理 1.1 デデキントの連続性の公理，公理 1.2 ワイエルシュトラスの実数の完備性の公理や定理 1.7 ワイエルシュトラスの定理～定理 1.10 コーシーの定理は全て同値であることが証明された。

最後に，［**定理 1.1 中間値の定理**］を証明しよう。

閉区間 $[a,b]$ で連続な実数値関数 $f(x)$ が，$f(a)<0, f(b)>0$ を満たしているとする。このとき，集合 $E=\{x\in[a,b] | f(x)\leq 0\}$ とおく。$a\in E$ だから，$E\neq\emptyset$ であり，$b\notin E$ であるから E は上に有界である。公理 1.2 ワイエルシュトラスの実数の完備性の公理から集合 E の上界 c が存在する。上界の定義から，数列 $x_n\in E$ で $x_n\to c$ となる数列 $\{x_n\}$ が存在する。$x_n\in E$ だから $f(x_n)\leq 0$ で，関数 $f(x)$ は連続だから $f(c)=f\left(\lim_{n\to\infty}x_n\right)=\lim_{n\to\infty}f(x_n)\leq 0$ となっている。

$f(c)=0$ を示すために背理法を用いよう。$f(c)<0$ と仮定すると，$\varepsilon=-f(c)>0$ に対して，ある正数 $\delta>0$ がとれて，$|y-c|<\delta$ ならば $|f(y)-f(c)|=|f(y)+\varepsilon|<\varepsilon$ が成立する。すなわち，$c\leq y<c+\delta$ ならば，$f(y)<0$ となり，$y\in E$ は c が E の上限であることと矛盾する。従って $f(c)=0$ でなければならない。以上で定理 1.1 中間値の定理が証明された。

(山ノ内　毅彦，谷川　政雄)

第 2 章　代数学分野

中学校, 高校での式の計算で因数分解をするというものがある。 計算はさせるが, それが果たしてこれ以上分解しないのか, 分解の仕方がただ一通りなのかは検証せずに行われている。ここでは, 因数分解がただ一通りになることを解説する。数を扱う際に四則演算を満たす事を考えればよいので, 有理数全体の集合 $\mathbb{Q}$, 実数全体の集合 $\mathbb{R}$ か複素数全体の集合 $\mathbb{C}$ のどれでもよいときには, K と表すことにする。 更に言えば K は加減乗除が K の中で成り立てばよい。最初に 1 変数多項式について考える。

1　1 変数多項式とユークリッドの互除法

定義 2.1　K の元 $a_0, a_1, \cdots, a_n$ について

$$f(X) = a_0 + a_1 X + \cdots + a_n X^n$$

を変数 X の K 上の 1 **変数多項式**という。$f(X)$ を単に f と書くこともある。X を変数とする K 上の 1 変数多項式全体の集合を $K[X]$ と書き, K **上の 1 変数多項式環**と呼ぶ。$a_n \neq 0$ のとき, $f(X)$ の次数は n であるといい, $\deg(f(X)) = n$ または $\deg(f) = n$ と書く。ただし, 多項式の係数が全て 0 即ち 0 多項式となっているとき, $\deg(0) = -\infty$ とする。

補題 2.1　$f, g \in K[X]$ に対して, $\deg(fg) = \deg(f)\deg(g)$ が成り立つ。

定義 2.2　$K[X] \ni f, g\ (g \neq 0)$ に対して, $f = gh$ を満たす $h \in K[X]$ が存在するとき, g は f の**約元**, f は g の**倍元**, または f は g で**割り切れる**といい, $g \mid f$ と書く。また, f が単元であるとは $fg = 1$ を満たす $g \in K[X]$ が存在するときに言う。 補題 2.1 により, f が**単元**であることと, f が 0 でない定数 $c \in K$ であることが同値であることが分かる。さらに, $f = ug$ となる単元 u があるとき, f, g は**同伴**であるといい, $f \sim g$ と書く。

命題 2.1 $f, f_i, g \in K[X]$ $(g \neq 0)$ に対し次が成り立つ。

(1) $g \mid 0$.

(2) $g \mid f$, $\deg(g) > \deg(f)$ ならば, $f = 0$.

(2') $g \mid f$, $f \neq 0$ ならば, $\deg(g) \leq \deg(f)$.

(3) $g \mid f_1, \cdots, g \mid f_n$ ならば, 任意の $h_1, \cdots, h_n \in K[X]$ について
$g \mid f_1h_1 + \cdots + f_nh_n$.

(4) $f \neq 0$ で, $f \mid g$, $g \mid f$ ならば, $f \sim g$.

証明 (4) 条件から $g = fh_1, f = gh_2$ $(h_1, h_2 \in K[X])$ と書ける。$f(1 - h_1h_2) = 0$ で, $f \neq 0$ より, $1 - h_1h_2 = 0$ を得る。 よって, h_1, h_2 は単元となる。

定理 2.1（剰余の定理） $f, g \in K[X]$ に対して, $g \neq 0$ のとき

$$f = qg + r, \quad \deg(r) < \deg(g)$$

を満たす $q, r \in K[X]$ がただ一組存在する。 この q を商, r を余り (または剰余) という。

証明 これは "存在" と "ただ一組" の二つを示す必要がある。

ただ一組: もし $f = q_1g + r_1 = q_2g + r_2, \deg(r_i) < \deg(g)$ $(i = 1, 2)$ だとすると,

$$(q_1 - q_2)g = r_2 - r_1$$

となる。 もし, $q_1 \neq q_2$ だとすると, 命題 2.1 より $\deg(\text{左辺}) \geq \deg(g) > \deg(\text{右辺})$ となり矛盾する。従って, $q_1 - q_2 = 0$ となり $r_2 - r_1 = 0$ となる。

存在: $\deg(f) = n, \deg(g) = m$ とし, $f(X) = a_0 + a_1X + \cdots + a_nX^n, g(X) = b_0 + b_1X + \cdots + b_mX^m$ とおく。$n < m$ のときは, $q = 0, r = f$ とおけばよい。 $n \geq m$ のときは, $f_1 = f - a_nb_m^{-1}X^{n-m}g$ とおくと, f の最高次が無くなり, $\deg(f_1) < \deg(f)$ が成り立つ。従って n に関する帰納法が使えて, $f_1 = qg + r, \deg(r) < \deg(g)$ を満たす $q, r \in K[X]$ が存在する。故に,

$$f = a_nb_m^{-1}X^{n-m}g + f_1 = (a_nb_m^{-1}X^{n-m} + q)g + r$$

となり, 存在が言える。

定義 2.3（最大公約多項式） $f, g \in K[X]$ に対して, 次の条件を満たす多項式 r を**最大公約多項式**という:

$$\text{(gcd1) } r \mid f,\ r \mid g; \quad \text{(gcd2) } d \mid f,\ d \mid g \text{ ならば}, d \mid r.$$

注 2.1 $f, g \in K[X]$ の最大公約多項式は単元倍を除いて唯一である。なぜなら r_1, r_2 を最大公約多項式とすると, (gcd2) より, $r_1 \mid r_2, r_2 \mid r_1$ となり, 命題 2.1 より, $r_1 \sim r_2$ となる。

注 2.2 もっと一般に, $f_1, f_2, \cdots, f_n \in K[X]$ に対して, 次の条件を満たす r を $f_1, f_2, \cdots, f_n$

の**最大公約多項式**という:

$$(\mathrm{gcd1})\ r \mid f_i\ (1 \le i \le n); \quad (\mathrm{gcd2})\ d \mid f_i\ (1 \le i \le n)\ \text{ならば},\ d \mid r.$$

これも同伴を除いて一意的に決まる。

定義 2.4（ユークリッドの互除法） $f, g \in K[X]$ $(g \neq 0)$ に対して, 剰余の定理から

$$f = q_0 g + r_2,\ \deg(r_2) < \deg(g)$$

となる。 $r_2 \neq 0$ のとき, さらに

$$g = q_1 r_2 + r_3,\ \deg(r_3) < \deg(r_2).$$

この操作を続けると, $r_1 = g$ とおいて, 余りの列

$$\deg(r_1) > \deg(r_2) > \deg(r_3) > \cdots$$

が得られ, $r_0 = f$ とおくと, ある n が存在して,

$$\begin{aligned} r_{n-2} &= q_{n-2} r_{n-1} + r_n,\ \deg(r_n) < \deg(r_{n-1}) \\ r_{n-1} &= q_{n-1} r_n. \end{aligned}$$

このとき, $r_n := \gcd(f, g)$ と書く。 この r_n を求める操作を**ユークリッドの互除法**という。

定理 2.2 $f, g \in K[X]$ $(g \neq 0)$ に対し, $\gcd(f, g)$ は f, g の最大公約多項式である。

証明 f, g に対して, ユークリッドの互除法により $n \in \mathbb{N}$ が存在して次の式が得られる。

$$(A) \begin{cases} f & = q_0 g + r_2 \\ g & = q_1 r_2 + r_3 \\ & \cdots \\ r_{j-2} & = q_{j-2} r_{j-1} + r_j \\ & \cdots \\ r_{n-2} & = q_{n-2} r_{n-1} + r_n \\ r_{n-1} & = q_{n-1} r_n. \end{cases}$$

命題 2.1 より $r_n \mid r_{n-1}, r_n \mid r_{n-2}, \cdots, r_n \mid g, r_n \mid f$ を得る。ここで, 式 (A) を変形する:

$$(B) \begin{cases} r_2 & = f - q_0 g \\ r_3 & = g - q_1 r_2 \\ & \cdots \\ r_j & = r_{j-2} - q_{j-2} r_{j-1} \\ & \cdots \\ r_n & = r_{n-2} - q_{n-2} r_{n-1}. \end{cases}$$

$d \mid f$, $d \mid g$ のとき, 式 (B), 命題 2.1 から $d \mid r_2$, $d \mid r_3$, $\cdots$, $d \mid r_n$ となる。

注 2.3 (1) $f, 0$ の最大公約多項式は f であるので, $f \neq 0$ または $g \neq 0$ のときは最大公約多項式が存在することが分かる。$\gcd(f,g) \sim 1$ のとき, f, g は**互いに素**であるという。
(2) $r = \gcd(f,g)$ のとき, $f = f'r, g = g'r$ となる $f', g' \in K[X]$ をとると, f', g' は互いに素。実際, $d = \gcd(f', g')$ とすると, $f = f''rd, g = g''rd$ となる $f'', g'' \in K[X]$ がある。定義より, $rd \mid r$ となり, $d \mid 1$ で d は単元となる。

定理 2.3 $f, g \in K[X]$, $\gcd(f,g) \sim r$ のとき, 次式を満たす $u, v \in K[X]$ が存在する:

$$fu + gv = r$$

証明 $M = \{fu + gv \mid u, v \in K[X]\}$ は f, g を含んだ和, 差, 多項式倍で閉じた空でない集合である。0 多項式を除いた M には次数最小の多項式 $d = fu_0 + gv_0$ がある。
<u>$M = \{dw \mid w \in K[X]\}$:</u> $L = \{dw \mid w \in K[X]\}$ とおくと, $M \supset L$ は明らか。逆に, 任意の $h \in M$ に対し, h 及び d に剰余の定理を適用すれば次の式を得る:

$$h = qd + d', \ \deg(d') < \deg(d).$$

$h, qd \in M$ から $d' \in M$ となり, d の次数最小性から $d' = 0$ となる。故に, $M = L$。
<u>$d \sim r$:</u> $f, g \in M = L$ から, $d \mid f$, $d \mid g$ となる。$h \mid f$, $h \mid g$ とすると, $h \mid fu_0 + gv_0 = d$。故に, d は f, g の最大公約多項式である。

定理 2.4 $f \mid gh$, $\gcd(f,g) \sim 1$ ならば, $f \mid h$.

証明 $\gcd(f,g) \sim 1$ より, 定理 2.3 から $fu + gv = 1$ となる $u, v \in K[X]$ がある。$f \mid ufh$ であり, 仮定 $f \mid gh$ から $f \mid vgh$ なので命題 2.1(3) より $f \mid ufh + vgh$ が成り立つ。$ufh + vgh = (fu + gv)h = h$ より, $f \mid h$ を得る。

定義 2.5 (既約多項式) $K[X] \ni p$ の約元が, 単元または p と同伴であるとき, p を $K[X]$ の**既約多項式**という。このとき, 任意の $f \in K[X]$ に対し, $\gcd(f,p) \sim 1$ または p となる。

定理 2.5 $K[X]$ の既約多項式 p に対し, $p \mid fg$ ならば, $p \mid f$ または $p \mid g$ である。

証明 $p \nmid f$ ならば, $\gcd(f,p) \sim 1$ となる。 定理 2.4 から, $p \mid g$。

定理 2.6 (一意分解定理) $f \in K[X]$ $(\deg(f) > 0)$ は

$$f = up_1^{n_1} p_2^{n_2} \cdots p_r^{n_r}, \ n_i \in \mathbb{N}, \ u \text{ は単元}, \ p_i \text{ は同伴ではない既約多項式 } (1 \leqq i \leqq r)$$

の形に表される。 これを f の $K[X]$ での**既約分解**という。さらに, 既約分解は, 単元倍と既約多項式の順序を無視すれば一意的（つまり一通り）である。

証明　既約分解可能:　命題 $P(n)$ を "$\deg(f) = n > 0$ なる $K[X]$ の多項式 f は既約分解をもつ" とする。

(i) $n = 1$ のときは, $f(X) = aX + b$ $(a \neq 0)$ は $K[X]$ の既約多項式なので成立。

(ii) $P(k)$ $(k < n)$ が成立ならば, $P(n)$ が成立を示す。f が既約多項式でないならば,

$$f = f'f'',\ \deg(f') < n,\ \deg(f'') < n$$

と表される。帰納法の仮定により, f', f'' は既約分解できる。故に f は既約分解できる。

一意的に分解する:　命題 $Q(n)$ を "$\deg(f) = n > 0$ なる K 上多項式 f の既約分解は単元倍と既約多項式の順序を無視すれば一通り" とする。

(i) $n = 1$ のときは, $f(X) = aX + b = a(X + a^{-1}b)$ $(a \neq 0)$ より, $Q(1)$ は成立する。

(ii) $Q(k)$ $(k < n)$ が成立ならば, $Q(n)$ が成立を示す。f が二通りの既約分解をもったとする:

$$f = up_1^{n_1}p_2^{n_2}\cdots p_r^{n_r} = vq_1^{m_1}q_2^{m_2}\cdots q_s^{m_s} \quad (\text{ただし}, u, v \text{ は単元})。$$

このとき

$$p_1 \mid vq_1^{m_1}q_2^{m_2}\cdots q_s^{m_s}.$$

p_1 は既約多項式より定理 2.5 から,

$$p_1 \mid vq_1^{m_1} \text{ または } p_1 \mid q_2^{m_2}\cdots q_s^{m_s}.$$

$p_1 \nmid q_1^{n_1}$ ならば,

$$p_1 \mid q_2^{m_2} \text{ または } p_1 \mid q_3^{m_3}\cdots q_s^{m_s}.$$

これを繰り返すと, $vq_1^{m_1} \sim q_1^{m_1}$ より結局ある i $(1 \leqq i \leqq s)$ が存在して $p_1 \mid q_i^{m_i}$ と考えてよい。 同様の議論から $p_1 \mid q_i$ となり, q_i が既約多項式より $p_1 \sim q_i$ となる。順序を適当に変えて, $p_1 \sim q_1$ としてよい。 従って, $q_1 = v'p_1$ (v' は単元) とすると

$$f' = up_1^{n_1-1}p_2^{n_2}\cdots p_r^{n_r} = vv'q_1^{m_1-1}q_2^{m_2}\cdots q_s^{m_s}.$$

となる。 $\deg(f') < n$ より帰納法の仮定から, 順序を適当に変えれば $r = s, p_i \sim q_i, n_i = m_i$ $(1 \leqq i \leqq r)$。よって f の既約分解は一通りである。

例 2.1　$a, b \in \mathbb{R}$ $(a \neq 0, b \neq 0)$ に対して, $X^4 - 1$ の $\mathbb{R}[X]$ での既約分解は

$$X^4 - 1 = (X-1)(X+1)(X^2+1) = a(a^{-1}X - a^{-1})(b^{-1}X^2 + b^{-1})(bX + b)$$

$(a^{-1}X - a^{-1}) \sim (X-1), (bX+b) \sim (X+1), (b^{-1}X^2 + b^{-1}) \sim (X^2+1)$ である。

$X^4 - 1$ の $\mathbb{C}[X]$ での既約分解は

$$\begin{aligned} X^4 - 1 &= (X-1)(X+1)(X-\sqrt{-1})(X+\sqrt{-1}) \\ &= (aX-a)(bX+b)(a^{-1}X - a^{-1}\sqrt{-1})(b^{-1}X + b^{-1}\sqrt{-1}) \end{aligned}$$

$$(aX-a) \sim (X-1),\ (bX+b) \sim (X+1),$$
$$(a^{-1}X - a^{-1}\sqrt{-1}) \sim (X-\sqrt{-1}),\ (b^{-1}X + b^{-1}\sqrt{-1}) \sim (X+\sqrt{-1}) \text{ である。}$$

2　2 変数以上の多項式の因数分解

定義 2.6　K の有限個の元 $a_{i_1\cdots i_n}$ $(i_k \geq 0)$ について

$$f(X_1,\cdots,X_n) = \sum_{i_1,\cdots,i_n} a_{i_1\cdots i_n} X_1^{i_1} X_2^{i_2} \cdots X_n^{i_n}$$

を K 上の n **変数多項式**といい, K 上の n 変数多項式全体の集合を $K[X_1,\cdots,X_n]$ と書き, K **上の** n **変数多項式環**という。1 変数多項式のときと同じように, 既約多項式が定義できる。さらに, $f,g \in K[X_1,\cdots,X_n]$ $(g \neq 0)$ に対して, $q := \dfrac{f}{g}$ を K 上の n 変数**有理式**という。$K(X_1,\cdots,X_n) = \left\{ \dfrac{f}{g} \;\middle|\; f,g \in K[X_1,\cdots,X_n], g \neq 0 \right\}$ を K 上の n 変数**有理関数体**という。$K(X_1,\cdots,X_n)$ は四則演算で閉じた集合である。このとき, $K[X_1,\cdots,X_n] \subset K(X_1,\cdots,X_n)$ とみなせる。

K 上の 2 変数多項式 $f(X,Y) = \sum_{i_1,i_2} a_{i_1 i_2} X^{i_1} Y^{i_2}$ を考えよう。

$$f(X,Y) = \sum_{i_1,i_2} a_{i_1 i_2} X^{i_1} Y^{i_2} = \sum_{i_2} \left(\sum_{i_1} a_{i_1 i_2} X^{i_1} \right) Y^{i_2}$$

即ち, $f(X,Y)$ は係数が $K[X]$ の元 $\sum_{i_1} a_{i_1 i_2} X^{i_1}$ の変数 Y の多項式と考えられる。ここで, $D = K[X]$ とおくと, $K[X,Y] = D[Y]$ となる。

例 2.2　$f(X,Y) = a_{00} + a_{40}X^4 + a_{11}XY + a_{21}X^2Y + a_{12}XY^2 + a_{22}X^2Y^2 + a_{03}Y^3$
$= a_{00} + a_{40}X^4 + (a_{11}X + a_{21}X^2)Y + (a_{12}X + a_{22}X^2)Y^2 + a_{03}Y^3$ $D = K[X]$ の係数は $a_{00} + a_{40}X^4, a_{11}X + a_{21}X^2, a_{12}X + a_{22}X^2, a_{03}$ である。

これ以降, 話しが分かりやすいように, $D = K[X], L = K(X)$ **とおくことにする。**

定義 2.7　$f \in K[X,Y] = D[Y]$ に対して, $a_0, a_1, \cdots, a_n \in D = K[X]$ なる多項式があり,

$$f = a_0 + a_1Y + \cdots + a_nY^n$$

と書ける。$a_0, a_1, \cdots, a_n$ の最大公約多項式が 1 のとき, f を $D[Y]$ の**原始多項式**と呼ぶ。

注 2.4　$K(X)$ (即ち L) の元を係数にもつ変数 Y の 1 変数多項式環 $L[Y]$ を考える。ここで特筆すべきなのは, 加減乗除が L の中では成り立つので, $L[X]$ では定理 2.2, 2.3, 2.4, 2.5, そして定理 2.6 (一意分解定理) が成り立つことである。

命題 2.2　$f(X,Y) \in L[Y]$ に対して, $a(X) \in L$ と $D[Y]$ の原始多項式 $f_0(X,Y)$ が存在して $f = af_0$ と書ける。 このとき, a と f_0 は D の単元倍を除いて一組に定まるので, $\mathrm{C}(f) := a, \mathrm{G}(f) := f_0$ とおく。また, $f \in D[Y]$ のとき, $\mathrm{C}(f) \in D$ である.。

証明　$f = \frac{a_0}{b_0} + \frac{a_1}{b_1}Y + \cdots + \frac{a_n}{b_n}Y^n$ $(a_0, a_1, \ldots, a_n, b_0, b_1, \ldots, b_n \in K[X])$ とおく。通分する為に, $b = b_1 b_2 \cdots b_n$, $a'_i = \frac{a_i b}{b_i}$ とおくと, $f = \frac{1}{b}(a'_0 + a'_1 Y + \cdots + a'_n Y^n)$ である。更に, $a'_1, \cdots, a'_n \in K[X]$ の最大公約多項式を d とし, $a'_i = a''_i d$ とおくと, $f = \frac{d}{b}(a''_0 + a''_1 Y + \cdots + a''_n Y^n)$ である。ここで, $f_0 = a''_0 + a''_1 Y + \cdots + a''_n Y^n$ とおくと, 注 2.3 (2) から, f_0 は $D[Y]$ の原始多項式になる。$a = \frac{d}{b}$ とおけば, $a \in L$ であり, $f = af_0$ が成立する。一方, $a' \in L$ と $D[Y]$ の原始多項式 f_1 が $f = a' f_1$ を満たすとする。$a' = \frac{d'}{b'}$ $(b', d' \in K[X])$ とおくと, $D[Y]$ の中で $b' d f_0 = b d' f_1$ である。f_0, f_1 が原始多項式なので, $b'd$, bd' は, それぞれ, $b' d f_0$, $b d' f_1$ の係数の最大公約多項式となる。よって, $b'd \sim bd'$, つまり, $b'd = tbd'$ となる D の単元 t があるので, $a' = \frac{1}{t}a$ であり, $f_1 = tf_0$ となる。また, $f \in D[Y]$ のとき, 上の証明において, $b_0 = b_1 = \cdots = b_n = 1$ とおけるので, $b = 1$, つまり, $\mathrm{C}(f) = d \in D$ である。

補題 2.2（ガウスの補題）　$f, g \in L[Y]$ に対し, $\mathrm{C}(fg) = \mathrm{C}(f)\,\mathrm{C}(g)$ が成り立つ。

証明　$h = fg$ とすると, $h = \mathrm{C}(h)\,\mathrm{G}(h) = \mathrm{C}(f)\,\mathrm{G}(f)\,\mathrm{C}(g)\,\mathrm{G}(g)$ となるので, $\mathrm{G}(f)\,\mathrm{G}(g)$ が原始多項式であれば, 命題 2.2 の証明より, $\mathrm{C}(h) = t\,\mathrm{C}(f)\,\mathrm{C}(g)$ となる D の単元 t がある。$\mathrm{C}(f)$ は D の単元倍を除いて一意的なので, $t\,\mathrm{C}(f)$ を $\mathrm{C}(f)$ とおきなおせば, 題意が成立する。そこで, $\mathrm{G}(f)\,\mathrm{G}(g)$ が原始多項式でないとすると, $\mathrm{G}(f)\,\mathrm{G}(g)$ の係数の最大公約多項式は単元ではないので, 定理 2.1 から $K[X]$ の既約多項式 p があって $\mathrm{G}(f)\,\mathrm{G}(g)$ の全ての係数の約元となっている。$\mathrm{G}(f) = a_0 + a_1 Y + \cdots + a_m Y^m, \mathrm{G}(g) = b_0 + b_1 Y + \cdots + b_n Y^n$ とおくと, それぞれは原始多項式なので, $1 \leq k \leq m, 1 \leq l \leq n$ なる k, l があって, $p \mid a_i, p \mid b_j$ $(1 \leq i < k, 1 \leq j < l)$ で $p \nmid a_k, p \nmid b_l$ となる。$\mathrm{G}(f)\,\mathrm{G}(g)$ の Y^{k+l} の係数 $a_0 b_{k+l} + a_1 b_{k+l-1} + \cdots + a_k b_l + \cdots + a_{k+l} b_0$ が p で割り切れるためには, $p \mid a_k b_l$ とならなければならない。定理 2.5 より, $p \mid a_k$ または $p \mid b_l$ となり矛盾する。

定理 2.7（一意分解定理）　定数ではない多項式 $f \in K[X, Y]$ は

$$f = u p_1^{n_1} p_2^{n_2} \cdots p_r^{n_r},\ n_i \in \mathbb{N},\ u \text{ は単元}, p_i \text{ は同伴ではない既約多項式} \quad (1 \leqq i \leqq r)$$

の形に単元倍と既約多項式の順序を無視すれば一意的（つまり一通り）に分解できる。

証明　$f \in D[Y]$ より, 命題 2.2 から, $\mathrm{C}(f)$ は D の元である。$f = \mathrm{C}(f)\,\mathrm{G}(f)$ が成り立つので, $\mathrm{C}(f)$ と $\mathrm{G}(f)$ を $D[Y]$ の中で既約分解する。定理 2.6 から, $\mathrm{C}(f)$ は D の中で既約分解でき, それが $D[Y]$ の中での既約分解であることが容易に分かる。次に注 2.4 から, $L[Y]$ の中で $\mathrm{G}(f) = u p_1^{n_1} p_2^{n_2} \cdots p_r^{n_r}$ と既約分解できる。補題 2.2 より, $\mathrm{C}(\mathrm{G}(f)) = \mathrm{C}(u)\,\mathrm{C}(p_1)^{n_1}\,\mathrm{C}(p_2)^{n_2} \cdots \mathrm{C}(p_r)^{n_r}$ が成り立ち, $\mathrm{G}(f)$ が原始多項式であることから $\mathrm{C}(\mathrm{G}(f)) = 1$ とできるので, $D[Y]$ の中で,

$$\mathrm{G}(f) = \mathrm{G}(u)\,\mathrm{G}(p_1)^{n_1}\,\mathrm{G}(p_2)^{n_2} \cdots \mathrm{G}(p_r)^{n_r}$$

が成立する。p_i が $L[Y]$ の既約多項式で，$p_i = \mathrm{C}(p_i)\,\mathrm{G}(p_i)$ より，$\mathrm{G}(p_i)$ は $L[Y]$ の既約多項式となるが，$\mathrm{G}(p_i) \in D[Y]$ なので $D[Y]$ の中でも既約多項式となる。また，$u \in L$ より，$\mathrm{G}(u)$ は $D[Y]$ の単元である。よって，f を $D[Y]$ の中で既約分解できた。

一方，$D[Y]$ での他の既約分解を $f = vq_1^{m_1}q_2^{m_2}\cdots q_s^{m_s}$ $(q_1,\ldots,q_t \in D, q_{t+1},\ldots,q_s \notin D)$ とする。$q_1^{m_1}\cdots q_t^{m_t}$ は $\mathrm{C}(f)$ と単元倍の違いなので，$D[Y]$ の中で一意的に分解されている。$q_{t+1}^{m_{t+1}}\cdots q_s^{m_s}$ は $\mathrm{G}(f)$ と単元倍の違いであり，p_i が $L[Y]$ の既約多項式なので，注 2.4，定理 2.5 から，ある j $(t+1 \leq j \leq s)$ が存在して $p_i|q_j$ となる。$q_j = p_ip'$ とおくと，$1 = \mathrm{C}(q_j) = \mathrm{C}(p_i)\,\mathrm{C}(p')$ より，$q_j = \mathrm{G}(q_j) = \mathrm{G}(p_i)\,\mathrm{G}(p')$ が成り立つ。q_j は $D[Y]$ の既約多項式なので，$\mathrm{G}(p')$ は $D[Y]$ の単元となる。以上より，f は単元倍と既約多項式の順序を無視すれば $D[Y]$ の中で一意的に既約分解できる。

注 2.5 上で行った議論での $D[Y]$ と $L[Y]$ を，$D = K[X_1,\cdots,X_{n-1}]$ と K 上 n 変数有理関数体 $L = K(X_1,\cdots,X_{n-1})$ として，$D[X_n], L[X_n]$ を考えれば，$K[X_1,\cdots,X_n]$ での既約分解の一意性が成り立つことが分かる。

参考文献

[1] 堀田良之 (1987),『代数入門』, 裳華房.

(宮地淳一，長瀬潤，相原琢磨)

第 3 章　幾何学分野

本章では，閉曲面をキーワードにしながら「微分積分学」，「線形代数学」，「位相空間論」の融合する分野の一つである微分位相幾何学を滑らかな写像の特異点論の観点から学ぶ。教育実習に参加するにあたり，個別に学んだ内容が有機的に組み合わされる様子を生徒に伝えられる手助けとなることを目的とする。

1　閉曲面

本節では，閉曲面を導入し分類定理を述べる。

平面 $\mathbb{R}^2$ 上の $2n$ 角形 Δ_{2n}, $(n \geq 1)$ を考える。Δ_{2n} に $\mathbb{R}^2$ のユークリッド距離が定める標準的な位相の相対位相を指定し，Δ_{2n} を位相空間と考える。Δ_{2n} はコンパクト [1] である。このとき，Δ_{2n} を囲む $2n$ 本の線分の 2 本ずつが組となるように線分上の点の間に同値関係を定め，さらに，この同値関係を Δ_{2n} の内部の点は自分自身のみと同値となるように拡張した同値関係を $\sim$ と書く。このとき，商集合 $M = \Delta_{2n}/\sim$ に商位相を指定した位相空間 $M = \Delta_{2n}/\sim$ を**閉曲面**と呼ぶ。閉曲面は位相空間なので，同相な二つの閉曲面を区別しないことに注意する。以下で，M の表面には凸凹がなく，滑らかであると約束する。2 角形 Δ_2 から得られる閉曲面は，図 3.1 に示すように，球面 S^2 または射影平面 F_1 [2] のいずれかである。4 角形 Δ_4 からは例えばトーラス Σ_1，クラインの壺 KB が得られる。

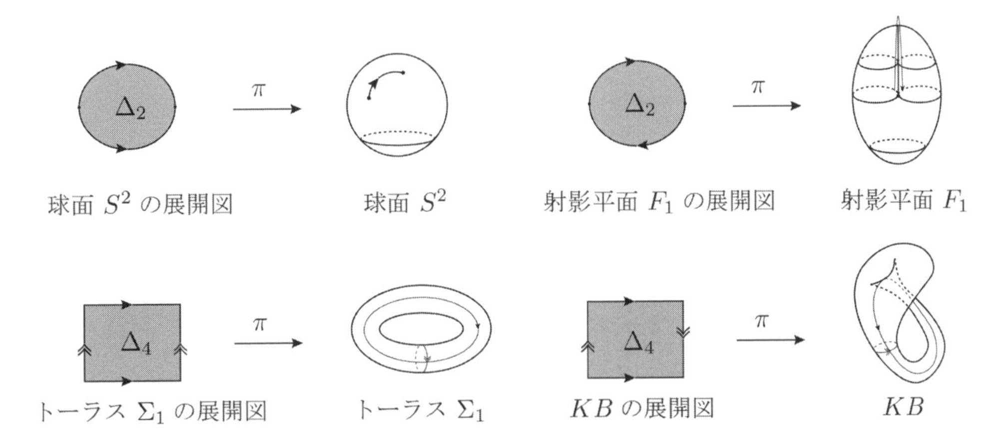

図 3.1　　閉曲面の例

閉曲面 $M = \Delta_{2n}/\sim$ に対して，Δ_{2n} を囲む $2n$ 本の辺に同値関係を書き込んだものを M の**展開図**と呼ぶ。閉曲面 M, N に対して，M, N から開円板をとり除き，得られた境界を貼り合わせて得られる図形を M, N の**連結和**と呼び，$M\#N$ と書く。

注 3.1 (1) 連結和はとり除く円板の位置に依らないので，連結和を展開図で捉えることができる：まず，展開図 Δ_{2n}, Δ_{2m} のそれぞれから頂点を通るように開円板をとり除き $2n+1$ 角形，$2m+1$ 角形をつくる。新たに出来た辺を張り合わせて得られる $2(n+m)$ 角形 $\Delta_{2(n+m)}$ の定義する閉曲面が連結和 $M\#N$ である。

(2) 連結和に関して $M\#S^2 = M$, $M\#N = N\#M$, $(M\#N)\#L = M\#(N\#L)$ が成立する。以下で，連結和の順序を表す括弧は省略する。

$g \geq 1$ 個のトーラス Σ_1 の連結和 $\Sigma_1\#\cdots\#\Sigma_1$，すなわち，$g$ 人乗りの浮き輪型の曲面を Σ_g と書き，g 個の射影平面 F_1 の連結和 $F_1\#\cdots\#F_1$ を F_g と書く。便宜上，$\Sigma_0 = S^2$ と書くとき，次が成立する。証明は [3] を参照する。

定理 3.1（閉曲面の分類定理） 閉曲面 M に対して次が成立する：

(1) M は Σ_g, $(g = 0, 1, 2, \ldots)$, F_g, $(g = 1, 2, \ldots)$ のどれかと同相である。

(2) Σ_g, $(g = 0, 1, 2, \ldots)$, F_g, $(g = 1, 2, \ldots)$ のどの二つも同相ではない。

閉曲面の分類定理の下，M が Σ_g と同相であれば，g を M の**種数**と呼び，M が F_g と同相であれば，g を M の**種数**と呼ぶ。

問題 3.1 $KB = F_1\#F_1$,　$F_1\#\Sigma_1 = F_3$ を示そう。

2 滑らかな多様体と滑らかな写像

本節では，閉曲面上で微分積分を行うために滑らかな多様体の理論を導入する。詳しくは，[5] を参照する。以下で，ユークリッド空間 $\mathbb{R}^m$ の部分集合にはユークリッド距離が定める標準的な位相からの相対位相が指定されていると約束する。

開集合 $U \subset \mathbb{R}^m$ と $V \subset \mathbb{R}^n$ の間の写像 $f = (f_1, \ldots, f_n)\colon U \to V$ が**滑らか**または C^∞ **級**であるとは条件「各点 p において各 f_j の各偏導関数 $\partial^k f_j(p)/\partial x_{i_1}\cdots\partial x_{i_k}$ が存在し，それらが連続となる」を満たすときである。一般に，部分集合 $M \subset \mathbb{R}^m$, $N \subset \mathbb{R}^n$ の間の写像 $f\colon M \to N$ が**滑らか**または C^∞ **級**であるとは条件「各 $p \in M$ に対して，p の開近傍 $U \subset \mathbb{R}^m$ と滑らかな写像 $F\colon U \to \mathbb{R}^n$ で $U \cap M$ 上で $F = f$ となるものが存在する」を満たすときである。特に，部分集合 $M \subset \mathbb{R}^m$ と滑らかな写像 $F\colon \mathbb{R}^m \to \mathbb{R}^n$ が与えられたとき，制限写像 $F|_M\colon M \to \mathbb{R}^n$ は滑らかな写像である。

例 3.1 部分集合 $M \subset \mathbb{R}^m$, $N \subset \mathbb{R}^n$, $L \subset \mathbb{R}^\ell$ を考える。 恒等写像 $1_M\colon M \to M$，定置写像 $c\colon M \to N$ は滑らかな写像である。 また，滑らかな写像 $f\colon M \to N$, $g\colon N \to L$ に対し

て，合成写像 $g \circ f\colon M \to L$ も滑らかな写像である。

部分集合 $M \subset \mathbb{R}^m$, $N \subset \mathbb{R}^n$ の間の滑らかな写像 $f\colon M \to N$ が**微分同相写像**であるとは条件「f は同相写像であり，かつ，逆写像 f^{-1} が滑らかとなる」ときである。M と N の間に微分同相写像が存在するとき，M と N は**微分同相**であると呼ぶ。

以上の準備の下で多様体を定義しよう。部分集合 $M \subset \mathbb{R}^k$ が**滑らかな** n **次元多様体**（省略して n **次元多様体**, **多様体**）であるとは，条件「各 $p \in M$ に対して，p の開近傍 $W \subset \mathbb{R}^k$ と開集合 $U \subset \mathbb{R}^n$ で $W \cap M$ と U は微分同相となるものが存在する」を満たすときである。すなわち，滑らかな n 次元多様体 $M \subset \mathbb{R}^k$ とは $\mathbb{R}^n$ の開集合を滑らかに張り合わせて出来る部分集合のことである。条件にある微分同相写像 $\varphi\colon W \cap M \to U$ のことを $W \cap M$ の**座標**と呼び，逆写像 $\psi\colon U \to W \cap M$ のことを $W \cap M$ の**パラメータ付け**と呼ぶ。

注 3.2　ここでは，滑らかな多様体を $M \subset \mathbb{R}^k$ に対して定義したが，多様体を定義するのに M が $\mathbb{R}^k$ に含まれる必要はない。例えば，[4] を参照する。

例 3.2　(1)　$\mathbb{R}^n$ と $S^n = \{(x_1, \ldots, x_{n+1}) \in \mathbb{R}^{n+1} \mid x_1^2 + \cdots + x_{n+1}^2 = 1\}$ は滑らかな n 次元多様体である。

(2)　閉曲面 S^2, Σ_g, F_g, $(g = 1, 2, \ldots)$ は全て滑らかな 2 次元多様体である。さらに，定理 3.1 の主張は，文中の同相を微分同相におき換えても成立する。

次に，微分写像を定義しよう。開集合 $U \subset \mathbb{R}^m$ に対して，原点 $0 \in \mathbb{R}^m$ を $p \in U$ に平行移動したものを $p \in U$ における U の**接平面**と呼び，T_pU と書く。もう一つの開集合 $V \subset \mathbb{R}^n$ と滑らかな写像 $f = (f_1, \ldots, f_n)\colon U \to V$ を考える。f の**微分写像** $d_pf\colon T_pU \to T_{f(p)}V$ をベクトル $\mathbf{v} = (v_1, \ldots, v_m) \in T_pU$ に対して，$d_pf(\mathbf{v}) = \lim_{t\to 0} \dfrac{f(p + t\mathbf{v})}{t}$ と定める。すなわち [3)]

$$d_pf(\mathbf{v}) = \begin{pmatrix} \frac{df_1}{dx_1}(p) & \cdots & \frac{df_1}{dx_m}(p) \\ \vdots & & \vdots \\ \frac{df_n}{dx_1}(p) & \cdots & \frac{df_n}{dx_m}(p) \end{pmatrix} \begin{pmatrix} v_1 \\ \vdots \\ v_k \end{pmatrix}。$$

この $n \times m$ 行列 $(df_i(p)/dx_j)_{1\le i\le n, 1\le j\le m}$ を f の p における**ヤコビ行列**と呼び d_pf と書く。図 3.2 (1) を参照する。

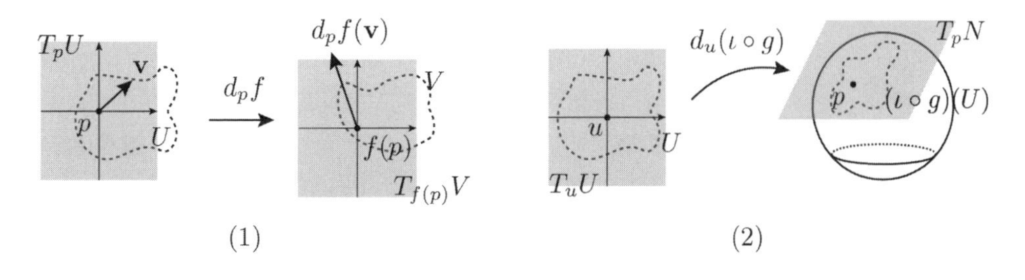

図 3.2　(1) $d_pf\colon T_pU \to T_{f(p)}V$　(2) T_pM

注 3.3　(1)　関数 $f\colon \mathbb{R}^k \to \mathbb{R}$ の場合，ヤコビ行列 $d_pf = (df/dx_1 \ldots df/dx_k)$ は勾配ベクトル $\nabla f(p)$ のことである。例えば，$f\colon \mathbb{R}^2 \to \mathbb{R}$, $f(x,y) = \pm x^2 \pm y^2$ とすると，$d_pf = (\pm 2x, \pm 2y)$ である。このとき，原点 0 においてのみ $d_0f = (0,0)$ となる。

(2)　$f\colon \mathbb{R}^2 \to \mathbb{R}^2$, $f(x,y) = (x,y^2)$ とすると，$d_pf = \begin{pmatrix} 1 & 0 \\ 0 & 2y \end{pmatrix}$ である。このとき，x 軸上の点 $p(x,0)$ においてのみ d_pf の階数は 1 となる。図 3.3 (1) に $F(x,y) = (x,y^2,y)$ の像を示す。

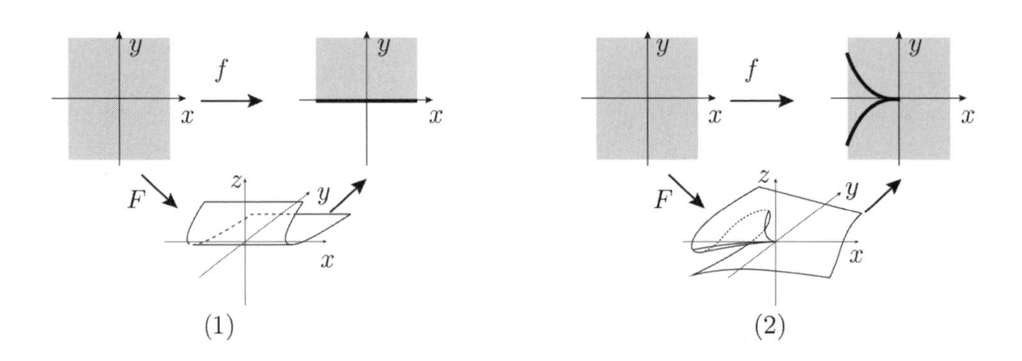

図 3.3　(1) $F(x,y) = (x,y^2,y)$　(2) $F(x,y) = (x,y^3+xy,y)$

問題 3.2　$U = V = \mathbb{R}^2$, $f(x,y) = (x, y^3+xy)$ とする。d_pf の階数を求めよう。図 3.3 (2) の $F(x,y) = (x,y^3+xy,y)$ の像を参照する。

原点の十分小さな開近傍 $U \subset \mathbb{R}^2$ と $V \subset \mathbb{R}^2$ の間の滑らかな写像 $f\colon U \to V$ が微分同相写像 $\Phi\colon U \to U$, $(\Phi(0) = 0)$ と $\Psi\colon V \to V$, $(\Psi(0) = 0)$ により，$\Psi \circ f \circ \Phi(x,y) = (x,y^2)$ と書けるとき，f は原点で**折り目特異点**をもつといい，$\Psi \circ f \circ \Phi(x,y) = (x,y^3+xy)$ と書けるとき，f は原点で**カスプ特異点**をもつという。

多様体 $M \subset \mathbb{R}^k$ 上の点 $p \in M$ に対して，パラメータ付け $\psi\colon U \to M \cap W$, $(\psi(u) = p)$ と包含写像 $\iota\colon M \to \mathbb{R}^k$ の合成写像 $\iota \circ \psi$ の微分写像の像 $d_u(\iota \circ \psi)(T_uU)$ を $p \in M$ における接空間 M の**接平面**と呼び，T_pM と書く。図 3.2 (2) を参照する。このとき，接平面 T_pM のとり方はパラメータ付け $\psi\colon U \to M \cap W$ のとり方に依らないことに注意する。

写像 $f\colon U \to \mathbb{R}^n$ のヤコビ行列 d_pf の階数が n よりも真に小さいとき，点 p を f の**臨界点**であると呼び，そうでないとき p は**正則点**であると呼ぶ。点 $q \in \mathbb{R}^n$ で $f^{-1}(q)$ が f の正則点のみからなるとき，q は f の **正則値**であると呼び，そうでないとき，q は f の **臨界値**と呼ぶ。逆像が空集合であるような点も正則値と呼ぶことに注意する。

例 3.3　(1)　$U = \mathbb{R}^2$, $V = \mathbb{R}$ とし $f(x,y) = \pm x^2 \pm y^2$ とする。符号のとり方により関数の様子は変化する。座標系 O-xyz においてグラフ $z = f(x,y)$ を考えると，どの場合でも，臨界点 $p(0,0)$ においてグラフの p における接平面は xy-平面に平行，すなわち，p における接平面は z 軸に直交する。図 3.4 を参照する.

(2) $U = V = \mathbb{R}^2$, $f(x,y) = (x,y^2)$ とする。臨界点全体からなる集合は $\{(x,y) \in \mathbb{R}^2 \mid y = 0\}$, 臨界値全体からなる集合は $\{(x,y) \in \mathbb{R}^2 \mid Y = 0\}$ である. 補助的に, 座標系 O-xyz においてグラフ $F = (x,y^2,y)$ を考えると, 臨界点 $p(x,0)$ においてグラフの接平面は xy 平面に直交する。

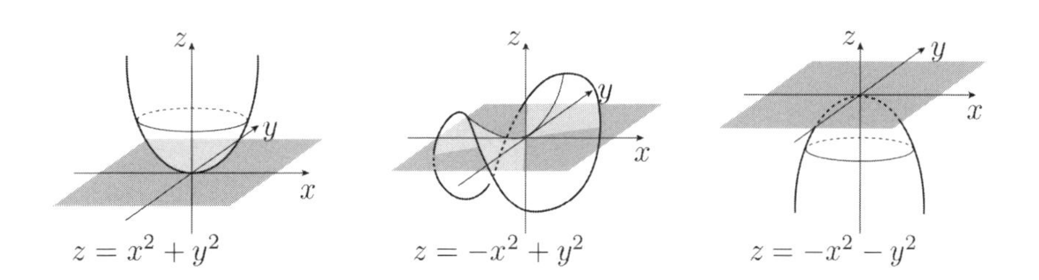

図 3.4　　グラフ $z = \pm x^2 \pm y^2$

$M \subset \mathbb{R}^k$, $N \subset \mathbb{R}^\ell$ を多様体, $f\colon M \to N$ を滑らかな写像とする。このとき, $p \in M$ における微分写像 $d_pf\colon T_pM \to T_{f(p)}N$ を次で定める : f は滑らかな写像なので, $p \in M$ の開近傍 W と滑らかな写像 $F\colon W \to \mathbb{R}^\ell$ で $W \cap M$ 上で $f = F$ を満たすものが存在する。この F を用いて $\mathbf{v} \in T_pM$ に対して $d_pf(\mathbf{v}) = d_pF(\mathbf{v})$ と定める。このとき, $d_pf(\mathbf{v}) \in T_{f(p)}N$ であり, さらに, この定義は $F\colon W \to \mathbb{R}^\ell$ のとり方に依らないことに注意する。点 $p \in M$ において d_pf が全射となるとき, p は f の **正則点**であると呼び, そうでないとき, p は f の **臨界点**であると呼ぶ。点 $q \in N$ で $f^{-1}(q)$ が f の正則点のみからなるとき, q は f の **正則値**であると呼び, そうでないとき, q は f の **臨界値**と呼ぶ。逆像が空集合であるような点も正則値と呼ぶことに注意する。

注 3.4　例 3.3 が示すように, 臨界点とはグラフの接空間が写像する方向に直交する点のことである。このことから, 写像が数式で与えられていなくても与えられた点が臨界点かどうかを判定できる。

例 3.4　球面 $S^2 = \{p(x,y,z) \in \mathbb{R}^3 \mid x^2 + y^2 + z^2 = 1\}$ を考える。

(1) $f\colon S^2 \to \mathbb{R}$ を $p(x,y,z) \in S^2$ に z 座標を対応させる関数とする。すなわち, $f(p(x,y,z)) = z$ とする。このとき, f の臨界点, すなわち, 接平面が z 軸に直交する点は図 3.5 (1) の北極点 $p_1(0,0,1)$, 南極点 $p_2(0,0,-1)$ の 2 点である。

(2) $f\colon S^2 \to \mathbb{R}^2$ を $p(x,y,z) \in S^2$ に xy 座標 (x,y) を対応させる写像とする。すなわち, $f(p(x,y,z)) = (x,y)$ とする。このとき, f の臨界点, すなわち, 接平面が xy 平面に直交する点は図 3.5 (2) の赤道上の点全体 $\{p(x,y,z) \in S^2 \mid z = 0\}$ である。

問題 3.3　$\mathbb{R}^3$ 内のトーラス Σ_1 を考える。

(1) 3 次元ユーグリッド空間内に Σ_1 を図 3.6 (1) のようにおき, $f\colon \Sigma_1 \to \mathbb{R}$ を $f(p(x,y,z)) = z$ で定める。このとき, f の臨界点を求めよう。

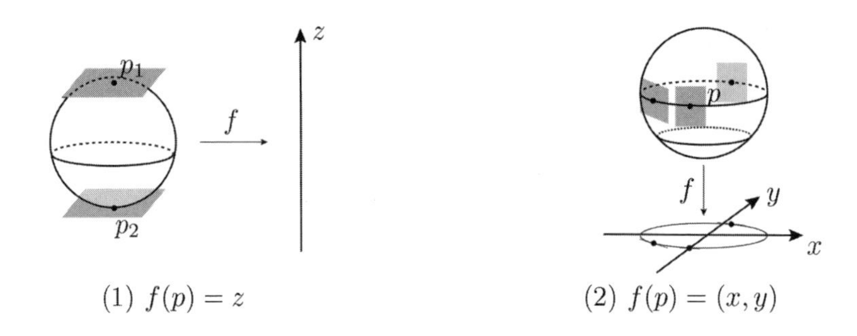

図 3.5　　例 3.4 の図

(2) 3 次元ユーグリッド空間内に Σ_1 を図 3.6 (2) のようにおき，$f\colon \Sigma_1 \to \mathbb{R}^2$ を $f(p(x,y,z)) = (x,y)$ で定める。このとき，f の臨界点を求めよう。

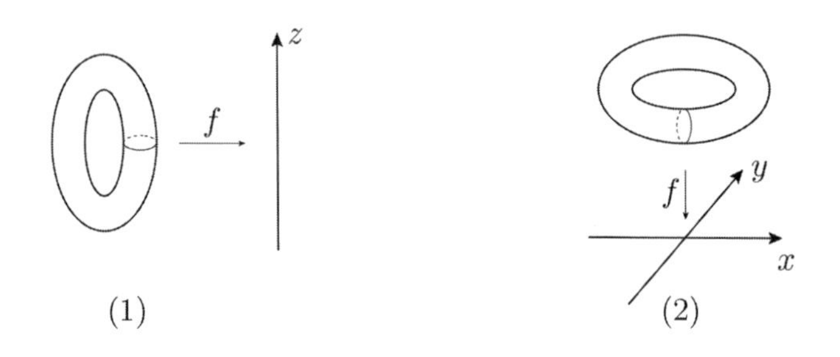

図 3.6　　問題 3.3 の図

これらの例が示すように，滑らかな写像 $f\colon M \to N$ の臨界値集合は N 内で"薄い"集合をなす。正確には次が成立する。

定理 3.2（サードの定理） 滑らかな写像 $f\colon M \to N$ の臨界点集合は N のルベーグ測度 0 の部分集合となる。ここで，部分集合 $C \subset N$ がルベーク測度 0 であるとは，各座標 $\varphi\colon W \cap N \ \to \mathbb{R}^n$ に対して，$\varphi(C) \subset \mathbb{R}^n$ が通常の意味でルベーグ測度 0 であることである。

3　閉曲面のトポロジーと滑らかな写像の特異点

本節では，滑らかな写像 $f\colon M \to \mathbb{R}^n$ の臨界点集合や臨界値集合が多様体 M のトポロジーをよく反映すること示す例として Reeb の定理と Pignoni を紹介する。

3.1　Reeb の定理

多様体 $M \subset \mathbb{R}^k$ 上の関数 $f\colon M \to \mathbb{R}$ が条件「各臨界点 $p \in M$ において，p のまわりのパラメータ付け $\psi\colon U \to W \cap M$, $(\psi(0) = p)$ との合成 $f \circ \psi$ のヘッセ行列 $H_{f\circ\psi}(x)$ が原点にお

いて非退化となる」を満たすとき f を Morse 関数と呼ぶ。ここで，関数 $f\colon \mathbb{R}^n \to \mathbb{R}$ のヘッセ行列 $H_f(x)$ とは (i,j) 成分が $\partial^2 f(x)/\partial x_i \partial x_j$ である n 次正方行列のことである。

注 3.5　多様体 $M \subset \mathbb{R}^k$ 上の Morse 関数全体からなる集合は滑らかな関数 $M \to \mathbb{R}$ 全体からなる集合 $C^\infty(M,\mathbb{R})$[4] の中で開かつ稠密に存在することが知られている。すなわち，どんな滑らかな関数 $M \to \mathbb{R}$ も Morse 関数で近似できる。

> **定理 3.3（Reeb の定理）**　閉多様体 M 上の Morse 関数 $f\colon M \to \mathbb{R}$ を考える。このとき，f の臨界点がちょうど二つであれば，M は球面 S^n に同相である。

3.2　Pignoni の定理

閉曲面 M から曲面 N への滑らかな写像 $f\colon M \to N$ が次の条件 (i), (ii) を満たすとき，f は**安定**である（または，f を **安定写像**である）と呼ぶ：(i) f は各点 p の十分近くでは正則点，折り目特異点，カスプ特異点のいずれかである。すなわち，p のまわりのパラメータ付け $\psi\colon U \to W \cap M$, $(\psi(0) = p)$ と $f(p)$ のまわりの座標 $\phi\colon W' \cap N \to V$, $(\phi(f(p)) = 0)$ をうまく選ぶと，$\phi \circ f \circ \psi(x,y) = (x,y)$, (x,y^2), $(x, y^3 + xy)$ と書ける。よって，f の臨界点集合 $S(f)$ はいくつかの円周の非交和である。　(ii) f の臨界値集合 $f(S(f))$ は局所的には図 3.7 (1), (2), (3) の下図のどれかである。

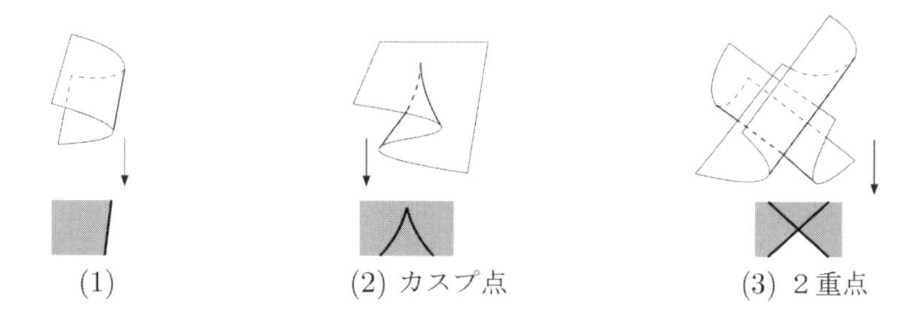

図 3.7　$f(S(f))$ の局所的な図

注 3.6　閉曲面 M から曲面 N への安定写像全体からなる集合は滑らかな写像 $M \to N$ 全体からなる集合 $C^\infty(M,N)$ の中で開かつ稠密に存在することが知られている。すなわち，どんな滑らかな写像 $M \to N$ も安定写像で近似できる。

以下で，閉曲面 M から平面 $\mathbb{R}^2$ への安定写像 $f\colon M \to \mathbb{R}^2$ を考え，Pignoni の定理のために言葉を準備する。f の臨界点集合の連結成分への分解を $S_1 \cup \cdots \cup S_k$ とし，$\gamma_i = f(S_i)$ と書き，各 γ_i に対して $\mathbb{R}^2 \setminus \gamma_i$ の連結成分で非有界領域を U_i と書く。U_i の境界は γ_i の一部である。各 γ_i を進行方向の左手側の点の逆像の成分数の方が右手側よりも多くなるように向き付ける。カスプ点でない点 $q \in \gamma_i$ において，この向きに関して左手方向を向く単位ベクトルを ν とかき，接ベクトルを τ と書く。ベクトルの順序対 $\{\tau, \nu\}$ が定める $\mathbb{R}^2$ の向きは q に寄らないので，この向きを $\mathbb{R}^2$ の向きとする。U_i の境界上の２重点やカスプ点以外の点 q で，q における γ_i の進行方向に関して左手側が U_i を向くとき，q を**正の点**，そうでないとき**負の点**と呼ぶ。U_i の境界上の２重点やカスプ点以外の点が全て正の点であるとき，γ_i は**正の成分**であるといい，その総数を i^+ と書く。そうでないとき，γ_i は**負の成分**と呼び，その総数を i^- と書く。このとき，U_i の境界上の２重点やカスプ点以外の点 q で正の成分 γ_i 上の正の点であるもの，または，負の成分 γ_i 上の負の点であるものを **許容的出発点**と呼ぶ。

点 $q \in \gamma_i$ を γ_i の許容的出発点とし，$Q \in \gamma_i$ を２重点とする。さらに，$q \in \gamma_i$ を出発する γ_i のパラメータ付けを $\alpha_i\colon [0,1] \to \gamma_i$ とし，$\alpha_i(t_1) = \alpha(t_2) = Q,\ 0 < t_1 < t_2 < 1$ とする。順序付けられた接ベクトルの組 $\{\alpha_i'(t_1), \alpha_i'(t_2)\}$ が $\mathbb{R}^2$ の向きと一致するとき Q を **正の２重点**と呼び，その総数を N_i^+ と書く。そうでないとき**負の２重点**と呼び，その総数を N_i^- と書く。図 3.8 を参照する。さらに，$N^+ = \sum_{i=1}^{k} N_i^+$, $N^- = \sum_{i=1}^{k} N_i^-$ とおく。ここで，２重点 Q

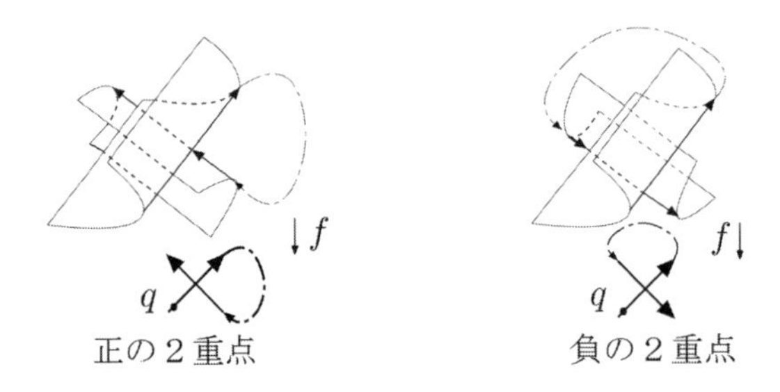

図 3.8　２重点の正負

の正負は各 γ_i 自身のなす２重点にしか定めていないことに注意する。

定理 3.4（Pignoni の定理 [6]） 閉曲面 M 上の安定写像 $f\colon M \to \mathbb{R}^2$ を考える。このとき，M の種数 g に関して次が成立する：

$$g = \varepsilon\left((N^+ - N^-) + \frac{c}{2} + (1 + (i^+ - i^-))\right)。$$

ここで，ε は M が向きつけ可能であれば $+1$，そうでなければ -1 である。

図 3.9 に $\Sigma_1 \to \mathbb{R}^2$ の例を三つ挙げる。正確には，３次元ユークリッド空間 $\mathbb{R}^3$ に Σ_1 を図 3.9 の上図のように埋め込んで，(x, y) 平面への正射影の Σ_1 への制限として $f_i, (i = 1, 2, 3)$ を定義する。それぞれの場合に Pignoni の定理を確認すると以下のようになる。

(1) $c(f_1) = 0,\ N^+ = N^- = 0,\ i^+ = i^- = 1$。よって，$g = 0 + \frac{0}{2} + (1 + 0) = 1$。

(2) $c(f_2) = 4,\ N^+ = 0\ N^- = 2,\ i^+ = 0, i^- = 2$。よって，$g = 0 + \frac{4}{2} + (1 + (-2)) = 1$。

(3) $c(f_3) = 2,\ N^+ = 1, N^- = 1,\ i^+ = 0, i^- = 1$。よって，$g = 0 + \frac{2}{2} + (1 + (-1)) = 1$。

問題 3.4　閉曲面 M 上の安定写像 $M \to \mathbb{R}^2$ を作成し，Pignoni の定理を確かめよう。

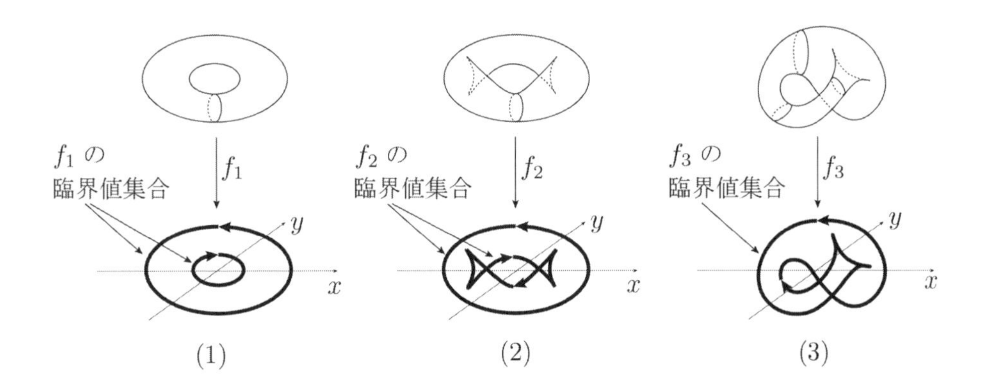

図 3.9　安定写像 $f_i\colon \Sigma_1 \to \mathbb{R}^2$, $(i = 1, 2, 3)$。$\mathbb{R}^2$ 上の太線は臨界値集合の像を表す。

注

1) 位相空間 M が**コンパクト**であるとは条件「M のどんな開被覆も有限部分被覆をもつ」を満たすときである。コンパクト集合上の任意の連続関数は最大値と最小値をもったことに注意する。

2) 図 3.1 が示す射影平面 F_1 の図示は，F_1 を 3 次元ユークリッド空間 $\mathbb{R}^3$ で実現する一つの方法であり，F_1 を $\mathbb{R}^3$ で実現する方法は他にもあることに注意する。また，F_1 を $\mathbb{R}^3$ 内で実現すると図 3.1 のように自己交差をもつが，4 次元ユークリッド空間 $\mathbb{R}^4$ では自己交差をもたずに実現できる。詳しくは，例えば，[1] を参照する。

3) この計算において，多変数関数の合成関数の微分法と積の微分法を使うことに注意する。

4) $C^\infty(M, \mathbb{R})$ には Whitney C^∞ 級位相を指定する。多様体 M, N の間の滑らかな写像全体からなる集合 $C^\infty(M, N)$ の Whitney C^∞ 位相とは，パラメータ付けを通して写像 $f \in C^\infty(M, N)$ を局所的にユークリッド空間の間の写像 $f = (f_1, \ldots, f_n)$ と思ったときの各 f_i 達の偏微分係数により定まる位相である。詳しくは [2] を参照する。

参考文献

[1] G. K. フランシス，(1991)，『トポロジーの絵本』シュプリンガー・フェアラーク東京.

[2] 泉屋周一，石川剛郎（1998)，『応用特異点論』共立出版.

[3] 小宮克弘（2001)，『位相幾何入門』裳華房.

[4] 松本幸夫（1988)，『多様体の基礎』東京大学出版会.

[5] J. Milnor (1965) , *Topology from the differentiable viewpoint.* Based on notes by David W. Weaver, The University Press of Virginia, Charlottesville, Va. 1965.

[6] R. Pignoni (1993) , *Projections of surfaces with a connected fold curve.* Topology Appl. 49, no. 1, 55–74.

（山本　卓宏，田中　心，竹内　伸子）

第４章　確率論・統計学分野

1　確率論と統計学

「確率」という単語は，例えば「明日の降水確率は５０％です」のように，不確定な事象に対して日常的に使われる。確率の概念は中学２年生の数学で導入されるが，小学５年生の算数で百分率を導入する際，資料を数量的に考察する例で用語としての確率が紹介される。また，小学３年生の算数で扱われる，資料や表をグラフに表し，読むという単元も広い意味で確率論や統計学に関する内容といえる。

数学は（証明が正しくなされた結果については）適切な仮定の下で論理的に考察すれば，いつでも正しい結果が出てくるという点で普遍的な学問である。一方で，不確定な事象が対象であるような医学・経済学・教育学などでは，実験による再現性が得られにくい場合が多くある。そこで結果と原因を科学的に考えるためには，確率論・統計学の手法が必要不可欠である。ただし，不確定な事象に対して数学を考えるときは適切な設定を用意する必要がある。この節では，中学・高校で学ぶ確率論と大学で学ぶ確率論，そしてその先にある応用例を紹介する。

1.1　確率とその設定

次の問題は，賭博好きの貴族がガリレイに質問した問題として知られている ([1])：

３個のさいころを振ると，各目の和が９の場合と１０の場合はどちらも次の６通りである：

　９：(1,2,6); (1,3,5); (1,4,4); (2,2,5); (2,3,4); (3,3,3).

１０：(1,3,6); (1,4,5); (2,2,6); (2,3,5); (2,4,4); (3,3,4).

ところが経験的には，目の和が１０になることが多い。この感覚は正しいか？

現実の問題を数学の枠組みで考えるときには，問題を抽象化・一般化する必要がある。私たちが中等教育で確率を考えるときは「同様に確からしい」という言葉とともに確率の定義が与えられる。問題から「区別できる」,「同様に確からしい」という対称性によって確率を合理的に定めて，感覚を数理的に判断することができる。上の問題では３個のさいころを区別することで，目の出方が $6^3 = 216$ 通りあることが分かる。この 216 通りについて，９と１０では場合の数が異なる（計算は各自に任せる)。どの目の出方も同様に確からしいとすれば，貴族の感覚は正しいであろうと判断できる。「確率が違うかな？」と貴族が気付くのは主観的な立場である一方で，設定を決めて数理的に考える立場は客観的といえる。

問題 4.1　この設定で，和が９と１０の場合で確率がどの程度に違うか説明しよう。

1.2　「確率」という用語

確率・統計と記述されることが多い上記の２分野は，ものの見方が異なる。統計学は得られたデータから，その結果を生み出すようなモデルを推測する「逆問題」を解決することを目的としている。また，確率論は与えられたランダムネスを含むモデルから，どのような性質が導かれるかを考察することを目的としている。現代的な確率論においてランダムネスは前提であり，「確率」とは何かについては棚上げしていることに注意しておく。

ところで確率の違いを把握するためには，確率が一定であるという条件の下で数千回のさいころ投げを繰り返す必要がある。実験回数が多くなれば不確定な事象の起こる頻度も安定する。その値は「頻度確率」などと呼ばれる。このような経験則から得られる頻度の安定性の根拠は，確率論による数学的事実である大数の法則に求められることが多い。ここで，与えられたモデルが現実を正確に反映しているかは，別問題であることを注意しておきたい。不確実な現象を考察する際は，確率を知ることが目的ではないだろう。得られた確率は，各自がどのような判断をするかの手がかりを与えているに過ぎない。卑近な例として，降水確率を知ることで傘をもっていくかどうかを判断することが挙げられる。

それでは，初等・中等教育において「確率」を，どのように扱うのが適切であろうか？　一つの提言が，楠岡成雄氏によって（ただし，冒頭には「少し過激な主張を書かせて頂く」ともある）次のようになされている（[2]）：

「「確率」の概念を本当に理解するのは、高校生でも不可能である。「確率」の概念を巡る論争で現れた「頻度確率」や「数学的確率」といった言葉は初等中等教育では用いることを避けるべきである。　　　（中略）

「確率」を教える時は正確にできたさいころを振る、玉を箱から取り出すといった純粋な試行をベースにしていけばよい。その上で確率概念は広い分野で用いられているという事実と、それが正しい使い方であるかははっきりとしていないということに少し触れる程度にとどめるのが良いと思う。」

この提言を踏まえて『高等学校　数学 A』(数研出版) での確率の定義を見てみよう：

「１個のさいころを投げる試行では，どの目が出ることも同程度に期待できると考える。一般に，ある試行において，どの根元事象が起こることも同程度に期待できるとき，これらの根元事象は**同様に確からしい**という。このような試行で，起こりうるすべての場合の数を N，事象 A の起こる場合の数を a とするとき，$\dfrac{a}{N}$ を事象 A の**確率**といい，$P(A)$ で表す。」

この定義はラプラスによるものとされ，古典的確率とよばれることが多い。確率の考察の対象を一定条件で何回でも実験できる（と考えられる）事柄に絞るという点で，上記の純粋な試行に通じる考え方といえる。その一方で，この確率の定義は，その定義の中に「同程度に期待できる」という，確率の概念を言外に含んだものになっている（そのあたりの事情は [3] に詳しい)。

1.3　数学としての確率論

現代的な確率論は，大雑把に言うと「各点に確率を与えることはできないが，集合に対しては確率を考えられる」として，標本空間 Ω とその部分集合 A について，0 と 1 との間の数として確率 $P(A)$ を与える，という考え方を用いて考察される。

ところで「表が出続けるまでコイン投げを続ける」のような無限回の試行を考えると，標本空間 Ω が無限集合を含む一般的な集合となる。このとき，標本空間の全ての部分集合からなる集合を考え，その上に確率を構成できるかは自明ではない。この難点は，有限個の要素からなる集合で構成した確率空間が，自然な形で無限を扱える空間へと拡張できることを示すことで解消される。これは測度論を基にして確率論を展開する，という 20 世紀初めに Kolmogorov によってなされた考え方に依っている。現代数学での確率論の設定については，例えば [4], [5] を参考文献に挙げる。また，測度論を用いると，確率が「0」であるような条件の下での条件付き確率も（適切な条件下で）考えることができる。

大学教養での確率・統計の講義では，大数の法則・中心極限定理などの極限定理を理解することが最終的な目標となる。これらの定理は無限回の試行を扱うことになる。上記の方針で定義された確率と測度論の議論を用いることで，これらの定理の証明は見通しよく与えられる。例えば [1] や [6] では，教養の微分積分学の知識で中心極限定理の証明を与えている。特に「乱数とは何か」を主題としている [6] では，「確率」や「ランダム」とは何か，また，数値計算と数学との関係などが記述され，示唆に富む教科書になっている。

一方で，中等教育においては離散的な有限集合の場合だけで確率を考えることになる。例えば二項分布に従う確率変数はその場合の典型的な例である。しかし，正規分布は，実数全体を全事象とする確率空間を考えなければいけない。そのために高校数学の枠組みでは，数式を用いて正規分布の様相を正確に説明することはできない。例えばコンピュータによるシミュレーションスタディで中心極限定理が成立する様子を見せることは，生徒の理解の手助けになるだろう。また，確率論や統計学の考え方をコンピュータを用いて説明することは，情報教育においても科学的な理解を深めることにもつながることが大いに期待できる。これからの数学教育は，今まで以上に多面的な指導が必要になると考える。

ただし「確率とは何か」を棚上げしたように「乱数列」をどのように発生させるかも大きな問題となる。現在，メルセンヌ・ツイスターと呼ばれる，漸化式を用いた疑似乱数が，その性能の良さからいろいろな場面で利用されている [7]。また，他の分野へと応用されることを必ずしも目的としていない純粋数学が，長い時間を経たのちに実用されている具体例があることは，数学を教えるときに知っておいたほうがよい。

問題 4.2　上記の 3 個のサイコロの問題に関して，どのようなシミュレーションスタディを行うことで貴族の感覚を追体験できるか考察してみよう。また，シミュレーションスタディを通じて，中心極限定理を中学生・高校生に説明する方法を考えてみよう。

1.4　ゲームから数理ファイナンスへ

確率論は 1654 年にパスカルとフェルマーによる「未完のゲーム問題」と呼ばれるパズルに関する往復書簡に始まる，と言われている。パスカルとフェルマーによる手紙は [8] で読むことができるが，次のように要約できる：

二人でコイン投げを繰り返し，先に 3 勝したほうが賞金を総取りする，というゲームをしていた。ところがある人が 2 勝，もう一人が 1 勝したところでゲームを中断するときに，賞金をどのように分けることが公正か？

不確定な未来を数学として記述することが可能である，という発想を学んでいる 21 世紀の私たちにとっては，この問題を解くことはそれほど難しくはない。その一方で，前時代の多くの数学者がこの問題に挑戦し，現在の視点からみると必ずしも正確ではない解答を与える様子は [8] に詳しい。

ところで，上記のゲームのモデルの延長上には「確率微分方程式」と呼ばれるものがある。この理論は 1942 年に伊藤清氏によって発表された。「伊藤の公式」は数学・理論物理・金融工学など，様々な分野に，今でも大きな影響を与えている（金融工学への応用は，例えば [9] に説明がある）。伊藤先生は「ウォール街で最も有名な日本人」と紹介されることがある ([10])。

参考文献

[1] 楠岡成雄 (1995),『確率・統計』, 森北出版 (新数学入門シリーズ 7).

[2] 楠岡成雄 (2017), 高校での統計教育、大学での確率統計教育, 数理解析研究所講究録 2021, pp.120-123.

[3] 内田靖「同様に確からしいということ」https://www.chart.co.jp/subject/sugaku/suken_tsushin/81/81-2.pdf (2017 年 10 月 1 日アクセス)

[4] 舟木直久 (2004),『確率論』, 朝倉書店 (講座数学の考え方 20).

[5] 原啓介 (2017),『測度・確率・ルベーグ積分応用への最短コース』, 講談社 (KS 理工学専門書).

[6] 杉田洋 (2014),『確率と乱数』, 数学書房 (数学書房選書 4).

[7] 松本眞 「あなたの使っている乱数、大丈夫？」(2014/11/18 第 50 回市村学術賞記念先端技術講演会資料) http://www.math.sci.hiroshima-u.ac.jp/~m-mat/TEACH/ichimura-sho-koen.pdf (2017 年 10 月 1 日アクセス)

[8] キースデブリン (2010),『世界を変えた手紙』, 原啓介訳, 岩波書店.

[9] 藤田岳彦 (2011), 1997 年:ブラック-ショールズ方程式の台頭, 数学セミナー 50(4), pp.39-47.

[10]「ウォール街で最も有名な日本人」伊藤清さん死去, 朝日新聞デジタル 2008 年 11 月 14 日, http://www.asahi.com/kansai/okuyami/OSK200811140069.html (2017 年 10 月 1 日アクセス)

（高橋　弘）

2　多変数の統計学

データ分析では，収集したデータからいかにして様々な有用な情報を引き出すかが重要である。統計学はそのための数学的方法を与えている。学部低学年では，主に 1 変数の統計学を学ぶ。推定や仮説検定等の基本的な考え方を修得することが目標である。また，高学年では多変数の統計学を学ぶ。1 変数の統計学の諸概念が多変数へ拡張される。

本節では，多変数データを分析するための各種の統計手法のうち，もっとも使用される頻度の高い回帰分析を取り上げる。回帰分析は，高等学校数学科の数学 I の「データの相関」，数学 B の「統計的な推測」等の単元と密接な関わりをもっている。回帰分析を取り上げた理由は，教育実習の現場で，また将来数学教師として統計分野の教材研究を行う際に，回帰分析の基礎知識が役立ち，身に付けておくべき内容であると考えたからである。回帰分析の目的の一つは，いろいろな特性の間の関係を記述し，予測を行うことである。ここでは，目的変数が 1 個の場合かつ線形の場合を考え，モデルの定義，パラメータの推定，予測について述べる。また，これらに関連した探求課題を挙げ，課題を解くときの注意点を述べる。2.1 は単回帰（説明変数が 1 個）の場合であり，2.2 は重回帰（説明変数が複数個）の場合である。

2.1　回帰直線

説明変数 x，目的変数 Y，誤差確率変数 ε に対して，線形モデル

$$Y = \beta_0 + \beta_1 x + \varepsilon$$

を考える。これを単回帰モデルという。このモデルにおいて，回帰係数パラメータ β_0, β_1 を残差の平方和を最小化することにより推定する。この推定方法を最小二乗法という。今，n 個の独立な観測で得られたデータの組を $(Y_i, x_i), i = 1, \ldots, n$ とすると，線形モデルは

$$Y_i = \beta_0 + \beta_1 x_i + \varepsilon_i,\ i = 1, \ldots, n$$

となる。したがって，β_0, β_1 の推定値を $\hat{\beta}_0, \hat{\beta}_1$ とし，Y_i の期待値の推定値を $\hat{Y}_i$ とすると

$$\hat{Y}_i = \hat{\beta}_0 + \hat{\beta}_1 x_i,\ i = 1, \ldots n$$

である。ここで，$e_i = Y_i - \hat{Y}_i$ を残差という。最小二乗法では，x_i, Y_i を止めて

$$\sum_{i=1}^{n} e_i^2 = \sum_{i=1}^{n} (Y_i - \hat{\beta}_0 - \hat{\beta}_1 x_i)^2$$

を最小にする $\hat{\beta}_0, \hat{\beta}_1$ を求める。正規方程式と呼ばれる $\hat{\beta}_0, \hat{\beta}_1$ の連立 1 次方程式を解くことにより，残差の平方和の最小値を与える $\hat{\beta}_0, \hat{\beta}_1$ は

$$\hat{\beta}_0 = \bar{Y} - \bar{x}\hat{\beta}_1,\ \hat{\beta}_1 = r\frac{s_Y}{s_x} \tag{1}$$

となる。ただし，$\bar{x}, \bar{Y}$ は x, Y の標本平均，s_x, s_Y は x, Y の標本標準偏差，r は x と Y の標本相関係数である。上式の $\hat{\beta}_0, \hat{\beta}_1$ を β_0, β_1 の最小二乗推定値という。また，このときの直線

$y = \hat{\beta}_0 + \hat{\beta}_1 x$ を y の x への回帰直線という。説明変数が $x = x_0$ で与えられたとき，これに対応する y の値 y_0 は回帰直線より $\hat{\beta}_0 + \hat{\beta}_1 x_0$ と予測される。

単回帰に関する探求課題として，問題 4.3 を挙げておく。問題 4.3 では，上式の $\hat{\beta}_0, \hat{\beta}_1$ を計算し，回帰直線を求めればよい。最小二乗推定値 $\hat{\beta}_0, \hat{\beta}_1$ は回帰直線の切片と傾きであること，回帰直線は $y - \bar{Y} = \hat{\beta}_1(x - \bar{x})$ と表されるからそのグラフは点 $(\bar{x}, \bar{Y})$ を通ること，また回帰直線の傾き $\hat{\beta}_1$ の符号と標本相関係数 r の符号は一致していることに注意したい。

問題 4.3　10 個の独立な観測により，次のデータの組が得られている。

x	84.1	94.6	102.3	109.1	115.8	123.1	131.7	143.0	160.5	218.5
Y	151.8	165.5	156.8	168.5	165.7	165.1	170.2	197.6	207.0	325.3

(1) y の x への回帰直線を求めよ。

(2) $x = 128.3$ であるとき，これに対応する y の値を回帰直線を用いて予測せよ。

2.2　重回帰式

2.1 の線形モデルにおいて，説明変数が p 個ある場合，すなわち

$$Y = \beta_0 + \beta_1 x_1 + \cdots + \beta_p x_p + \varepsilon$$

を考える。これを重回帰モデルという。今, n 個の独立な観測を $(Y_i, x_{1i}, \ldots, x_{pi})$, $i = 1, \ldots, n$ とすると，線形モデルは

$$Y_i = \beta_0 + \beta_1 x_{1i} + \cdots + \beta_p x_{pi} + \varepsilon_i,\ i = 1, \ldots, n$$

となる。これらをベクトルと行列を用いて表すために

$$Y = \begin{bmatrix} Y_1 \\ Y_2 \\ \vdots \\ Y_n \end{bmatrix},\ X = \begin{bmatrix} 1 & x_{11} & \ldots & x_{p1} \\ 1 & x_{12} & \ldots & x_{p2} \\ \vdots & \vdots & & \vdots \\ 1 & x_{1n} & \ldots & x_{pn} \end{bmatrix},\ \beta = \begin{bmatrix} \beta_0 \\ \beta_1 \\ \vdots \\ \beta_p \end{bmatrix},\ \varepsilon = \begin{bmatrix} \varepsilon_1 \\ \varepsilon_2 \\ \vdots \\ \varepsilon_n \end{bmatrix}$$

とおく。このとき，n 個のデータの組に対する線形モデルは $Y = X\beta + \varepsilon$ と表される。回帰係数ベクトル β の推定値を $\hat{\beta}$ とし，Y の期待値の推定値を $\hat{Y}$ とすると $\hat{Y} = X\hat{\beta}$ である。残差ベクトルを $e = Y - \hat{Y}$ とするとき

$$e'e = (Y - X\hat{\beta})'(Y - X\hat{\beta})$$

を最小にする $\hat{\beta}$ を求める。正規方程式 $X'X\hat{\beta} = X'Y$ より，最小値を達成する $\hat{\beta}$ は

$$\hat{\beta} = (\hat{\beta}_0, \hat{\beta}_1, \ldots, \hat{\beta}_p)' = (X'X)^{-1}X'Y$$

で与えられる。この $\hat{\beta}$ を β の最小二乗推定値という。また，$y = \hat{\beta}_0 + \hat{\beta}_1 x_1 + \cdots + \hat{\beta}_p x_p$ を

y の $x_1, \ldots, x_p$ への重回帰式という。特に，$p = 2$ の場合の重回帰式は y の x_1, x_2 への回帰平面と呼ばれている。$p = 2$ の場合に説明変数が $x_1 = x_1^0, x_2 = x_2^0$ で与えられたとき，これに対応する y の値 y_0 は回帰平面より $\hat{\beta}_0 + \hat{\beta}_1 x_1^0 + \hat{\beta}_2 x_2^0$ と予測される。

以下の問題 4.4，問題 4.5 及び問題 4.6 は重回帰に関する探求課題である。問題 4.4 では，上式の $\hat{\beta}$ の右辺の行列を計算し，各回帰係数パラメータの最小二乗推定値から回帰平面を求めればよい。問題 4.5 では，回帰関数が x の 2 次関数であっても線形モデル（重回帰モデル）が応用できることに着目したい。線形モデルの「線形」とは，説明変数についての線形ではなく，パラメータについての線形を意味している。問題 4.6 では，x と Y の標本共分散を s_{xY} とすると，2.1 の最小二乗推定値 $\hat{\beta}_1$ は

$$\hat{\beta}_1 = \frac{s_{xY}}{s_x^2} = \frac{\sum_{i=1}^n (x_i - \bar{x})(Y_i - \bar{Y})}{\sum_{i=1}^n (x_i - \bar{x})^2} = \frac{\sum_{i=1}^n x_i Y_i - n\bar{x}\bar{Y}}{\sum_{i=1}^n x_i^2 - n\bar{x}^2}$$

と表されることに注意したい。

問題 4.4　10 個の独立な観測により，次のデータの組が得られている。

x_1	5.6	6.4	10.1	4.4	5.1	11.4	8.2	4.9	8.4	7.1
x_2	6.6	7.8	6.5	5.3	5.7	9.5	4.5	3.9	5.5	4.7
Y	98	89	148	66	64	178	72	54	78	70

(1) y の x_1, x_2 への回帰平面を求めよ。

(2) $x_1 = 7.2, x_2 = 6.0$ であるとき，これに対応する y の値を回帰平面を用いて予測せよ。

問題 4.5　4 個の独立な観測により，次のデータの組が得られている。

x	2	4	6	8
Y	25	22	21	23

(1) 最小二乗法により，x と Y の関係を表す 2 次関数 $y = \hat{\beta}_0 + \hat{\beta}_1 x + \hat{\beta}_2 x^2$ を求めよ。

(2) (1) の曲線を用いて y を最小にする x の値を求めよ。

問題 4.6　最小二乗推定値 $\hat{\beta} = (X'X)^{-1}X'Y$ において，$p = 1$ とすることにより，2.1 の (1) 式の $\hat{\beta}_0, \hat{\beta}_1$ を導け。

参考文献

[1] 坂田年男，高田佳和，百武弘登（1992），『基礎統計学』朝倉書店，pp.129-140.

[2] 塩谷實（1990），『多変量解析概論』朝倉書店，pp.60-71.

（横山隆久）

編著者

西村圭一	東京学芸大学	（第１章２）
太田伸也	東京学芸大学	（第２章５）

執筆者

第一部

矢嶋昭雄	（第１章１）	東京学芸大学
中村光一	（第１章３）	東京学芸大学
清野辰彦	（第１章３）	東京学芸大学
成田慎之介	（第１章３）	東京学芸大学
傍士輝彦	（第２章１）	東京学芸大学附属世田谷中学校
高橋広明	（第２章2.1）	東京学芸大学附属国際中等教育学校
川村栄之	（第２章2.2.1）	東京学芸大学附属小金井中学校
本田千春	（第２章2.2.2）	東京学芸大学附属国際中等教育学校
小岩大	（第２章３）	東京学芸大学附属竹早中学校
柴田翔	（第２章４）	東京学芸大学附属小金井中学校
松田菜穂子	（第２章コラム）	東京学芸大学連合大学院院生
樺沢公一	（第２章６）	東京学芸大学附属小金井中学校
鈴木誠	（第３章1.1,7）	東京学芸大学附属世田谷中学校
大谷晋	（第３章1.2）	東京学芸大学附属高等学校
鈴木裕	（第３章2.1）	東京学芸大学附属竹早中学校
野島淳司	（第３章2.2）	東京学芸大学附属高等学校
小林廉	（第３章３）	東京学芸大学附属国際中等教育学校
小野田啓子	（第３章４）	東京学芸大学附属竹早中学校
新井健使	（第３章５）	東京学芸大学附属国際中等教育学校
峰野宏祐	（第３章６）	東京学芸大学附属世田谷中学校
佐藤亮太	（第３章６）	東京学芸大学附属高等学校

第二部

山ノ内毅彦	（第１章）	東京学芸大学
谷川政雄	（第１章）	東京学芸大学
宮地淳一	（第２章）	東京学芸大学
長瀬潤	（第２章）	東京学芸大学
相原琢磨	（第２章）	東京学芸大学
山本卓宏	（第３章）	東京学芸大学
田中心	（第３章）	東京学芸大学
竹内伸子	（第３章）	東京学芸大学
高橋弘	（第４章１）	東京学芸大学
横山隆久	（第４章２）	東京学芸大学

中学校・高等学校数学科　授業力を育む教育実習

2018年2月28日　初版第1刷　発行
2023年4月20日　初版第3刷　発行

編著者　西村圭一・太田伸也
発行者　藤井健志
発行所　東京学芸大学出版会
〒184-8501　東京都小金井市貫井北町4-1-1　東京学芸大学構内
TEL 042-329-7797　FAX 042-329-7798
E-mail　upress@u-gakugei.ac.jp
http://www.u-gakugei.ac.jp/~upress/

装　丁　池上貴之
印刷・製本　モリモト印刷株式会社

Printed in Japan
ISBN 978-4-901665-52-0